Glanzlichter der Wissenschaft

Ein Almanach

herausgegeben
vom Deutschen Hochschulverband

LUCIUS et LUCIUS

Bibliografische Information der Deutschen Nationalbibliothek
Die Deutsche Nationalbibliothek verzeichnet diese Publikation in der Deutschen Nationalbibliografie; detaillierte bibliografische Daten sind im Internet über http://dnb.d-nb.de abrufbar.

ISBN 978-3-8282-0623-6

Redaktion: Felix Grigat, M.A. (verantwortl.)
Dr. Michael Hartmer
Friederike Invernizzi, M.A.
Ina Lohaus
Vera Müller, M.A.
Druck: Saarländische Druckerei und Verlag GmbH, 66793 Saarwellingen

Inhaltsverzeichnis

Stephan Berg

Zwischen Boom und Krise

Ein Lagebericht über die Museen

Rein statistisch ist die deutsche Museumswelt in bester Ordnung. Mit schöner Regelmäßigkeit steigen Jahr für Jahr die Besucherzahlen: Waren es 2009 107 Millionen, konnte der Deutsche Museumsbund bereits ein Jahr später 109 Millionen und damit einen neuen Rekord melden. 2013 verzeichnete man 110,5 Millionen Besucher, übrigens – rein statistisch – die achtfache Menge des Besucheraufkommens in den beiden deutschen Bundesligen zusammen. Die Erfolgsstory setzt sich nahtlos fort, wenn man die großen internationalen Museen wie das Museum of Modern Art (MoMa) in New York, die Tate Modern in London, das Rijksmuseum in Amsterdam oder den Louvre in Paris betrachtet: Als globale Brands und touristische „Must Sees" generieren sie, einzeln genommen, jeweils bis zu 10 Millionen Besucher pro Jahr, ohne das bis jetzt ein Ende dieses Trends in Sicht wäre.

Gründe für den Boom

Wenn man nach Gründen für diesen Boom sucht, wäre es naheliegend, diese zunächst in der Kernidentität der Museen – ihren Sammlungen – zu suchen. Vor diesem Hintergrund ließe sich das Publikumsinteresse damit erklären, dass die Besucher in den kollektiven Wissensarchiven der Museen genau die Orientierung finden, die ihnen eine enorm beschleunigte und partiell immer undurchschaubarer werdende Gegenwart zunehmend verweigert.

Museen wären so gesehen so beliebt, weil sie als unser kulturelles Gedächtnis eine Aktualisierung der Vergangenheit betreiben, die auch gesellschaftlich nutzbare Potenziale für die Zukunft freisetzt. Aus Sicht eines Museumsmannes wäre das natürlich die ideale Motivation für einen Museumsbesuch.

Wenn man sich allerdings die Zahlen genauer anschaut, drängt sich ein anderer Eindruck auf. Da wird nämlich deutlich, dass, zumindest bezogen auf den hier besonders in den Fokus genommenen Bereich der Kunstmuseen, ein Großteil der Besucher überwiegend nicht in die Sammlungen geht, also in den Bereich, woraus Museen ihre spezifische Identität beziehen, sondern allein in die Wechselausstellungen, die wiederum oft gar nichts mit den Sammlungsschwerpunkten der Häuser zu tun haben (2013: 8 942 Sonderausstellungen, davon 38 Prozent Kunstausstellungen).

Dazu kommt: Es gibt inzwischen einfach immer mehr Museen in Deutschland: 1990 waren es bereits 4 500, heute, fünfundzwanzig Jahre später, schon rund 6 700, darunter mehr als 700 Kunstmuseen. Wenn man alle Museumsbesucher des Jahres 2013 durch die Menge der Museen teilt, wären das pro Museum nur mehr rund 16 400 Besucher. Das liest sich schon nicht mehr ganz so eindrucksvoll. Ohnehin findet der Boom der Museen im Wesentlichen in den Metropolstädten statt, die mit den großen Museumskomplexen in Berlin, München und Dresden sowie der starken musealen Infrastruktur in Frankfurt, Hamburg und im Rheinland den größten Teil des Kuchens unter sich aufteilen.

Und nicht vergessen werden darf dabei, dass die Besucherrekorde sich zum Teil auch (unternehmensgesteuerten) Institutionen außerhalb der klassischen Museums-Disziplinen verdanken: Seit Jahren rangieren Häuser wie das Modelleisenbahnmuseum in Hamburg (rund eine Million Besucher pro Jahr), das Schokoladenmuseum in Köln oder das Mercedes Benz-Museum in Stuttgart mit an der Spitze der Zuschauergunst.

Grundsätzlich gilt also: Der Erfolg der Museen ist sehr differenziert zu betrachten, hat aber offensichtlich immer weniger mit Sammeln, Forschen und Bewahren, also mit den Gründen zu tun, warum man im 18. und 19. Jahrhundert die Museen ursprünglich gegründet hatte. Etwas überspitzt formuliert kann man durchaus sagen: Wo heute Museum draufsteht, ist nicht mehr unbedingt (nur) Museum drin. Das beschert den Museen ein gewaltiges Identitätsproblem: Einerseits müssen sie auf die Sammlung als Identitätskern setzen, wenn sie sich nicht selbst untreu werden wollen, andererseits lässt sich damit nicht mehr das Interesse generieren, aus dem sich gegenüber Politik und Öffentlichkeit eine druckvolle Legitimation des eigenen Handelns herleiten ließe.

Identitätswandel der Museen

Dieser Identitätswandel der Museen ist zudem auch durch gesellschaftliche und politische Veränderungen mit verursacht und beschleunigt: Während bis in die 70er Jahre des letzten Jahrhunderts hinein die Förderung der Kultur als Bildungsaufgabe verstanden wurde mit dem Ziel, möglichst breiten Bevölkerungsschichten einen demokratischen, schwellenarmen Zugang zu ästhetischen Wissensinhalten zu ermöglichen, sollen sich Museen unter dem Druck sinkender öffentlicher Förderung heute im Prinzip wie Marktunternehmen verhalten, die ihr Angebot rein auf die entsprechende Nachfrage ausrichten. Im Vordergrund steht dann selbstverständlich nicht mehr so sehr die Idee, ob die gezeigte Kunst inhaltlich und langfristig gesehen wichtig ist, sondern ob sie momentan ankommt. Als Folge dieser Entwicklung sind Museen heute weniger Bildungseinrichtungen, sondern vielmehr ein ganz selbstverständlicher Teil der Tourismusindustrie, die im

Kampf um die immer weiter schrumpfenden Aufmerksamkeitsspannen ihres Publikums die „Eventisierung“ der eigenen Inhalte betreiben (müssen).

Eben diese Fokussierung auf glamouröse Publikumsereignisse hat mittlerweile zu einem durchaus zwiespältigen Primat der Wechselausstellung geführt. Damit soll ausdrücklich nicht einer Rückorientierung des Museums zur früheren Idee einer reinen Forschungs-, Sammlungs- und Bewahrungsinstitution das Wort geredet werden. Es ist ganz sicher gut, dass sich die Häuser weit geöffnet haben und Vermittlung, Service und Publikumsorientierung zur eigenen Kern-Agenda gemacht haben. Aber es muss doch sehr nachdenklich machen, in welchem Maße Museen heute bei der Programmierung ihrer Ausstellungsinhalte oft komplett von ihren Sammlungen und den darin formulierten inhaltlichen Schwerpunkten absehen, um beim Publikum und an den Kassen zu punkten. Die aktuelle Ausstellung der isländischen Sängerin Björk im New Yorker Museum of Modern Art (MoMa) bildet da nur die Spitze des Eisbergs.

Sammlungen im Abseits

Dass die Sammlungen langsam aber sicher ins Abseits geraten, hat aber natürlich auch damit zu tun, dass von Seiten der öffentlichen Hand immer weniger Geld für ihre Pflege und den Ausbau investiert wird. Wenn man sich die diesbezügliche Entwicklung der letzten 40 Jahre anschaut, kommt man nicht umhin, hier eine bestimmte Systematik am Werk zu sehen. Wenn selbst große, landesweit wichtige Häuser nur noch über niedrige fünfstellige Summen verfügen, viele Museen gar mit Nulletats umgehen müssen, ergibt sich als logische Konsequenz, dass Kommunen und Länder offensichtlich dieses Feld ganz bewusst und gezielt privaten Initiativen überlassen wollen.

Wie die zum Teil sehr erfolgreichen Freundeskreise der Museen eindrucksvoll zeigen, kann dieses „Modell“ durchaus erfolgreich sein, zumal damit auch die Einbindung bürgerschaftlichen Engagements in öffentliche Aufgaben gestärkt wird. Auch die durch mangelnde eigene Museums-Etats massiv gewachsene Zusammenarbeit mit Privatsammlern hat durchaus sehr viele positive Seiten. Übersehen werden darf aber nicht die dadurch auch explizit größer werdende Abhängigkeit der Museen von Privatinteressen.

Das Phänomen der Dauerleihgabe

Eine wichtige Rolle spielt dabei das Phänomen der Dauerleihgabe, das schon terminologisch paradoxe Züge aufweist. Dauerleihgaben können nämlich nach deutschem Verständnis auch Leihgaben sein, die nur für einige wenige Jahre an den jeweiligen Häusern verbleiben und dann ohne weitere Verpflichtung wieder abgezogen werden können, während beispielsweise in den USA kein Museum von Rang eine Leihgabe ohne späteres Schenkungsversprechen annehmen würde. Ganz eindeutig muss man konstatieren, dass die Mehrheit der deutschen (Kunst)Museen heute weder im Bereich der Sammlung noch bezogen auf ihre Wechselausstellungen auch nur ansatzweise über die ökonomischen Möglichkeiten verfügen, diesem Auftrag aus eigener Kraft und finanzieller Souveränität heraus gerecht werden zu können. Ähnlich wie im Fall der Sammlungen ist damit auch die museale Wechselausstellungspolitik strukturell anfällig für die Art von

Sponsor-finanzierten Projekten, bei denen es im Wesentlichen darum geht, die Exponate über den Umweg des Museums für den Markt zu nobilitieren. Dabei gehen Museen selbst auch teilweise zu bereitwillig den Weg hin zu einer reinen Eventlogik, welche die Institution zum Durchlauferhitzer für private Partikularinteressen macht und damit im Grunde selbst die Grundlage ihrer öffentlichen Finanzierung in Frage stellt.

Der Economic turn

Ganz sicher verschärft worden ist dieses Problem durch den sogenannten Economic turn: Gemeint ist damit, dass unter den Bedingungen eines extrem spekulativ gewordenen Kunstmarktes die Bedeutung eines Kunstwerks sich zunehmend allein nach seinem Preis bemisst und damit inhaltliche Wichtigkeit und ökonomischer Wert eines Werks potenziell deckungsgleich werden. Dadurch wird eine Spirale in Gang gesetzt, der zufolge Kunstwerke schon deshalb immer teurer werden, weil durch den erzielten Verkaufspreis auch gleichzeitig der symbolische Wert des Werks mit bestimmt werden soll: Ein Ökonomisierungsspiel, bei dem die Museen mit ihrer Minimalausstattung nicht mehr mithalten können.

Jenseits dieser von außen angeheizten Verwertungsspirale machen sich Museen aber auch selbst das Leben unnötig schwer, indem sie selbst kräftig dazu beitragen, dass die Kosten für Leihverkehr, Versicherung, Transport und allgemeines Handling aufgrund der stetig steigenden eigenen professionellen Ansprüche und Standards inzwischen so explodiert sind, dass bereits die Transportkosten einer mittelgroßen Ausstellung eines aufstrebenden Gegenwartskünstlers die Möglichkeiten der Institution überfordern. Man kann und muss hier durchaus von einer Professionalitätsfalle sprechen, die der Kunst-Betrieb in den letzten Jahrzehnten selbst erzeugt hat und die nach der paradoxen Logik funktioniert, dass die Standards, die man von anderen verlangt, selbst eigentlich nicht mehr erbracht werden können.

Bezogen auf den Kernbereich jeder Museumsarbeit, den Umgang mit dem Kunstwerk selbst, stellt sich ein weiteres partiell selbstverschuldetes Problem, das man die Angst vor dem selbstständigen Kunstwerk oder Vermittlung als Selbstzweck nennen könnte. Natürlich geht es auch hier nicht darum, die Sinnhaftigkeit einer intelligenten Vermittlungspolitik für ästhetische Inhalte in Frage zu stellen. Aber es ist auffällig zu sehen, wie häufig es in Ausstellungen und Sammlungspräsentationen inzwischen gar nicht mehr so sehr darum geht, wie man einen Inhalt gut vermittelt, sondern eher darum, wie sich die Vermittlung ihre eigene Inhaltlichkeit schafft. Dies trifft sich in fataler Weise mit einem in der gesamten Museumswelt ebenfalls verbreiteten Hang zum professionellen Mainstream, der vor allem das reproduziert, was innerhalb der inneren Systemlogik des Kunstbetriebs bereits sanktioniert wurde.

Ort produktiven Fremdwerdens

Diesen Zirkel können wir nur durchbrechen, indem wir wieder spezifischer, inhaltlicher werden und dabei durchaus auch kritisch unsere eigenen Professionalitätsstandards bedenken. Wenn Museen nur noch marktkonforme Abspielstätten sind, können sie in der Tat privatisiert werden. Die Legitimation einer zukünftigen nachhaltigen öffentlichen Förderung kann nur darin bestehen, dass die Häuser sich schwerpunktmäßig mit dem beschäftigen, was sich in dieser markt- und privatwirtschaftlichen Logik nicht abbilden lässt. Daraus folgt für den Museumsbetrieb, er muss sich wieder trauen zu zeigen, was ein Museum sein kann: Ein Ort des produktiven Fremd-Werdens, statt ein Ort, an dem sich das bereits Bekannte im wohligen Einverständnis wiederholt.

Dieses Fremdwerden ist geradezu die Bedingung dafür, dass die Kunst in den Museen ihre Aufgabe erfüllen kann. Denn erst im Fremden wird eine Entfernung hergestellt, die im Sinne der heideggerschen Ent-Fernung gleichzeitig eine Nähe bedeutet: Sie rückt etwas weg, um es uns in neuer Ansicht gleichzeitig verfügbar zu machen, als neue Option zur Verfügung zu stellen. Erst aus diesen Optionen entsteht das, was wir Fortschritt nennen.

Heinz Bude

„Ich will nicht nur Zaungast sein“

Viele Wissenschaftler scheuen die Medien und politische Debatten – warum? Der Soziologe Heinz Bude über Forschersprache und die Angst vor Öffentlichkeit.

SZ: Herr Professor Bude, dürfen wir Ihnen etwas vorlesen?

Heinz Bude: Bitte, gerne.

SZ: „Das Individuum erfasst erst in der Diskrepanz zum Ursprungsland den Hiatus zwischen Eigenem und Fremdem.“

Heinz Bude: Oh weh. War ich das?

SZ: Haben Sie das befürchtet?

Heinz Bude: Ich sage nicht Hiatus. Ich sage Kluft.

SZ: Sie sind unschuldig. Aber warum sagt man das?

Heinz Bude: Manche Wissenschaftler sind leider mit diskursivem Ungeschick geschlagen. Sie können sich nicht in Menschen außerhalb ihrer Wissenschaftswelt hineinversetzen. Sie werben nicht für ihre Argumente. Sie betreiben lieber Akzeptanzforschung: mal sehen, wer uns versteht.

SZ: Es gibt ja Gründe, so zu reden.

Heinz Bude: Mit der Sprache dokumentiert man seinen wissenschaftlichen Ansatz. Die jüngeren Kolleginnen und Kollegen haben jetzt alle einen Ansatz. Wenn man sie fragt, wie sie dazu kommen, antworten sie: Man kann auch einen anderen wählen. Wenn wir aber nicht von Problemen und Phänomenen ausgehen, sondern von Ansätzen, dann bezieht sich auch die Sprache auf einen selbst.

SZ: Es gibt ja Wissenschaftler, die öffentlich reden und dort verstanden werden. Was zeichnet die aus?

Heinz Bude: Dass es ihnen um etwas geht, dass sie etwas bewirken wollen. Dann müssen sie auf ihr Publikum zugehen.

SZ: Sie drängt es auch in die Öffentlichkeit.

Heinz Bude: Ja. Als ich Soziologie studiert habe, hat man uns gesagt: Lernt gleich Taxifahren. Ich wollte aber meinen Blick auf die Welt anderen mitteilen. So hatte ich immer einen politischen Impuls. Nicht im Sinne der Parteipolitik. Aber schon: Wenn du etwas sagst, sag es aus einer Position, aus einer Haltung heraus.

SZ: Vielen aus Ihrer Generation geht das ab.

Heinz Bude: Viele Kolleginnen und Kollegen betreiben die Beobachtung der Beobachtung. Sie wollen den, der da beobachtet, über seine blinden Flecken aufklären. Ich will aber die Debatte verändern und nicht nur Zaungast sein.

SZ: Mittlerweile scheuen viele Wissenschaftler geradezu die Öffentlichkeit – in der Debatte um Zuwanderung, Pegida, Islam, Bioethik. Weil sie Angst um ihre Reputation haben?

Heinz Bude: Das ist ein Problem. Im Grunde muss ich für jedes Buch, das fürs breite Publikum geschrieben ist, einen Aufsatz für eine renommierte Zeitschrift schreiben. Sonst sagen die Kolleginnen und Kollegen: Der macht nur noch Journalismus.

SZ: Wo muss der Soziologe zur handelnden und treibenden Kraft werden?

Heinz Bude: Was mich gerade umtreibt: Um 1998 herum galt Deutschland als der kranke Mann Europas. Und jetzt ist es das wirtschaftlich stärkste und politisch mächtigste Land der EU. Was ist in diesen Jahren passiert? Die Gesellschaft von 2015 unterscheidet sich sehr von der von 1998, da hat es einen fundamentalen Wandel gegeben.

SZ: Was ist da passiert?

Heinz Bude: Das deutsche Produktionsmodell hat sich fortentwickelt, es hat Wissens- und Dienstleistungsangebote in sich aufgenommen und sich so enorm gesteigert. Die Beschäftigten begreifen sich heute als unternehmerische Wesen, die den Märkten folgen. Und die Beweglichkeit, gerade der jungen Leute, ist erstaunlich. In Deutschland ist der Umgang mit unsicheren Lebensformen und komplexen Aufgaben inzwischen viel besser als zum Beispiel in Japan.

SZ: War doch gar nicht so schwer, das allgemein verständlich zu erklären.

Heinz Bude: Ist es auch nicht. Da können die Sozialwissenschaftler von den Naturwissenschaftlern lernen, die mit großem Vergnügen die Welt erklären. Und dabei vor gewissen Banalitäten nicht zurückschrecken.

SZ: Würden Sie dafür ins Fernsehen gehen?

Heinz Bude: Nein. Never in Primetime zwischen 20 und 23 Uhr. Das Fernsehen ist für die Vermittlung von Wissen nicht geeignet. Das sieht man schon an der beliebten Journalistenfrage: „Was heißt das konkret?“

SZ: Was heißt das konkret?

Heinz Bude: Wissenschaftliche Erkenntnisse heißen in der Regel nichts konkret. Frau Tegtmeier von der Straßenumfrage, die nachts wach liegt, kann ich als Wissenschaftler nicht eins, zwei, drei helfen.

SZ: Ist die Frage nach dem Konkreten nicht berechtigt?

Heinz Bude: So jedenfalls nicht. Ich kann mich konkret mit dem Leben von Frau Tegtmeier beschäftigen – aber nicht in zwanzig Sekunden im Fernsehen. Ich nehme die Frage nach dem Konkreten nämlich ernst.

SZ: Warum begreifen sich so wenige Wissenschaftler als Intellektuelle?

Heinz Bude: Weil die Doppelrolle schwierig ist. Der Intellektuelle hat die Kompetenz der Inkompetenz. Als Intellektueller hinterfrage ich Dinge, die allen klar zu sein scheinen. Der Wissenschaftler muss jedoch klären, ob etwas so oder so zu verstehen ist. Sonst gibt es keine Erkenntnisse, die aufeinander aufbauen.

SZ: Und deshalb glauben viele, dass sie sich nicht einmischen müssen.

Heinz Bude: Wir müssen, gerade in Deutschland, unsere Einflussangst ablegen. Deutschland ist das wichtigste Land in Europa. Warum sind wir umstellt von Gesellschaften, wo die Rechtspopulisten immer stärker werden? Wie verändern sich die Verhältnisse gesellschaftlicher Ungleichheit, politischer Herrschaft und ideologischer Verblendung? Wenn die Sozialwissenschaft darauf nicht reagiert, dann ist sie das Geld nicht wert, das der Steuerzahler für sie ausgibt.

SZ: Gehört ein Wissenschaftler auf die Anti-Pegida-Demo?

Heinz Bude: Ich war auf keiner. Ich habe am 1. Februar im Dresdner Schauspielhaus nur erklärt, was Pegida mit dem Verschwinden von Ostdeutschland zu tun hat. Pegida war eine Bewegung der Verbitterten, die sich unter dem Ruf „Wir sind das Volk!" zusammengeschart haben. Es war übrigens zuerst die große Solidarität vieler Menschen mit den Flüchtlingen da. Erst dann wurden jene laut, die sich übergangen gefühlt haben.

SZ: Wäre es nicht besser gewesen, auf der Gegendemo zu bekennen: Hier stehe ich und kann nicht anders?

Heinz Bude: Ich erkläre lieber. Moderne Gesellschaften thematisieren sich mehr durch Affekte als über intellektuelle Deutung. Es geht immer auch um Gefühle und Stimmungen. Dafür müssen wir eine analytische Sprache finden, die das Präreflexive ernst nimmt, ohne das Reflexive zu verachten.

SZ: Moment – das müssen Sie den armen Journalisten und Lesern erklären.

Heinz Bude: Ja, sorry. Also: Wir müssen die Ernsthaftigkeit der Wissenschaft mit der Präzision der Literatur zusammenbringen. Wir brauchen den Mut zur Erzählung. Wissenschaftler müssen Epen über Strukturen und Novellen über „unerhörte Begebenheiten" erzählen.

SZ: Und weil das nicht passiert, verstehen sich das Volk und die Eliten nicht mehr.

Heinz Bude: Das ist ein riesiges Problem. Ich glaube, dass es an Dolmetschern unserer gesellschaftlichen Lage fehlt. Wir haben ja gar keine gemeinsame Zukunft mehr, die Zukünfte der verschiedenen gesellschaftlichen Gruppen laufen nirgendwo zusammen. Es braucht wesentlich mehr Leute, die diese Unterschiedlichkeiten erklären und deuten können. Deshalb droht auch die Idee der Volksparteien zu zerfallen. Jüngere Politiker wissen gar nicht mehr, was Volksparteien sind, weder in der CDU noch in der SPD.

SZ: Das macht auch die Ablehnung bis hin zum Hass erklärbar, die diesen Eliten im Netz entgegenschwappt.

Heinz Bude: Aus Wut ist Hass geworden. Wut kollektiviert: Jetzt sind wir die Abgeschlagenen, aber irgendwann gibt die Geschichte uns recht, und wir werden den anderen auf Augenhöhe begegnen. Es gibt Hasskollektive, die sich zu bestimmten Ereignissen zusammenfinden, aufrichten und wieder verschwinden, um dann beim nächsten Anlass wieder nach oben zu kommen. Das ist politisch durchaus relevant. Es gibt mehr Verbitterung in der deutschen Gesellschaft, als die Eliten denken.

SZ: Das bringt wiederum die Eliten dazu, sich nur noch in ihren Szenen zu äußern. Woraufhin der Hass weiter wächst.

Heinz Bude: Absolut. Wer heute in die Öffentlichkeit geht, nimmt eine gewisse Gefährdung in Kauf, weniger physisch, auf jeden Fall aber psychisch. Für dieses Risiko gibt es ein schönes Wort:

Leidenschaft. Das bedeutet, sich auszusetzen, verwundbar zu machen. Ich könnte danebenliegen. Aber nur so kann man Wissenschaft betreiben.

SZ: Journalisten, Wissenschaftler, Politiker sind aber ganz gern unangreifbar.

Heinz Bude: Die Leute wollen sich nicht mehr abkanzeln lassen. Also müssen wir den Mut haben, da hinzugehen, wo es auch mal wehtut. Den haben die Journalisten nicht immer. Sie wollen oberschlau sein und in den VIP-Räumen der Politik mitmischen. Dann verlieren sie den Kontakt zum Publikum. Die Kunst der Aufklärung besteht darin, den Leuten schmeicheln und sie zum richtigen Moment konfrontieren zu können.

SZ: Sind Sie deshalb vom hippen Kreuzberg in den Ostberliner Stadtteil Weißensee gezogen?

Heinz Bude: Kreuzberg war mir zu jung geworden, die Welt dort zu künstlich. Von und nach Weißensee fahre ich mit der Trambahn, zusammen mit Arbeitern, Handwerkern, Verkäuferinnen, Rentnern, Migranten. Ein Soziologe gehört in die Trambahn.

Udo Di Fabio

Welt aus den Fugen

Eine Welt scheint aus den Fugen. Im Jahr 2008 wurde das globale Finanzsystem erschüttert, dann bebte die Eurowährung. Aus dem arabischen Frühling 2011 wurde kein Sommer der Demokratie und der Freiheit, sondern es folgten Staatenzerfall und IS-Terror. Die Vereinigten Staaten und Europa sind reich, aber politisch wirken sie gelähmt. Nicht nur spontane Flüchtlingsströme machen Europa zu schaffen. Organisierte Schleuserkriminalität und familiäre Netzwerke testen ein Schengen-System, das auf schönes Wetter der Warenströme und Touristen ausgelegt ist. Der russische Präsident Putin schwächt seine Wirtschaft, bedroht Nachbarn, will sich womöglich als neue militärische Ordnungsmacht in Stellung bringen. Die Eliten Europas bangen um das große Projekt der politischen Union, die bei aufkeimendem Populismus in den Staaten manchmal wie die einst berühmte Dame ohne Unterleib wirkt. Handfeste nationale Egoismen sind zurück, auch dort, wo Reformvorschläge für eine Transferunion gemacht werden.

Die Stimmung ist eigenartig. Öffentliche Meinung verliert ihr Zentrum wie ein gesplitterter Spiegel. Leitmedien gibt es noch, aber im weltweiten Netz treiben die Emotionen. Wellen der Hilfsbereitschaft, aber auch der Einwanderungsaversion, Furcht und Hass finden ihre Foren. Manchen Betreibern sozialer Netzwerke wie Facebook wird deutlich angesonnen, fremdenfeindliche Inhalte zu beseitigen. Bei manchem Inhalt liegt der Grund für solche Forderungen offen zutage – Fälle für die Staatsanwälte. Aber was alles ist heute und morgen fremdenfeindlich, und wer hat in welchen Verfahren das Recht zur Zensur? Vielleicht denkt manch einer schon weiter, jenseits einer legitimen Strafverfolgung im Einzelfall, über eine Internetzensur nach. Womöglich ähneln die Argumente denjenigen der Metternichschen Bürokraten seit 1815, die nach Napoleon den Kontinent nicht noch einmal durch bewegte Volksmassen in Elend und Dauerkrieg gestürzt sehen wollten und deshalb „Demagogen“ verfolgten.

Eines zeichnet jedenfalls jene neue, dezentralisierte, in verschiedene Verständigungshorizonte fragmentierte und dann als Schwarmtendenz doch wieder global verbundene „öffentliche Meinung“ aus: Man diskutiert nicht so sehr miteinander, sondern prangert an, beschuldigt, verurteilt. Moral, Angst und Wut docken an bestimmte Begriffe und Positionen an. Wenn Bundeskanzlerin Merkel sagt, Deutschland sei stark und schütze die Würde der Menschen auf unserem Territorium, rufen die einen „Volksverräter“. Wenn konservative Politiker von unkontrollierter Masseneinwanderung sprechen, sehen andere darin die Sprache des Rassismus am Werk. Auch Schweigen wird zum Vorwurf gemacht. Verschwörungstheorien, einfache Welterklärungen, Selbstanklagen und Versagensbezichtigungen machen ihre schnelle Runde.

Was bei alldem praktisch ausfällt, ist eine kühle Sachdebatte, die Mitleiden nicht verdrängt, aber umsichtig nach Lösungen sucht. Einsicht in Funktionsvoraussetzungen des westlichen Gesellschaftsmodells, Gespür für Institutionen: Das ist Mangelware. Auch politische Parteien kommen kaum dazu, eine vernünftige Position zu formulieren und dann konsistent zu vertreten, weil Stimmungen wie hohe Wellen wirken, auf denen Politik allenfalls geschickt surfen, die sie aber nicht richtig eindämmen und in Sachdebatten kanalisieren kann. Verbreitet ist die Angst vor Stimmungen, die noch gar nicht auf dem Spielplan stehen, die gleichsam noch unterwegs sind. Während manche Beobachter eine gewaltige Linksverschiebung im politischen Meinungsspektrum diagnostizieren, sehen andere einen verborgen wirksamen oder unmittelbar bevorstehenden Rechtsruck, sollte sich die Stimmung angesichts ungebrochener Einwanderungsströme drehen: Von der Willkommenskultur zum Rechtsterrorismus oder zum Aufruhr? Ist Viktor Orbán der heimliche Held derjenigen, die sich nicht trauen, etwas zu sagen?

Man kann politisch diagnostizieren, dass sich Europa mit Schengen und Dublin selbst eine Falle gestellt hat. Die Verwirklichung der Idee, Binnengrenzen nicht nur als Zollgrenzen, sondern auch für Personenkontrollen abzuschaffen, setzte ihr Vertrauen darauf, dass diese Funktionen ja an der Außengrenze der Union wahrgenommen werden. Doch das nationale Interesse der Grenzstaaten, die Außengrenze der Union zu überwachen oder Zugänge zu verweigern, schwindet, wenn man Einwanderungswillige unregistriert in Länder mit hoher Migrationsattraktivität „durchleiten“ kann. Sollten die Migrationsströme anhalten oder sich verstärken, kann dieser Zustand nicht von Dauer sein, ohne das Fundament Europas und die Funktionsfähigkeit sozialer Rechtsstaaten zu gefährden.

Die beiden Handlungsmöglichkeiten im Blick auf die praktische Erhaltung territorialer Grenzen in Europa scheinen auf der Hand zu liegen: entweder Zentralisierung der Grenzsicherung für die Außengrenze oder unbefristete Aussetzung des Schengen-Systems mit einer Rückkehr zur nationalen Grenzsicherung. Der Zentralisierungsweg klingt eigentlich einfach und einleuchtend: Aufbau eines Unionsgrenzschutzes, der maritim, in der Luft und zu Lande das Mittelmeer und quer durch den Balkan die nichtlineare Außengrenze praktisch beherrscht, Kontrollstellen einrichtet, Grenzzäune unterhält. Die nationale Grenzsicherung träte ins zweite Glied oder würde komplett verdrängt. Das hieße, eine paramilitärische Streitmacht von erheblichem Gewicht ins Leben zu rufen. Wo kommen dafür Beamte, Ausrüstung und die Bereitschaft zur Einschränkung von Hoheitsrechten her? Wer trägt die politische Verantwortung für das Handeln, wenn dabei Menschen verletzt oder getötet werden? Die Aussetzung des Schengen-Systems und die Rückkehr zur nationalen Grenzsicherung wäre technisch leichter möglich, weil die Ressourcen in den Staaten entweder vorhanden sind oder mobilisierbar wären; aber auch das würde neue Spannungen entstehen lassen, und es wäre das politische Eingeständnis eines Scheiterns mit Folgen für die europäische Einigungspsychologie.

Wenn also in absehbarer Zeit die Rückkehr zu kontrollierbaren Staatsgrenzen nicht zu erwarten ist, dann gewinnt die von manchen Politikern in Mitgliedstaaten angestoßene Diskussion über die Verminderung von sozialpolitischen Anreizsystemen an Bedeutung. Subkutan gibt es bereits heute einen negativen Standortwettbewerb bei der Unterbringung und Versorgung von Asylbewerbern, Flüchtlingen und Einwanderungswilligen. Wer unbequeme Lager einrichtet, keine Geldleistungen gewährt und auch ansonsten wenig freundlich auftritt, wird als Land gemieden und nur zum Transit genutzt. Wer sich dagegen an diesem „race to the bottom" nicht oder nicht rasch genug beteiligt, wird zum bevorzugten Ziel der Migrationsströme. Auch hier dürfte sich eine europäische Koordinierung oder gar Harmonisierung als steinig, wenn nicht aussichtslos erweisen.

Als besonders schwierig darf schließlich eine kausale Strategie gelten, die die Ursachen der Migrationsbewegungen insbesondere im Nahen Osten bekämpfen will. Wer glaubt noch an den Aufbau halbwegs geordneter Staaten, Rechtsstaaten gar? Wer sollte die Ordnungsmacht dafür sein? Ist das vielleicht der heimliche Hintergrund eines militärischen Engagements Russlands in Syrien? Will Putin dem Westen zeigen, wie man Stabilität in robuster Weise dort herstellt, wo Amerikaner seit ihrer Irak-Invasion und handlungsunfähige Europäer nur Ordnungszerfall zu verantworten haben?

So bleibt, neben Fatalismus, als die wahrscheinlichste politische Lösung eine Mixtur aus allen drei Wegen in niedriger und vermutlich wenig wirksamer Dosierung: bessere Grenzsicherung, Verminderung von ökonomischen Einwanderungsanreizen und regionale Stabilisierung. Es bleibt aber auch die Möglichkeit, das ohnehin Unvermeidliche als Chance zu begreifen. Wenn es gelingen sollte, die Mehrzahl der Ankommenden, möglichst alle Einwanderer, die bleiben dürfen, in unsere Republik zu integrieren, sie zu qualifizieren, ihnen den Arbeitsmarkt zu öffnen, dann könnte das alternde Deutschland sogar Nutzen aus diesem Problem ziehen. Jede Krise kennt schließlich nicht nur Verlierer. Aber auch diese zupackende optimistische und richtige Sicht darf nicht illusionär ins Angebot gelangen, sondern muss Wirklichkeiten zur Kenntnis nehmen. Integrationsfähigkeit hängt von Quantitäten und von Qualitäten ab: Nicht jede Zahl von Menschen kann aufgenommen werden. Für Asyl bei nachweisbarer politischer Verfolgung oder bei Flucht vor Krieg oder Völkermord gibt es keine Obergrenze der Hilfe, wohl aber das Gebot fairer Verteilung im europäischen Raum und die Pflicht, im Einzelfall die Voraussetzungen zu prüfen. Ansonsten dürfen und müssen einwanderungspolitische Belange berücksichtigt werden. Das hat nichts mit billiger „Boot-ist-voll-Rhetorik" zu tun, sondern mit tatsächlichen Kapazitätsgrenzen für menschenwürdige Aufnahme und gelingende Integration.

Dabei sind blanke Zahlen nicht alles, es geht auch um Mentalitäten und soziokulturelle Prägungen sowohl der Einwanderer wie der aufnehmenden Gesellschaft. Ein aktives Einwanderungsland muss umso mehr auf die Einhaltung von rechtlichen Wegen bestehen, sollte also nicht den Rechtsstaat mitsamt seinen Statusdifferenzierungen und Verfahren aktionistisch über Bord werfen. Die deutliche Sichtbarmachung unserer freiheitlichen, gleichberechtigenden Werteordnung ist ein zentrales Thema. Insofern darf auch Anpassungsbereitschaft der Ankommenden verlangt werden. Es sollte auch nicht in den Hintergrund treten, dass dieses Land eine Arbeits- und Leistungsgesellschaft ist. Schließlich sollte bei Einschätzung der Integrationskraft eines Landes ein Punkt nicht vergessen werden – darauf hat auch Margot Käßmann mit ihrer Faustformel

„Nur leere Kirchen machen Angst vor vollen Moscheen" jüngst hingewiesen. Eine Gesellschaft, die ihre eigenen kulturellen und religiösen Wurzeln nicht pflegt, die ihr Land und ihre Identität nicht bejaht, eine Gesellschaft, die nicht mit eigenen Kindern optimistisch und pragmatisch nach vorne schaut, eine solche Gesellschaft reagiert auf Veränderung eher ängstlich. Vor allem wird sie als Integrationsziel für die Hinzukommenden auf Dauer nicht anziehend, nicht ansteckend wirken. Gelingende Einwanderungskulturen sehen anders aus.

In der aktuellen Einwanderungskrise kommt noch eine andere Dimension zum Vorschein, die über praktische Politik und den Zustand der Gesellschaft hinausreicht. Es geht um etwas Ideelles und etwas Normatives, es geht auch um die eigene Wertegrundlage und öffentliche Moral. Wenn Politik aus sachlichen Zwängen heraus nicht konsistent handlungsfähig sein kann, entsteht ein Akzeptanzproblem. Angesichts der offenen, der prekären Lage wäre es fatal, wenn dumpfe Ängste und Ressentiments auf der einen Seite oder aber selbstgefällige Tugendwächter auf der anderen Seite die Herrschaft über die politische Willensbildung gewönnen. Als Leitplanken für den Weg in die Zukunft bieten sich unsere Republik, unsere Verfassungsordnung, ja auch die europäische Idee als viel geeigneter an; nicht als Ersatz für praktische Politik, aber als Orientierung.

Was sagt unsere Werteordnung zu Wanderungsbewegungen in einer durchlässigen Welt? Trifft nicht die wohlhabende Bundesrepublik, zumal im langen Schatten ihrer Geschichte, eine zumindest sittliche besondere Pflicht, Menschen in Not zu helfen? Müssen wir, wenn ganze Regionen wie der Nahe Osten als politische Ordnungen zerfallen, nicht notfalls zusammenrücken, teilen und Risiken in Kauf nehmen? Verleihen die universellen Menschenrechte nicht ein Recht auf freie Niederlassung weltweit, zumal wenn in der Heimat Krieg, Not und Entrechtung herrschen? Dürfen sich Demokratien wie Ungarn, die Schweiz, England oder die Vereinigten Staaten überhaupt mit Grenzen umzäunen und zurückweisen, wer nicht erwünscht ist? Dürfen wir Menschen abschieben, die keinen Aufenthaltstitel vorweisen können? Manch große Vereinfacher halten das ganze Ausländerrecht mit seinen Differenzierungen und Statusfragen für überholt. Für manche Enthusiasten will jeder Grenzzaun wie altbackener Partikularismus erscheinen, auch wenn Demokratien ihn errichten: „Öffnet die Grenzen, wo sie bestehen, lasst sie offen, wo sie ohnehin nichts bewirken."

Die Staatsrechtslehre spricht schon seit längerem vom offenen Staat. Das Grundgesetz hat in der Tat nicht einen geschlossenen Handelsstaat oder den alten Machtstaat verfasst, sondern eine Republik, die „von dem Willen beseelt" ist, „als gleichberechtigtes Glied in einem vereinten Europa dem Frieden der Welt zu dienen" – so die Präambel. Das Neue an dieser offenen Konzeption lag aber nicht in einem Niederreißen der Grenzzäune, sondern zielte auf die Gestaltung eines weltoffenen Europas, in dem Grenzen einfach nicht mehr so bedeutsam sein sollten, weil man anderen Nationen näher rückt, das Trennende beseitigt. Europa als Staatengemeinschaft wollte ein Raum der Freiheit, der Sicherheit und des Rechts werden, in dem Binnengrenzen ihre Bedeutung verlieren. Im Europa der sechs Gründungsmitglieder lag hier kein sonderliches Problem. Die Frage ist, ob dieser Gedanke auch in der heutigen Situation der bislang noch 28 Staaten mit ihren sehr heterogenen gesellschaftlichen Bedingungen und Mentalitäten noch vollständig trägt.

Auf gemeinsame Grundverständnisse kommt es auch im europäischen Verbund an, wenn das Konzept einer Konvergenz füreinander geöffneter Staaten aufgehen soll. Als 1949 das Grundgesetz in Kraft trat, wollten die Deutschen Teil jenes freien Westens werden, der mit der Atlantikcharta und der Gründung der Vereinten Nationen unter der Führung der Vereinigten Staaten entstand. Diesen brennenden Wunsch formuliert das Ziel der Präambel, dass das zusammenwachsende Europa die Welt friedlich und nach der Idee von Würde und Freiheit des Menschen gestaltet. Neue geopolitische Konstellationen, Radikalisierung, Zerfall von Ordnungen, die Rückkehr der Gewalt innerhalb Europas und der Druck auf die Außengrenzen der Union sind ein herber Rückschlag für das große Ziel einer Weltrepublik oder doch zumindest einer globalen Föderalität, wie es in der Präambel seinen hoffnungsfrohen Anklang findet. So kann der seit der Aufklärung und der Französischen Revolution sichtbare Widerspruch zwischen der Universalität der angeborenen Menschenrechte und der Notwendigkeit eines abgrenzbaren, beherrschbaren Staates, in dem sich die Rechte als Grundrechte entfalten können, nicht allmählich verblassen und schließlich überwunden werden; er bleibt bestehen und er muss konstruktiv entwickelt werden. Das Konzept des offenen Staates muss sich jetzt bewähren.

Ein offener Staat, der die Disposition über seine Grenzen aufgibt, mag offen sein, wird aber kein Staat bleiben können. Der Staat des Grundgesetzes löst sich von allem Heroismus staatlichen Denkens, von jeder Staatsmetaphysik und begründet ihn rein funktionell als den notwendigen Ordnungsraum, damit alle Bürger sich unter Achtung ihrer Würde frei entfalten können und jeder Mensch im Staatsgebiet human behandelt wird. Doch damit die Universalität der Menschenrechte sich im grundrechtlichen Raum entfalten kann, bedarf es der Partikularität eines prinzipiell abschließbaren Staatsgebietes. Das lehrt bereits die klassische Drei-Elemente-Lehre, die den Staat charakterisiert als beständige Herrschaftsgewalt über die Bewohner eines definierten Gebietes. Formal gesehen, entscheidet unter den Bedingungen demokratischer Selbstregierung die Mehrheit darüber, wer eingebürgert wird und wer sich auf dem Territorium rechtmäßig aufhalten darf. Materiell hängt der Verfassungsstaat von gesellschaftlichen, wirtschaftlichen und kulturellen Bedingungen ab, über die auch die Mehrheit sich nicht ohne Schaden hinwegsetzen kann.

Gerade an diesem Punkt der Einschätzung, wann die Verfassungsvoraussetzungen durch Überlastung der Infrastruktur oder durch kulturelle Fragmentierung gefährdet sind, ist Deutschland heute deutlich offener und risikobereiter als andere. Es steht gemeinsam mit einigen wenigen Ländern wie Schweden an der Weltspitze der Aufnahmebereitschaft. Wer ehrlich ist, wird zugeben müssen, dass man das einer Nation wohl kaum zugetraut hätte, die einst mit dem Wahn der rassisch homogenen Volksgemeinschaft Krieg und Völkermord rechtfertigte. Aber gleich wie man Grenzen der Aufnahmefähigkeit definiert und rechtliche Auswahlverfahren wählt: Ohne Grenzen und Begrenzbarkeit entfällt eine zentrale Voraussetzung des offenen Verfassungsstaates, ein funktionell beherrschbarer Personenverband zu sein, schon um seine Schutz- und Ordnungsfunktion berechenbar zu gewährleisten. Niemand kommt um diesen dialektischen Widerspruch zwischen Öffnung und Begrenzung herum, weder theoretisch noch faktisch.

Die eigentliche, die substantielle Enttäuschung liegt darin, dass der Traum vom positiven „Ende der Geschichte“ bis auf weiteres ausgeträumt scheint. Der Westen mag immer noch wirtschaftlich, technisch, kulturell dominant sein, aber er zeigt sich unfähig, sein Gesellschaftsmodell so bruchlos zu globalisieren, wie man sich das nach dem Zerfall der Sowjetunion vorgestellt hatte. Verfassungsstaaten mit ihren anspruchsvollen Funktionsvoraussetzungen verbreiten sich keineswegs automatisch in Europa und in der Welt, und sie müssen auch nicht auf immer stabil bleiben. Das geopolitische Kardinalproblem liegt im Staatenzerfall, in der Erosion demokratischer und merkantiler Kulturen. Funktionsstörungen im System der Marktwirtschaft, Korruption, die Schwächung von Gemeinschaftsressourcen und tragenden Institutionen zeigen sich ansatzweise auch in aufgeklärten westlichen Gesellschaften. In Afrika und Asien haben viele Nationalkulturen ihre Orientierung an einem vernünftigen Leitbild politischer und gesellschaftlicher Organisation entweder noch nicht gefunden oder unter dem Einfluss von Fanatismus, Rivalitäten und alltagsweltlicher Orientierungsverluste wieder verloren. Afghanistan, Syrien, der Irak oder Libyen zerfallen als Staaten, machen den Weg frei für Willkür, organisierte Kriminalität, Gewalt und Fanatismus. Nach der ansatzhaften Demokratisierung Nigerias brach der religiöse Konflikt aus, heute terrorisiert ein gewalttätiger Islam einen Teil des Landes. Überall, wo staatliche Ordnungen zerfallen oder korrupt werden, fehlt es an der verlässlichen Instanz, die die unantastbare Würde des Menschen wirksam zu schützen versteht. Wenn die Perspektive auf Frieden, Freiheit und Wohlstand schwindet, mehrt sich die Bereitschaft, zu gehen, ein Land zu verlassen.

Ohne intakten Verfassungsstaat, und das möglichst weit verbreitet und als Modell funktionsfähig, gibt es keine Aussicht auf den aufrechten Gang des Menschen und den Schutz der Schwachen. Spontane Hilfe für jeden Einzelnen, der in Not gerät, der hilfsbedürftig an die Tür klopft, ist ein charakteristischer Wesenszug westlicher Gesellschaften, die nicht nur nach der Beobachtung des kanadischen Philosophen Charles Taylor das Konzept der christlichen Nächstenliebe säkularisiert haben. Aber zur westlichen Identität und Geschichte gehört auch jene Verklammerung von privatem und zivilgesellschaftlichem Engagement auf der einen mit der rechtsstaatlichen Organisation einer Demokratie auf der anderen Seite.

Das Konzept der Bedeutungsverminderung von Grenzen durch Angleichung der Lebensverhältnisse und der gesellschaftlichen Bedingungen scheint bis auf weiteres gescheitert; zumindest erleben wir einen fühlbaren Rückschlag. Die auch innerhalb westlicher Gesellschaften immer wieder anzutreffende Ablehnung des demokratischen Rechtsstaats oder die Gleichgültigkeit ihm gegenüber ist brandgefährlich. Wir brauchen in Deutschland heute nicht die Attitüde der Bekämpfung des Obrigkeitsstaates, sondern ein aktives Engagement für die vom Grundgesetz verfasste Republik als Rechtsstaat. Wer in geordneten Asylverfahren oder in gesetzlich angeordneten Abschiebungen nur westlichen Abschottungsegoismus sieht und diese mit der Moralkeule als illegitim anprangert, der nimmt dieser Republik jene unersetzliche Legitimität, die eine Zivilgesellschaft später nicht mehr aus eigener Kraft spenden kann. Wer – in einem ganz anderen politischen Lager – mit heimlicher Sympathie für einen autoritären National-Putinismus gar den Hass gegen Menschen und das demokratische System schürt, der wird gewiss nicht die alte, kulturell homogenere Bundesrepublik zurückbekommen. Er wird aus dieser Saat Gewalt und schlimmstenfalls Bürgerkrieg ernten.

Es gilt, nüchtern auf die Grundlagen der westlichen Zivilisation zu schauen. Der Westen als Gesellschaftsmodell mag heute schwanken oder gar im Niedergang befindlich scheinen, aber er hat keine wirklichen Systemkonkurrenten, weder in China, in Russland, in Venezuela noch in Iran. Die Kräfte einer freien Gesellschaft sind enorm, wenn sie weiß, wie sie wurde, was sie sein will und was ihr normativer Kern ist. Der Westen schien schon einmal schwach und angezählt. Auf der Pariser Weltausstellung 1937 im Schatten des Spanischen Bürgerkrieges, stalinistischer „Säuberungen", der japanischen Besetzung Chinas und deutscher Aufrüstung sahen viele Besucher in den Pavillons von Albert Speer und Boris M. Iofan die Zukunft der Welt: Der deutsche und der russische Pavillon wurden mit Goldmedaillen ausgezeichnet. Doch das Kalkül der Diktatoren vom schwachen, dekadenten Westen war falsch. Nur dieses Gesellschaftsmodell erwies sich als dauerhaft: jene Zivilisation, die von der unantastbaren Würde des Menschen und der freien Entfaltung seiner Persönlichkeit ihren Ausgangspunkt nimmt, die über alle Krisen hinweg daran entschieden festhält.

Ottmar Ette

Unterwegs in allen Kulturen

Altamerikanistik bis Zoologie: Was der „Nomade" Alexander von Humboldt mit seinen Reisen bewegt hat

Alexander von Humboldt war nicht das letzte Universalgenie, für das er so lange gehalten wurde. Vielmehr verstand er es, wie schon sein Bruder Wilhelm bereits 1793 erkannte, „Ketten von Dingen zu erblicken, die Menschenalter hindurch, ohne ihn, unentdeckt geblieben wären". Alexander (1769-1859) selbst sprach, wie etwa im ersten Band seines „Kosmos", von einem „netzartig verschlungenen Gewebe", mit dessen Fäden er sich auf intensive Weise beschäftigte. So darf man die Humboldtsche Wissenschaft wohl am zutreffendsten als eine Vernetzungswissenschaft begreifen, in der die verschiedenartigsten Bereiche des Wissens und die unterschiedlichsten Disziplinen relational miteinander verknüpft werden.

Seit dem letzten Jahrzehnt des 18. Jahrhunderts bis zu seinem Tod im Jahre 1859 entfaltete der Verfasser der „Ansichten der Natur" eine Epistemologie, welche die Ausdifferenzierung der wissenschaftlichen Fachrichtungen zusammendachte. Dadurch ist Humboldt der erste Repräsentant einer transdisziplinären Wissenschaft, die gerade auch für das 21. Jahrhundert zukunftsweisend wirkt. Der Jüngere der beiden Humboldt-Brüder hatte, um es mit einem auf die Naturwissenschaften gemünzten Ausdruck von Charles Percy Snow zu sagen, schon früh „the future in his bones".

Und dies nicht, weil er sich etwa „nur" mit naturwissenschaftlichen Problemen und Fragestellungen auseinandergesetzt hätte. Wilhelm und Alexander teilten sich keineswegs gleichsam innerfamiliär die Wissenschaften in den „beiden Kulturen" brüderlich auf. Alexander von Humboldts wissenschaftliche Betätigungsfelder umschließen Altamerikanistik, Anatomie und Anthropologie, Geschichte, Geografie und Geoökologie, Physik, Philologie und Philosophie, aber auch Astronomie, Kulturgeschichte, Pflanzengeografie oder Zoologie.

Mehr noch: Die transdisziplinäre Humboldtian Science ist ohne die literarische Qualität des Humboldtian Writing schlechterdings nicht zu verstehen: Alexander ging es, wie er im Vorwort zu seinen „Ansichten der Natur" betonte, stets um die „Verbindung eines litterarischen und eines rein scientifischen Zweckes". Ästhetik ist für Humboldt keine bloße Zierde oder schöne Dreingabe, sondern ein eigenes, spezifisches Verknüpfungswissen, das alles mit allem zu verbinden vermag. Wir haben gelernt, den Verfasser der experimentellen „Vues des Cordillères et Monuments des Peuples Indigènes de l'Amérique" als großen Schriftsteller zu lesen und neu zu sehen.

Ausgehend von der Überzeugung, dass es unmöglich ist, die Welt aus der Perspektive einer einzigen Sprache zu begreifen, bediente sich Alexander von Humboldt überdies verschiedener Sprachen, verschiedener literarischer Ausdrucksformen und literarästhetischer Traditionen. Der in der Hauptstadt Preußens geborene Schriftsteller verfasste den größeren Teil seiner veröffentlichten Werke auf Französisch, entfaltete aber zwischen dem Französischen und dem Deutschen ein komplexes translinguales Spiel, in dem sich die unterschiedlichen von ihm verwendeten Begrifflichkeiten – wie etwa die Einzahl des deutschen Wortes „Kultur" und die Mehrzahl der französischen „civilisations" – wechselseitig beleuchten. In seinen Bänden, aber auch bereits in seinen Reisemanuskripten finden sich selbstverständlich das Lateinische wie das Spanische, das Portugiesische wie das Italienische, das Griechische wie das Englische, aber auch die verschiedensten amerikanischen Sprachen vom Náhuatl bis zum Quechua wie auch das Persische oder Chinesische. Bei Humboldt geht es nicht um einen Dialog der Kulturen, sondern um einen Polylog mit vielen Stimmen, vielen Perspektiven, vielen Bewegungs-Räumen.

Das im Januar 2015 angelaufene Akademienvorhaben „Alexander von Humboldt auf Reisen – Wissenschaft aus der Bewegung" der Berlin-Brandenburgischen Akademie der Wissenschaften beschäftigt sich folglich mit einem Gelehrten und Schriftsteller, der in seinem „vielbewegten Leben" nicht nur in einem physischen Sinne stets auf der Reise war. Der Begriff des Nomaden taucht nicht zufällig schon unter der Feder des jungen Humboldt auf. Denken und Schreiben Alexander von Humboldts sind stets auf dem Sprung, keinen Endpunkt akzeptierend.

In seinen auf den Reisen verfassten Schriften, in seinen mobilen Notaten, die im Fokus des Akademienvorhabens stehen, zeigt sich, wie in Humboldts Aufzeichnungen oft an einem einzigen Tage Gegenstände aus dem Bereich der Geologie oder Geschichte, der Kulturanthropologie oder der Klimatologie, der Wirtschaft oder der Wissenschaftsgeschichte auftauchen und abgehandelt werden. Ob auf dem Gebiet der Pflanzenmigration oder der transatlantischen Sklaverei, die Humboldt als das schlimmste Übel der Menschheit ansah: Alles erscheint in seiner Dynamik und Bewegung, nicht selten auch in seiner geologischen oder geschichtlichen Gewalt, die der Reisende immer wieder geduldig untersuchte und nach ihren Ursachen befragte. Die eigentliche Frage unter all diesen lebenslangen Bemühungen: Wie lässt sich das Leben begreifen? Und wie kann ein friedliches Zusammenleben aller Lebewesen auf diesem Planeten befördert werden? Aspekte dessen, was wir heute als Nachhaltigkeit bezeichnen und einem geoökologischen Denken zuordnen, sind inbegriffen.

Die „Amerikanischen Reisetagebücher" wie die Aufzeichnungen von der russisch-sibirischen Forschungsreise belegen: Als Voraussetzung jedweder Konvivenz galt dem Weltbürger ein dynamisches, unablässig zu erweiterndes Weltbewusstsein. Dabei blieb dieser Kosmopolit immer auch ein Preuße. Und ein Staatsbürger in jenem Mobile Preußen, das sich nicht nur aus seiner (sich im Übrigen stets wandelnden) Territorialität heraus verstehen lässt, sondern die Entwicklung eines neuen, dynamischen Verständnisses von Preußen erforderlich macht. Alexander von Humboldt lenkt unseren Blick in seinen Reiseschriften gerade auf ein Preußen nicht der Grenzziehungen, sondern der Grenzüberschreitungen, einer weltweiten Verflechtung und Vernetzung. Ein Preußen, für das auch die Namen von Adelbert von Chamisso, Anton Wilhelm Amo, Cornelius de Pauw und vieler mehr geltend gemacht werden können.

Der weltgewandte Kammerherr am preußischen Hofe kann damit für ein neues Preußen-Bild einstehen, aber auch für eine neue Vision von Wissenschaft. Ob Alexander von Humboldt im Altai auf seiner russisch-sibirischen Forschungsreise Pflanzen bestimmt oder klimatologische Untersuchungen durchführt; ob er auf seiner Reise in die amerikanischen Tropen auf Tenerife die Argumente von Neptunisten oder Plutonisten erörtert oder in den Archiven Neu-Spaniens die Geschichte der spanischen Conquista oder der amerikanischen Kulturen nachzuvollziehen sucht: Stets ist er dem Leben auf der Spur.

Seine Forschungen verweisen auf eine lebenswissenschaftliche Konzeption von Wissen und Wissenschaft, in der das Leben ganz im Sinne des griechischen bíos ebenso die Aspekte der Natur wie der Kultur umfasst. Die Faszinationskraft Alexander von Humboldts ist weltweit ungebrochen. Humboldts Welt hält der Welt des 21. Jahrhunderts nicht nur den fernen Spiegel vor, sondern weist ihr neue Wege.

Julia Fischer

Männerbünde und weibliche Freiheit in der Affengesellschaft

Eine der besonderen Eigenschaften unserer Spezies ist die Fähigkeit, Fragen zu stellen. Manchmal sind dies nur kleine Fragen, manchmal auch die ganz großen. Was bedeutet unser Schaffen und Tun, unser Handeln und Wirken? Was sind unsere Ursprünge? Wo gehen wir hin?

Auf die letzte Frage – wo gehen wir hin? – weiß die Evolutionsbiologie, die ich vertrete, keine rechte Antwort. Im Gegensatz dazu aber spielt die Vergangenheit eine große Rolle. Insbesondere interessieren wir uns dafür, wie im Laufe der Evolution bestimmte Merkmale entstanden sind. Für mich als Primatenforscherin sind dies vor allem Eigenschaften, die wir gemeinhin als spezifisch menschlich betrachten. Dazu gehört zum Beispiel die menschliche Sprache und damit die Fähigkeit, Fragen zu stellen.

In meinen Forschungsarbeiten widme ich meine Aufmerksamkeit nicht nur der Evolution der Sprache, sondern auch der Intelligenz. Die aktuell dominante Hypothese zur Entwicklung der Intelligenz geht davon aus, dass diese im Kontext eines Lebens in komplexen sozialen Gruppen entstanden ist. Eine Spielart dieser Hypothese, die so genannte „Macchiavelli-Hypothese" betont dabei die Bedeutung der Konkurrenz unter gruppenlebenden Individuen. Dieser Hypothese zufolge ist es für die einzelnen Gruppenmitglieder von Interesse, die Handlungen von anderen vorherzusagen, Koalitionen und gegebenenfalls Komplotte Dritter zu verfolgen, um selbst nach geeigneten Koalitionspartnern zu suchen, mit deren Hilfe sich die eigene Position im sozialen Gefüge sichern oder gar verbessern lässt. Damit spielt also die soziale Struktur einer Gruppe eine wichtige Rolle für ein Verständnis der Evolution von Intelligenz.

Das gilt auch für die Evolution der kommunikativen Fähigkeiten. Interessanterweise geht man bei der Rekonstruktion der Ursprünge der menschlichen Sprache eher davon aus, dass sie im

Kontext kooperativer und nicht kompetitiver Beziehungen entstanden ist. Eine Vermutung ist, dass die Sprache bei der gemeinsamen Jagd von Vorteil war; ein anderes Szenario betont die Wichtigkeit der Interaktion zwischen Mutter und Kind. Allerdings fehlen eindeutige Belege, um zwischen den verschiedenen Erklärungen unterscheiden zu können.

Besonders en vogue ist derzeit die Vermutung, dass kommunikative Komplexität mit sozialer Komplexität in Zusammenhang steht. Je komplexer eine Gesellschaft, desto größer der selektive Druck, auch in differenzierter Weise miteinander zu kommunizieren. Ein aktuelles Forschungsziel ist daher, diesen vermuteten Zusammenhang zwischen sozialer Komplexität einerseits und Kommunikation und Intelligenz andererseits zu überprüfen. Dazu bedarf es vergleichender Analysen verschiedener Gesellschaften.

Nichtmenschliche Primaten bieten sich für die Überprüfung dieser Frage an, da sie eine bemerkenswerte Vielfalt an sozialen Lebensformen aufweisen. Im Folgenden werde ich der Einfachheit halber die nichtmenschlichen Primaten „Primaten" nennen, obwohl wir Menschen natürlich auch zur Ordnung der Primaten gehören. Einige wenige Affenarten gesellen sich zu kleinen Familiengruppen zusammen, wie zum Beispiel die Gibbons; andere wie die madagassischen Riesenmausmakis oder auch Orang-Utans sind weitgehend solitär. Der größte Teil der Arten lebt allerdings in mehr oder weniger komplexen Gruppen mit mehreren männlichen und weiblichen Tieren sowie deren Nachwuchs. Dabei gibt es aber sehr viele verschiedene Spielarten mit interessanten Konsequenzen für das Zusammenleben der Individuen in der Gruppe. Ein wichtiges Forschungsanliegen ist daher ganz generell, die Faktoren zu identifizieren, die zur erstaunlichen Diversität der Lebens- und Sozialformen bei Primaten geführt haben.

Die Beschäftigung mit verschiedenen Formen von Primatengesellschaften ist aber auch aus einem ganz anderen Grund von Interesse: Ein wichtiges Ziel im Bereich der Erforschung der sozialen Evolution ist nämlich, die Umstände zu identifizieren, die zur Evolution einiger sozialer menschlicher Charakteristika geführt haben, so zum Beispiel der Tatsache, dass in vielen Gesellschaften Männer und Frauen stabile Bindungen eingehen, dass sich auch nicht verwandte Männer kooperativ verhalten und dass sich menschliche Gesellschaften anders als die meisten anderen Säugetiere durch männliche Philopatrie auszeichnen – das heißt, die Männer stellen den Kern einer Gruppe dar und die Frauen wandern aus.

Bevor ich weiter auf mein eigenes Forschungsvorhaben eingehe, sei mir ein kurzer Exkurs in die Vorgehensweise bei der Rekonstruktion evolutiver Prozesse erlaubt. Um ein besseres Verständnis für die Evolution bestimmter Merkmale zu entwickeln, bedienen wir uns des so genannten vergleichenden Ansatzes. Dabei analysiert man das Vorkommen bestimmter Eigenschaften in Bezug zu den Verwandtschaftsverhältnissen zwischen Arten, um herauszufinden, ob ein bestimmtes Merkmal für eine Gruppe verwandter Arten kennzeichnend ist und deshalb vermutlich auf den gemeinsamen Vorfahren der Mitglieder dieser Gruppe zurückzuführen ist. Zum Beispiel verfügen alle Schmalnasenaffen, das sind die Altweltaffen samt der Menschenaffen, über einen opponierbaren Daumen. Oder: alle Vertreter der Hominoidea, also der Menschenaffen inklusive des Menschen, zeichnen sich durch das Fehlen eines Schwanzes aus. Solche Merkmale bezeichnet man dann als „ursprüngliche" Merkmale.

Es ist aber auch möglich, dass ein bestimmtes Merkmal in verschiedenen Gruppen, die nicht direkt miteinander verwandt sind, mehrmals unabhängig entstanden ist, meist als Antwort auf ähnliche Verhältnisse. So ist etwa die solitäre Lebensweise von Orang-Utans und madagassischen Lemuren unabhängig voneinander entstanden.

Wenn wir Affen als Modelle heranziehen, um die Ursprünge menschlichen Verhaltens auszuleuchten, dann müssen wir klären, ob wir es hier tatsächlich mit ursprünglichen Merkmalen zu tun haben, die für den gesamten betrachteten Teil des Stammbaums gelten, oder aber mit analogen Entwicklungen. Ich werde im Folgenden vor allem auf Analogien zu sprechen kommen; das liegt am Modell, das ich gewählt habe, denn ich beschäftige mich mit Pavianen. Paviane gelten als wichtiges Modell, um die soziale Evolution des Menschen nachzuvollziehen, da sie wie frühe Menschen vorwiegend in Savannen vorkommen und in großen und komplexen Gruppen leben. Es gibt aber auch einige Gruppen, die in Wäldern oder ariden Gebieten leben. Damit stellen Paviane quasi ein natürliches Experiment dar, da sie in verschiedenen Habitaten leben, und wir überprüfen können, welche Rolle die ökologischen Bedingungen spielen und wie wichtig das evolutionäre Erbe, mithin also die genetische Ausstattung der Tiere ist.

Neben den aus zoologischen Gärten gut bekannten Mantelpavianen, die im nordöstlichen Afrika und auf der arabischen Halbinsel beheimatet sind, gibt es noch fünf andere Pavianarten. Die in Ostafrika und im südlichen Afrika vorkommenden Arten werden kollektiv als so genannte Savannenpaviane bezeichnet. Dazu gehören die Anubispaviane, die gelben Paviane, die Bärenpaviane und die Kindapaviane. Die Savannenpaviane leben in Gesellschaften, die matrilinear organisiert sind. D.h. die weiblichen Tiere verbleiben mit ihrem weiblichen Nachwuchs in der Geburtsgruppe, und die männlichen Tiere wandern aus. Innerhalb einer Gruppe gibt es entsprechend verschiedene Clans miteinander verwandter weiblicher Tiere: die Großmutter, die Mutter, ihre Schwestern, die Kinder und Cousinen. Die männlichen Tiere hingegen müssen bei Erreichen der Geschlechtsreife ihre Gruppe verlassen und ihr Glück in einer anderen Gruppe versuchen. Dies dient der Vermeidung von Inzest.

Bei den eingangs erwähnten Mantelpavianen hingegen haben wir es mit einer ganz anderen Gesellschaftsform zu tun: Hier besteht der Kern der Gesellschaft aus „Ein-Mann-Gruppen", wobei ein männliches Tier mit einer kleinen Anzahl von weiblichen Tieren fest affiliiert ist. Die Männchen üben dabei durch Nackenbisse eine sehr strenge Kontrolle über die Weibchen aus, so dass diese sich nie weit von ihrem Haremshalter entfernen. Verschiedene Ein-Mann-Gruppen schließen sich zu so genannten Clans zusammen, und mehrere Clans bilden eine Bande. Auf einem Schlaffelsen können mehrere Banden zusammen angetroffen werden. Das können über 700 Tiere sein.

Nun gibt es auch noch eine Pavianart, die Guineapaviane, über die bis vor kurzem nur sehr wenig bekannt war. Die Forscher, die bislang die Tiere entweder im Freiland oder aber in Zoos beobachtet hatten, waren sich zudem nicht einig, ob die Gesellschaft der Guineapaviane eher der von Savannenpavianen gleicht oder eher der von Mantelpavianen. Guineapaviane kommen im westlichen Afrika vor, unter anderem im Senegal.

2007 gründeten mein Team und ich die Feldstation „Simenti" im Senegal. Die Feldstation liegt im Niokolo Koba Nationalpark im Landesinneren. Zu Beginn waren wir sehr zuversichtlich, dass wir bald in der Lage sein würden, eine oder zwei Gruppen an uns zu gewöhnen, so dass wir ihnen zu Fuß folgen und ihr Verhalten beobachten könnten. Leider erwiesen sich die Tiere als äußerst scheu, so dass wir annähernd drei Jahre brauchten, um die Tiere an die Beobachter zu gewöhnen. Aber am Ende machte sich unsere Hartnäckigkeit bezahlt. Inzwischen können wir etwa 180 Tieren in verschiedenen Gruppen folgen.

Bereits nach wenigen Wochen stand fest, dass die Guineapaviane nicht in den für Savannenpaviane typischen festen Gruppen leben. Wenn wir die Tiere aus einem Unterstand beim Trinken beobachteten, sahen wir, dass sich kleinere und größere Untergruppen bildeten oder sich Gruppen zusammentaten und auch wieder auseinander gingen, ohne dass es zu auffälligen Interaktionen zwischen den Mitgliedern verschiedener Untergruppen kam. Das ist zum Beispiel bei den Bärenpavianen im südlichen Afrika ganz anders. Diese Tiere sind mir wohlbekannt, da ich anderthalb Jahre im Okavangodelta in Botswana lebte und die Tiere dort studierte. Wenn sich dort zwei Gruppen begegneten, kam es zu aggressiven Interaktionen zwischen den Gruppen.

Die soziale Organisation der Guineapaviane blieb hingegen lange rätselhaft, und wir mussten zunächst einem französischen Forscher rechtgeben, der 1967 geschrieben hatte, bei den Guineapavianen herrschten anarchistische Verhältnisse. Wie aber konnten wir einen Zugang zu dieser Gesellschaft bekommen? Schließlich entschieden wir uns, einzelne Tiere zu fangen und mit Sendern auszustatten. Zum einen waren dies Radiosender, so dass wir die Tiere mit Hilfe von Antennen peilen können würden; zum anderen waren dies GPS Geräte, die alle zwei Stunden den Aufenthaltsort des Tieres aufzeichneten, und zwar synchron von mehreren Tieren, so dass wir hinterher rekonstruieren konnten, wer mit wem assoziiert war. Zudem waren wir in der Lage, den Tieren nun auch zu Fuß zu folgen. Wir konnten sie individuell identifizieren und mit Hilfe von computergestützten Programmen aufzeichnen, wer mit wem zusammensaß, wer wem das Fell pflegte (das ist auch als „Groomen" bekannt und gilt als Zeichen von Verbundenheit) und wer sich stritt. Zudem können wir auf neue Methoden zurückgreifen, die es uns erlauben, aus dem Kot der Tiere Rückschlüsse über deren physiologischen Zustand zu ziehen, wie zum Beispiel ihren Hormonstatus, sowie über genetische Analysen die Verwandtschaft zu rekonstruieren.

Von den Tieren, die wir mit GPS-Halsbändern ausgestattet hatten, konnten wir die Daten über Funkfrequenzen auf Notebooks herunterladen und so ihre Aufenthaltsorte tagsüber und auch zur Nachtzeit bestimmen. Wir konnten so verfolgen, wo sich die Tiere zu den verschiedenen Jahreszeiten aufhielten, wie weit sie täglich wanderten und wer mit wem seine Zeit verbrachte. Unsere Analysen ergaben, dass es bestimmte männliche Dyaden – also Paare von Individuen – gab, die fast immer sehr nah beieinander waren, im Schnitt etwa in 80 Prozent der Zeit, und eine große Anzahl von Dyaden, die nur äußerst selten zusammen waren, etwa in fünf Prozent der Zeit. Ein solches Muster würde man auch finden, wenn man es mit stabilen Gruppen zu tun hat. Das besondere war, dass es eine Reihe von Dyaden gab, die etwa die Hälfte der Zeit zusammen verbrachten. Diese drei verschiedenen Muster deckten sich auch mit unseren Verhaltensbeobachtungen im Feld. Hier gab es Männchen, die sehr viel Zeit in großer Nähe miteinander verbrachten; wir bezeichneten diese als „Cliquen". Zwei oder auch manchmal drei solcher Cliquen schlossen sich zu so genannten „Gangs" zusammen, die manchmal, aber eben nicht immer, gemeinsam unterwegs waren. Schließlich fanden wir, dass verschiedene Gangs dasselbe Revier nutzten, ohne sich dabei ins Gehege zu kommen. Alle Tiere in unserem Gebiet bezeichneten wir als die „Community". An manchen Tagen sahen wir bis zu 350 Tiere auf einmal. Mit dieser Struktur gehören die Guineapaviane zu einer so genannten „Mehr-Ebenen-Gesellschaft".

Wenn wir die Daten über die verschiedenen Jahre vergleichen, dann sehen wir, dass manche dieser engen Beziehungen zwischen den Männchen tatsächlich über Jahre halten. Langfristige Beobachtungen werden nötig sein, um die Entwicklung dieser Freundschaften nachzuzeichnen.

Wir finden also stabile Beziehungen zwischen spezifischen männlichen Tieren, aber auch eine gewisse Dynamik, wenn zum Beispiel jüngere Männchen in eine solche Clique hineinwachsen und sich die Präferenzen verändern können. Was machen nun diese männlichen Tiere miteinander? Genaue Beobachtungen ihres Verhaltens zeigten, dass die Tiere einen beträchtlichen Teil der

Zeit in Körperkontakt miteinander verbringen und sich auch gegenseitig das Fell pflegen. Außerdem pflegen die Guineapaviane ein bizarr anmutendes Ritual, das wir „Begrüßung" nennen. Im engeren Sinn ist es aber keine Begrüßung, da sie dieses Ritual dutzende Mal am Tag vollziehen. Die Tiere fassen sich dabei gegenseitig an die Hüfte oder auch an den Penis. Forscher in den USA vermuteten, dieses Verhalten diene der Überprüfung, ob die Tiere sich noch vertrauen könnten. Aber so einfach ist das nicht zu erklären, da Tiere, die viel Zeit miteinander verbringen, sich nicht unbedingt häufiger begrüßen. Eine andere Hypothese ist daher, dass solche Rituale dem Abbau von Spannungen dienen. Vielleicht ist es aber auch beides: unter möglichen Koalitionspartnern testet man das Vertrauen, unter möglichen Rivalen setzt man es ein, um die Kosten eines physischen Kampfes zu umgehen. Wir sind derzeit dabei, die Daten zu sammeln, um diese Hypothesen zu testen.

Insgesamt zeigen die männlichen Tiere selten offene Aggression. Dagegen investieren sie relativ viel in die Freundschaften mit anderen Männchen. Der Theorie der so genannten Verwandtenselektion zufolge sollte es sich dabei um miteinander verwandte Männchen handeln. Genetische Analysen ergaben aber zu unserer großen Überraschung, dass Freundschaft und Verwandtschaft nicht miteinander korrelieren. Es gab zwar innerhalb der Cliquen auch einzelne eng miteinander verwandte Männchen, aber genauso häufig fanden wir befreundete Tiere, die überhaupt nicht miteinander verwandt waren. Zudem fanden wir auch eng miteinander verwandte männliche Tiere in verschiedenen Cliquen oder sogar in verschiedenen Gangs.

Die genetischen Analysen führten auch zu weiteren Einsichten in die Struktur unserer Community. Interessanterweise ist das genetische Profil der männlichen Tiere sehr viel stärker geographisch strukturiert als das der weiblichen Tiere. In einer Distanz von 50 km oder 100 km Entfernung ist das genetische Profil der dort lebenden Weibchen nicht sehr viel anders als das der weiblichen Tiere, die in der Nähe unserer Feldstation in Simenti leben. Bei den männlichen Tieren finden wir dagegen durchaus signifikante Unterschiede. Ein solcher Unterschied im Profil zwischen den Geschlechtern deutet darauf hin, dass die weiblichen Tiere für den Genfluss verantwortlich sind. Mit anderen Worten, bei den Guineapavianen neigen die männlichen Tiere eher dazu, in der Gruppe zu verbleiben, während die weiblichen Tiere auswandern.

Bemerkenswert sind auch die Beziehungen zwischen männlichen und weiblichen Tieren, denn wir finden bei den Guineapavianen sehr enge Assoziationen zwischen spezifischen weiblichen und männlichen Tieren. Ein weibliches Tier ist dabei jeweils mit einem Männchen assoziiert; ein Männchen dagegen mit einer variablen Anzahl von Weibchen. Dabei gibt es erhebliche individuelle Unterschiede: manche sind nur mit einem Weibchen verbunden, andere mit zweien oder dreien. In einem Fall war ein männliches Tier sogar mit sechs weiblichen Tieren assoziiert.

Wie kommt es zur Assoziation zwischen einem weiblichen und einem männlichen Tier? Sind die weiblichen Tiere nur „Ressourcen" für die Männchen, um die diese konkurrieren, oder nehmen die weiblichen Tiere auch Einfluss auf die Paarbindung? Interessanterweise scheint letzteres der Fall zu sein. Darüber hinaus pflegen die Weibchen auch freundschaftliche Beziehungen zu anderen Weibchen, die mit anderen männlichen Tieren assoziiert sind. Erstaunlich ist bei unseren Beobachtungen, dass man ein Weibchen, das zu einem bestimmten männlichen Tier gehört, nicht unbedingt immer in dessen Nähe auffindet. Die männlichen Tiere haben offenbar nur eine bedingte Kontrolle über das Verhalten und die Interaktionen der weiblichen Tiere. Bei den Guineapavianen können sich diese sogar von einem auf den anderen Tag einem anderen Männchen anschließen. Manche Weibchen verbleiben über Jahre bei einem bestimmten Männchen, andere hingegen wechseln von einem zum anderen. Was die Gründe für solche Wechsel sind, können wir noch nicht beantworten. Auffällig ist, dass männliche Tiere im höheren Alter ihre Weibchen nach und nach verlieren. Jüngere Männchen dagegen haben verschiedene Strategien, um neue Weibchen für sich zu gewinnen. Hat sich ein weibliches Tier einmal für ein Männchen entschieden, dann paart es sich fast ausschließlich mit diesem Tier. Aus der Perspektive der Weibchen kann man also von einer seriellen Monogamie sprechen; aus der Perspektive der männlichen Tiere eher von Vielweiberei.

Unsere Beobachtungen legen den Schluss nahe, dass ein Transfer eines weiblichen Tieres für erhebliche Unruhe in der neuen Einheit sorgen kann. Es kann zu regelrechten Kettenreaktionen kommen, während derer eine Reihe weiterer Weibchen sukzessive von einem männlichen Tier zum anderen transferiert und so ein Weibchen manchmal am Ende wieder bei dem Partner landet, den sie ursprünglich verlassen hatte. Es kommen also drei Faktoren zusammen, erstens die Präferenz des Weibchens für ein bestimmtes Männchen, zweitens das Beziehungsgefüge unter den Weibchen selbst und drittens die Fähigkeit des Männchens, das Weibchen an sich zu binden. Was diesen Punkt angeht, so konnten wir beobachten, dass manche Männchen erbeutetes Fleisch mit einem oder zweien ihrer Weibchen teilten; dies deutet darauf hin, dass diese Tiere eher auf Versorgung setzen, als auf Gewalt. Zudem scheinen die weiblichen Tiere solche Männchen zu bevorzugen, die ihrerseits viele Freunde haben. Möglicherweise bieten Männchen, die viele und gute Verbündete haben, dem Weibchen einen besseren Schutz, zum Beispiel vor Fressfeinden wie Leoparden.

Ich fasse also zusammen: Anders als alle anderen Pavianarten zeichnen sich die Guineapaviane durch eine hohe Toleranz und Kooperation unter den männlichen Tieren aus. Männliche Tiere pflegen sich gegenseitig das Fell, sie unterstützen sich in Auseinandersetzungen, und ihre Männerbünde können über viele Jahre andauern. Im Unterschied zu den Mantelpavianen scheinen die männlichen Tiere aber nicht in der Lage zu sein, die weiblichen Tiere vollständig zu kontrollieren. Vielmehr zeichnet sich ab, dass die weiblichen Tiere gewisse Freiheiten genießen und selbst einen gewissen Einfluss bei der Partnerwahl haben.

Wie lässt sich nun erklären, dass sich bei den Pavianen eine Gesellschaftsform von einer anderen unterscheidet – und noch genauer gefragt, wie kam es, dass sich im Lauf der Evolution eine Gesellschaftsform in eine andere umwandelte? Was sind sozusagen die Transformationsprozesse, die einen derart fundamentalen Umbau ermöglichen oder gar befördern?

Die gängige Hypothese derzeit ist, dass nicht die heutigen Umweltbedingungen diesen Unterschied zwischen den Gesellschaftsformen erklären, sondern vielmehr Bedingungen in der Frühzeit der Paviangeschichte. Paviane sind etwa vor zweieinhalb Millionen Jahren im südlichen Afrika entstanden. Diese Vorfahren breiteten sich im Laufe der Zeit in Richtung Norden aus, bis sie etwa im Bereich des heutigen Kongo auf undurchdringlichen Regenwald stießen. Es gab für diese Populationen am Rand der Ausbreitung also kein Weiterkommen. Männliche Tiere, die nun in der Geburtsgruppe blieben, hatten einen Selektionsvorteil gegenüber solchen, die aus ihrer Gruppe auswanderten und in pavianfreies Gebiet gelangten, wo sie sich nicht vermehren konnten. So vermutet man, dass sich schließlich am Rand der Population mehr und mehr männliche Tiere fanden, die im Schnitt auch etwas höher miteinander verwandt waren. Im Laufe von Klimaschwankungen öffneten sich Korridore durch den Regenwaldgürtel, und die Tiere waren in der Lage, in kurzen Zeiträumen neues Gebiet zu erobern. Die Tiere, die sich an der vordersten Grenze der Population befanden, hatten nun eine andere populationsgenetische Zusammensetzung als solche, die eher in den Ursprungsgebieten vertreten waren.

Das Vorkommen von stärker miteinander verwandten männlichen Tieren hat zwei Konsequenzen: Erstens begünstigt es, ganz im Sinne der Verwandtenselektion, die Toleranz und Kooperation unter verwandten Tieren, die wiederum insgesamt zu einer kooperativen und toleranten Disposition gegenüber anderen Männchen führen. Zweitens profitieren auch die weiblichen Tiere davon, wenn es verwandte männliche Tiere in der Gruppe gibt, denn im Schnitt senkt dies die Aggression gegen die weiblichen Tiere, da diese ja die Kinder von Verwandten des potenziellen männlichen Aggressors tragen könnten. Bei den Guineapavianen hat sich nach Erreichen der nordwestlichen Grenze Afrikas und der Besiedlung der dortigen Gebiete dann eine Situation ergeben, bei der es sich schließlich für die Weibchen als Vorteil erwies, ihre Geburtsgruppe zu verlassen, um Inzest vorzubeugen.

Die kooperativen Tendenzen sind vermutlich im Laufe der Evolution als Korrelat der Verwandtenselektion entstanden. Interessanterweise finden wir bei so verschiedenen Arten wie Bakterien, Insekten und Menschen gute Hinweise dafür, wie wichtig räumliche Strukturen bei der Aufrechterhaltung solcher kooperativer Tendenzen sind. So führen Aggregationen von Individuen mit kooperativen Tendenzen dazu, dass diese sich gegenseitig verstärken, was wiederum die räumlichen Cluster stärker voneinander abgrenzt. Zudem finden wir, dass eine gewisse Konkurrenz zwischen Gruppen die Kooperation innerhalb der eigenen Gruppe stärkt.

Es stellt sich natürlich die Frage, ob Tiere, die in so unterschiedlichen Gesellschaften leben, auch unterschiedliche Kommunikationsstrukturen aufgebaut haben. Erstaunlicherweise ist das nicht der Fall: Obwohl sich die verschiedenen Pavianarten hinsichtlich ihres Sozialverhaltens und der Struktur ihrer Gesellschaften gründlich unterscheiden, verwenden sie alle dieselben Lauttypen. Die Tiere verwenden strukturell dieselben Grunzlaute, wenn sie sich begrüßen; ihre Alarmrufe hören sich fast identisch an, und auch die Schreie unterscheiden sich nicht. Die wenigen Unterschiede, die wir feststellen konnten, ließen sich allein dadurch erklären, dass die Guineapaviane ein gutes Stück kleiner sind als zum Beispiel die Bärenpaviane. Es zeigt sich also am Beispiel der Paviane, dass eine Veränderung in der Gesellschaftsform nicht unbedingt Auswirkungen auf das kommunikative System hat. Damit ist zumindest für die Paviane die Hypothese widerlegt, dass eine Zunahme an sozialer Komplexität notwendigerweise mit einer Zunahme kommunikativer Komplexität verbunden ist.

Das liegt vermutlich daran, dass sich die Qualität der einzelnen Interaktionen nicht fundamental unterscheidet; am Ende läuft fast jede kommunikative Interaktion darauf hinaus, dem anderen zu vermitteln, dass er herkommen oder weggehen soll. Nur die bemerkenswerten Begrüßungsrituale scheinen eine Besonderheit der Guineapaviane zu sein, die sich im Kontext der Regulation der toleranten Beziehungen zwischen den männlichen Tieren entwickelt haben.

Insgesamt lässt sich die Intelligenz und das Kommunikationsverhalten von Affen gut mit der von Hunden vergleichen: Hunde verstehen auch viel und wissen genau, was es bedeutet, wenn der Besitzer nach der Hundeleine greift oder seinen Koffer packt. Sie können Briefträger von anderen Leuten unterscheiden und sind oft treu bis in den Tod. Andererseits ist ihr vokales Ausdrucksvermögen nur sehr beschränkt – sie bellen und knurren, und genaue Analysen konnten auch statistische Unterschiede zwischen verschiedenen Unterarten von Knurren und Bellen aufzeigen, aber viel weiter geht es nicht.

Als Fazit möchte ich also festhalten:

Erstens: *Den* Affen gibt es nicht; es gibt noch nicht einmal *den* Pavian.

Zweitens: Auch wenn ich mich vor plumpen Vergleichen zwischen dem Verhalten von Menschen und anderen Primaten hüten möchte, so finde ich, dass die Guineapaviane ein schönes Modell sind, um die Entstehung und den Erhalt von kooperativen Tendenzen zu erforschen, was ja auch für unsere eigene Gesellschaft von großer Bedeutung ist. Um nochmals auf den Anfang meines Vortrags zurückzukommen: Die Guineapaviane sind zwar nur ein analoges Modell für das menschliche Sozialverhalten, aber man sollte vom Sein der Paviane (oder anderer Affen) nicht auf das Sein, und schon gar nicht das Sollen von Menschen schließen.

Drittens: Affengesellschaften können eine faszinierende Komplexität an den Tag legen. Gleichwohl bin ich noch keinem Affen begegnet, der in der Lage oder willens wäre zu sprechen, mit Symbolen zu hantieren oder sich Gedanken über die Beschreibung von räumlichen Strukturen zu machen. Insofern erscheint es unwahrscheinlich, dass hier in näherer Zukunft ein Vertreter einer anderen Primatenart die Universitätsrede halten wird. Und natürlich stellt sich die Frage, wie komplex eine Gesellschaft beschaffen sein muss, dass man mit Grunzen und Bellen und Kreischen nicht mehr auskommt.

Schließlich hoffe ich, Sie davon überzeugt zu haben, dass diese Art der Forschung oft langwierig ist und man Geduld und eine gehörige Portion Frustrationstoleranz braucht, um ein solches Projekt auf den Weg zu bringen und am Laufen zu halten. Ich möchte bei dieser Gelegenheit ganz allgemein für Verständnis werben, dass viele Dinge in der Wissenschaft Zeit brauchen und dass schnelle Erfolge und spektakuläre Befunde eher die Ausnahme sind als die Regel.

Max-Emanuel Geis

Eigengesetzlichkeit als Strukturprinzip der Wissenschaft

– Einige kritische Begriffsreflexionen –

I. Eigengesetzlichkeit als Rechtsbegriff

Versucht man, das Phänomen wissenschaftlichen Denkens aus rechtlicher Perspektive zu umschreiben, so stößt man unweigerlich über kurz oder lang auf den Begriff der Eigengesetzlichkeit, der im Kontext des Art. 5 Abs. 3 GG das gemeinsame Merkmal sowohl der Kunstfreiheitsgarantie als auch der Wissenschaftsfreiheit ausmacht und deswegen zum unverzichtbaren Kern dieser Grundrechtsgewährleistungen gerechnet werden darf. Den Begriff der Eigengesetzlichkeit, der die wörtliche Übersetzung von „Autonomie" darstellt, hat wohl erstmals *Rudolf Smend* in seinem legendären Münchener Staatsrechtslehrerreferat von 1927 verwendet. Seitdem haftet ihm etwas Magisches, gar Metaphysisches an, signalisiert er doch gerade dem Juristen, dass es eine Normenwelt gibt, in die man mit Hilfe des Rechts nicht wirklich eindringen kann, und die sich dadurch einer juristischen, insbesondere gerichtlichen Kontrollierbarkeit entzieht. Eigengesetzlichkeit ist vielmehr ein dem Recht vorgelagertes Strukturprinzip der Wissenschaft und als solches die gedankliche Grundlage für die Wissenschaftsfreiheit: Eben weil der Wissenschaftsprozess sich nach eigenen Gesetzen vollzieht, muss er durch ein Freiheitsgrundrecht mit allen seinen subjektiv- und objektivrechtlichen Ausformungen geschützt werden. Konsequenterweise ist er daher auch dem Gesetzesvorbehalt des Art. 5 Abs. 2 GG nicht unterworfen.

Seinen judikativen „Ritterschlag" erfuhr der Begriff im „Hochschulurteil" des Bundesverfassungsgerichts von 29.5.1973:

„Dieser Freiraum des Wissenschaftlers ist grundsätzlich ebenso vorbehaltlos geschützt, wie die Freiheit künstlerischer Betätigung gewährleistet ist. In ihm herrscht absolute Freiheit von jeder Ingerenz öffentlicher Gewalt. In diesen Freiheitsraum fallen vor allem die auf wissenschaftlicher Eigengesetzlichkeit beruhenden Prozesse, Verhaltensweisen und Entscheidungen bei dem Auffinden von Erkenntnissen, ihrer Deutung und Weitergabe. Jeder, der in Wissenschaft, Forschung und Lehre tätig ist, hat – vorbehaltlich der Treuepflicht gemäß Art. 5 III Satz 2 GG – ein Recht auf Abwehr jeder staatlichen Einwirkung auf den Prozess der Gewinnung und Vermittlung wissenschaftlicher Erkenntnisse" (BVerfGE 35, 79/112 f.; Hervorhebung d. Verf.).

Seitdem gehört der Begriff zum grundrechtsdogmatischen Gemeingut und wird verlässlich in Staatsrechtslehrervorträgen, Monographien, Handbüchern, Kommentaren und Aufsätzen weitergetragen.

Das Hochschulurteil hat den inneren Zusammenhang zwischen Eigengesetzlichkeit und Freiheit sehr prononciert formuliert, wenn auch die Rigorosität der Formulierung in der Wahrnehmung der folgenden Jahrzehnte ein wenig verblasst ist: Das Freiheitsrecht schützt vor jeder Ingerenz öffentlicher Gewalt und vor jeder staatlichen Einwirkung. Dies können nach der Wortbedeutung (Ingerenz = Einmischung) sowohl direkte wie auch indirekte Einwirkungen sein; moderner ausgedrückt: Steuerung und Einwirkung sind nahezu synonym. Man mag sich unwillkürlich fragen, ob und wie dies mit dem Anspruch des ubiquitären Dogmas einer „aktiven" Hochschulsteuerung kompatibel ist und wie sich dies etwa mit individuellen Zielvereinbarungen eines Wissenschaftlers mit seiner Hochschule verträgt, die ja gerade zum Inhalt haben, auf den Prozess der Gewinnung und Vermittlung wissenschaftlicher Erkenntnisse einzuwirken. Ohne Zweifel ist die Vergabe von leistungsbezogenen Gehaltsbestandteilen für wissenschaftliche Leistungen oder auch das Einwerben von Drittmitteln durch die 2005 eingeführte W-Besoldung eine Einwirkung, zumal, wenn sie auf Zielvereinbarungen beruht, die bestimmte Publikationszahlen in bestimmten Medien oder die Einwerbung von Mindestsummen vorschreiben. Diese Einwirkung verliert auch dann nicht ihren Zwangscharakter, wenn sie – wie bei Zielvereinbarungen – mit Einwilligung des Betroffenen erfolgt. Vereinbarungen dieser Art lassen i.d.R. kaum oder gar keinen Verhandlungsspielraum zu; genauso gut könnte es sich um eine Zusage analog § 38 VwVfG handeln, die unter der Bedingung der Leistungserfüllung steht. Zudem ergeben sich die festgesetzten, „vereinbarten" Leistungsparameter – z.B. die jährliche Publikation von zwei oder drei Aufsätzen in (bestimmten) referierten Zeitschriften oder das Erfordernis einer Drittmitteleinwerbung in sechsstelliger Höhe während des nächsten Dreijahreszeitraums – auch nicht aus irgendwelchen Eigengesetzlichkeiten, sondern entspringen einer autoritativen Festsetzung der jeweiligen Hochschulleitung aufgrund externer Benchmarks. Aus der Wissenschaftsfreiheit folgende Rechte wie die positive und negative Publikationsfreiheit wirken dagegen wie Märchen aus versunkenen Zeiten.

II. Eigengesetzlichkeit als Pluraletantum

Obwohl der Begriff der Eigengesetzlichkeit ein unverzichtbarer Bestandteil dogmatischer Ausführungen ist, bleibt er doch erstaunlich unkonturiert. Ausgerechnet der vergleichsweise knappe Rechtsprechungskommentar zum Grundgesetz von Hömig unternimmt eine Klammeraufzählung: Danach gehören zur Eigengesetzlichkeit: Rationalität, Methodik, Systematik, Beweisbedürftigkeit, Nachprüfbarkeit, Kritikoffenheit, Revisionsbereitschaft usw. Dieser Ansatz vereint verschiedene Erkenntnismodelle: Nachprüfbarkeit bezieht sich auf Tatsachenaussagen, Beweisbedürftigkeit erstreckt sich auch auf logisch-normative Operationen, Kritikoffenheit und Revisionsbereitschaft nehmen Bezug auf die Tatsache der prinzipiell unabgeschlossenen Erkenntnis Bezug. Bei Daniel Krausnick indiziert Eigengesetzlichkeit eine Selbstregulierung der Wissenschaft durch die scientific community, andere Autoren stellen einen Bezug zur akademischen Selbstverwaltung her.

Ungeachtet seiner Verankerung im juristischer Sprachgebrauch ist „Eigengesetzlichkeit" dabei aber kein abstrahierter „Metabegriff", sondern genau genommen ein Pluraletantum: Es gibt viele unterschiedliche Eigengesetzlichkeiten, mindestens so viele, wie es wissenschaftliche Disziplinen gibt (ob inter-, intra- und transdisziplinäre Forschungen zusätzliche Eigengesetzlichkeiten entwickeln, wofür viel spricht, sei hier nicht weiter verfolgt) oder künstlerische Gattungen gibt.

Im Bereich der Kunst ist es vor allem die Varianz der schöpferischen Ausdrucksformen, die sich einer strikten Klassifizierung entziehen: So kann eine musikalische Komposition völlig unterschiedliche Interpretationen erfahren, es entsteht jeweils ein neues – individuelles – Kunstwerk (beispielsweise bestehen riesige Unterschiede, ob Furtwängler, Karajan, Gardiner oder Harnoncourt eine Beethoven-Symphonie dirigieren), während bei Schöpfungen der bildenden Kunst das Werk im Vordergrund steht. Auch kann sie in völlig andere Sinnzusammenhänge gestellt werden (paradigmatisch Johann Strauß „An der schönen blauen Donau" als Untermalung von Kubricks „2001 - Odyssee im Weltraum" oder – noch omnipräsenter – Wagners Walkürenritt als Hintergrundmusik von Coppolas „Apocalypse Now" und weiterer unterschiedlichster Filme).

Im Bereich der Wissenschaft wird die Eigengesetzlichkeit von den ganz unterschiedlichen, von der jeweiligen Disziplin bestimmten Wegen des Erkenntnisprozesses bestimmt. Etwas vergröbert: In den empirischen Wissenschaften sucht man nach „Wahrheit" (oder besser: nach belastbaren faktischen Feststellungen). Ein Königsweg ist wohl die Erkenntnisfindung des Kritischen Rationalismus mit seinem Falsifizierungstheorem, wie es Karl Raimund Popper insbesondere in seinem Hauptwerk „Logik der Forschung" (1934) dargestellt hat: Danach können „wahre" Aussagen als solche nie verbindlich erfolgen; der Erkenntnisprozess geht vielmehr den umgekehrten Weg, Thesen aufzustellen und sie nach Möglichkeit zu falsifizieren. Die Wahrheit konturiert sich dann letztlich in einem immer enger werdenden Prozess gegen unendlich heraus, auch wenn sie nie völlig, sondern nur unter Erreichung eines sehr hohen prozentualen Wahrscheinlichkeitsgrades herausgeschält werden kann. Eines der wohl berühmtesten Beispiele der Wissenschaftsgeschichte dürfte die stufenweise Falsifizierung des ptolemäischen, geozentrischen Weltbilds durch Kopernikus, Galilei, Bradley, Bessel und Newton gewesen sein (als kopernikanische Wende sprichwörtlich geworden), bis dieses wieder durch die Entdeckung der Galaxien und die Einstein'sche Relativitätstheorie revidiert werden musste. Weitere legendäre Falsifizierungsprozesse sind die Entdeckung von Bakterien und Viren sowie die Suche nach den kleinsten unteilbaren Teilchen, bei der die Atome schon längst von Quarks und dem Higgs-Boson (das „Gottesteilchen") abgelöst worden sind.

Die Eigengesetzlichkeit der empirischen Wissenschaften (namentlich der Naturwissenschaften und der Soziologie) ist indes eine gänzlich andere als bei den normativen Wissenschaften wie der Mathematik oder der Rechtswissenschaft: Die Festlegung normativer Aussagen erfordert eine vorherige Übereinkunft über das Bezugssystem; sie sind also konventionalistische Disziplinen: Die Aussage 1+1=2 kann als solche weder verifiziert noch falsifiziert werden, da sie eine vorherige (gegebenenfalls konkludente) Einigung auf das Dezimalsystem voraussetzt. Aussagen über Rechenoperationen kommen zu völlig unterschiedlichen Ergebnissen, wenn sie – wie bei den Sumerern oder in Babylon – im Hexagesimalsystem oder – wie bei den Mayas – im Vigesimalsystem oder – in der IT-Gegenwart – in binärer Codierung durchgeführt werden. Auch in der Rechtswissenschaft gibt es bekanntlich kein empirisch begründbares „wahr" oder „falsch" (sieht man von bestimmten, theologischen, vernunftrechtlichen oder naturrechtlichen Ansätzen ab). Es gehört zu den bleibenden Verdiensten von David Hume und Immanuel Kant einerseits, den späteren Neukantianern und ihren rechtspositivistischen Exponenten andererseits, den logischen Schluss vom Sein auf das Sollen als nicht gangbar erkannt zu haben. Dies wird bei jedem Grenzübertritt augenfällig: Was diesseits einer Staatsgrenze richtig ist, kann jenseits davon rechtswidrig sein (etwa das moralisch völlig wertfreie Rechts- oder Linksfahrgebot). So geht es insbesondere bei der Rechtswissenschaft darum, im Wege der Auslegung von Einzelnormen zu einem möglichst widerspruchsfreien Normensystem zu gelangen. Gesteigert wird dieser Anspruch im Mehrebenensystem (Landesrecht – Bundesrecht – Europarecht – Völkerrecht), da es hier auch um die Aufeinanderzuordnung von Normsystemen verschiedener Ebenen geht: Die Harmonisierung von Grundrechten, (Kapital-)gesellschaftsformen, Sozialversicherungssystemen auf nationaler und europarechtlicher Ebene stellen nur einige wenige, aber schwierig genug zu handhabende Beispiele dar.

Wiederum eine andere Sichtweise haben „wertende" und „wertbezogene" Wissenschaften wie (Moral-)philosophie, Pädagogik und Ethik. Auch sie versuchen zwar, möglichst widerspruchsfreie Verhaltensnormenkodizes zu konstruieren, gehen aber von – historisch und gesellschaftlich wandelbaren – Wertvorstellungen aus: Während Päderastie heute gesellschaftlich verworfen wird, war sie in der Antike völlig normal, ja wurde sogar im Sinne eines höheren Ideals „hochgestylt". Auch Ehe und Mätressenwesen stellten über viele Jahrhunderte keinen echten (moralischen) Gegensatz dar. Schließlich wurde die in Deutschland lange Zeit als sittenwidrig angesehene Prostitution auf Grund gewandelter Moralanschauungen durch das Prostitutionsgesetz von 20. Dezember 2001 (BGBl. I 2001, S. 3983) zur legalen Dienstleistung.

Es ist also unabdingbar, dass jede wissenschaftliche Disziplin nach ihren eigenen Maßstäben gesehen werden muss. Dementsprechend sind auch mögliche Einwirkungen zu untersuchen. Eine Bewertung nach externen Kriterien, insb. nach der ökonomischen Verwertbarkeit (z.B. im Bereich des Wissens- und Technologietransfers) ist zwar nicht ausgeschlossen, darf aber nicht im Kern zu einer Einteilung in mehr oder weniger nützliche oder gar „nutzlose" Disziplinen, mit möglichst negativen Folgen führen. Die verbreitete Einziehung bzw. Umwidmung von Lehrstühlen in „Orchideenfächern", um die Nachhaltigkeit der Exzellenzinitiative zu finanzieren, ist ein schlimmes Beispiel.

Insofern markieren das Postulat des herrschaftsfreien Diskurses durch Jürgen Habermas oder auch die Diskursanalyse Jean-Francois Lyotards, der von der Pluralität von gleichberechtigten Diskursen (kognitiven, ökonomischen, philosophischen, narrativen) ausgeht, wichtige Mechanismen der Eigengesetzlichkeit und können als brauchbarer gemeinsamer Nenner, als allgemeines Prinzip der Erkenntnisfindung gelten. Nur die Rationalität und prinzipielle Gleichrangigkeit der Argumente soll entscheidend sein. Diskursziel ist die zwangfreie Problematisierung und Klärung von Geltungsansprüchen. Herrschaftsfreiheit (Freiheit von Zwängen) ist dann gegeben, wenn externe Einflüsse ausgeschaltet werden können. Das Modell vom herrschaftsfreien Diskurs ist selbst vielfach kritisiert worden, insbesondere, weil eine „echte“ Herrschaftsfreiheit ein unerreichbarer Idealzustand ist. Doch stellt sich die Frage, ob sich eine „Fesselung“ des Wissenschaftlers durch Zielvereinbarungen und Planvorgaben nicht noch viel weiter vom Prinzip der Freiheit von äußeren Einflüssen entfernt.

III. Von der Eigengesetzlichkeit zur Wissenschaftsadäquanz

In der Wissenschaft haben sich mit dem Einzug des Wettbewerbs, dem Leitbild der „unternehmerischen Hochschule“ und den Mechanismen des New Public Management durch die Hochschulreformen seit den neunziger Jahren des vorigen Jahrhunderts die Koordinaten grundlegend geändert. Auch die Rechtsprechung des Bundesverfassungsgerichts bleibt hiervon im dritten Jahrtausend nicht unberührt. Eine „Kopernikanische Wende“ (die sich aber schon angedeutet hatte) stellt insofern die Argumentation der 1. „Brandenburg“-Entscheidung von 2004 dar: Zunächst beginnt das Gericht ganz im Bewusstsein seiner eigenen Tradition:

„Wissenschaft ist ein grundsätzlich von Fremdbestimmung freier Bereich autonomer Verantwortung. Dem Freiheitsrecht liegt auch der Gedanke zu Grunde, dass eine von gesellschaftlichen Nützlichkeits- und politischen Zweckmäßigkeitsvorstellungen freie Wissenschaft Staat und Gesellschaft im Ergebnis am besten dient. Den Kernbereich wissenschaftlicher Betätigung stellen die auf wissenschaftlicher Eigengesetzlichkeit beruhenden Prozesse, Verhaltensweisen und Entscheidungen bei der Suche nach Erkenntnissen, ihrer Deutung und Weitergabe dar.“ (BVerfGE 111, 333/354).

Die folgenden Ausführungen weichen dagegen das Prinzip der Eigengesetzlichkeit, wie es im Hochschulurteil beschrieben wurde, deutlich auf:

„Für die Wissenschaft als Bereich autonomer Verantwortung, der nicht durch bloße gesellschaftliche Nützlichkeits- und politische Zweckmäßigkeitsvorstellungen geprägt sein, birgt diese Kompetenz allerdings nicht nur unerhebliche Gefahren. Der von ihrer Wahrnehmung möglicherweise ausgelöste Druck zur Orientierung an extern gesetzten Bewertungskriterien kann zu Fehlentwicklungen führen. Die für die Evaluation benutzten Bewertungskriterien müssen hinreichenden Raum für wissenschaftseigene Orientierungen belassen. Dieses Erfordernis gilt unabhängig davon, ob solche Kriterien hochschulextern oder -intern festgesetzt werden; bei einer externen Festsetzung besteht aber ein erhöhtes Risiko der Vernachlässigung wissenschaftsadäquater Belange, etwa durch Nutzung der Evaluation zur Erreichung wissenschaftsfremder Zwecke“. (BVerfGE 111, 333/358).

Damit rechtfertigt das Gericht ganz generell die Veränderung des Wissenschaftssystems: Eine Unvereinbarkeit mit Art. 5 Abs. 3 GG liege nur dann vor, wenn durch Organisationsnormen die freie wissenschaftliche Betätigung und Aufgabenerfüllung strukturell gefährdet werde. Die Bewertung wissenschaftlicher Qualität und deren Berücksichtigung bei der Ressourcenverteilung seien danach zulässig, solange diese nach wissenschaftsadäquater Bewertung von erbrachten und zu erwarteten Forschungsleistungen erfolge. In seiner (im Ergebnis sicher zu billigenden) Entscheidung zur hessischen W-Besoldung dehnt dasGerich unter wörtlicher Übernahme ganzer Passagen diese Argumente auf die Vergabe persönlicher leistungsbezogener Besoldungsbestandteile aus. Auch diese sei zulässig, wenn und soweit sie wissenschaftsadäquat ausgestaltet sei und in einem wissenschaftsadäuaten Verfahren erfolge. Dies sei durch das Leistungsprinzip des

Art. 33 Abs. 2 GG gedeckt; die Wissenschaftsfreiheit stehe dem nicht entgegen (BVerfGE 130, 263/300).

Damit dreht das Gericht gewissermaßen die materielle Beweislast zu Gunsten des Gesetzgebers um: Der Nachweis einer strukturellen Gefährdung ist – wenn man den Prognosespielraum des Gesetzgebers und die Unschädlichkeit singulärer Ausnahmefälle miteinbezieht – fast unmöglich zu erbringen. Damit ist einem vorbehaltlosen Grundrecht die Spitze abgebrochen. Tatsächlich hat das Gericht in den einschlägigen Fällen eine strukturelle Gefährdung nie als erreicht angesehen – wenn es nicht ohnehin auf andere, besser subsumierbare verfassungsrechtliche Maßstäbe abgestellt hat. Letztlich verbirgt sich hinter dem Gedanken der strukturellen Gefährdung eine Rücknahme des Grundrechtsschutzes auf die Ebene des Wesensgehalts nach Art. 19 Abs. 2 GG, der indes in der Jurisdiktion so gut wie noch nie als verletzt angesehen worden ist.

Im Übrigen fällt bei aller scheinbaren Kontinuität der Judikatur kaum auf, dass in der Entscheidung von 2012 der Begriff der Eigengesetzlichkeit verschwunden ist; er wird durch das Kriterium der Wissenschaftsadäquanz ersetzt. Leider bleibt dieser Begriff eher vage: Im Urteil zur W-Besoldung wird der Begriff nicht näher konturiert; damit umgeht das Gericht (geschickt) die heikle und nach wie vor hochumstrittene Frage, ob szientometrische Verfahren eine wissenschaftsadäquate Methode sind, um belastbare Leistungsmessungen zu generieren. Es musste dies auch nicht klären, weil es – wie bekannt – das Gesetz wegen Verstoßes gegen Art. 33 Abs. 2 GG für verfassungswidrig erklären konnte.

Dagegen enthält das vorausgegangene erste „Brandenburg"-Urteil immerhin einige belastbare Feststellungen: Zum einen soll die Erarbeitung tauglicher Kriterien durch die Hochschulen selbst erfolgen, wobei zur Vermeidung wissenschaftsinadäquater Steuerungspotentiale eine angemessene Beteiligung der Vertreter der Wissenschaft im Verfahren der Festlegung der Kriterien unabdingbar sei. Zum anderen sei auch darauf Rücksicht zu nehmen, dass diese Kriterien in den verschiedenen Disziplinen unterschiedlich sein könnten und gegebenenfalls auch sein müssten. Disziplinübergreifende Unterschiede, etwa hinsichtlich einer abstrakt-theoretischen Grundlagenforschung mit (ungewissem) langfristigem Ertrag gegenüber einer kurzfristig ausgerichteten anwendungs- und nachfrageorientierten wissenschaftlichen Tätigkeit, seien in Rechnung zu stellen. Eine Evaluation allein oder ganz wesentlich anhand eines einzigen Kriteriums, etwa eingeworbener Drittmittel, würde dem nicht gerecht. Soweit die Einwerbung von Drittmitteln als Bewertungskriterium diene, dürfe es sich nicht um Drittmittel handeln, deren Entgegennahme Anreize für eine auftrags- und ergebnisorientierte Forschung setze (BVerfGE 111, 333/359).

Diese Kriterien sind unbestreitbar wichtig. Doch steckt die Tücke – wie meist – im Detail: So stellt sich in der Praxis die Frage, wie sich die vom Gericht erwähnte Angemessenheit prozentual bei der Entscheidungsfindung abbilden soll. Ist sie identisch mit der „klassischen" Formulierung des Hochschulurteils, die den Hochschullehrern in Angelegenheiten, die die Forschung betreffen (und was wäre Forschungsbewertung anderes?), einen ausschlaggebenden Einfluss eingeräumt hatte (also die Professorenmehrheit) oder ist sie demgegenüber ein Minus: Verbal deutet Angemessenheit eher auf eine irgendwie geartete Einbeziehung des professoralen Sachverstands hin, die aber keinesfalls mehrheitlich sein muss. Im Ergebnis werden dadurch unklare durch noch unklarere Vorgaben abgelöst, was die Rechtssicherheit nicht eben befördert.

Auch scheint das Verfahren, das sich mittlerweile bei der Vergabe von leistungsbezogenen Leistungszulagen herausgebildet hat, ganz überwiegend von schlichten Strukturen geprägt zu sein: Die angemessene Beteiligung der Hochschullehrer wird allenfalls bei der Erarbeitung von Leistungsstufenkatalogen (die eine Hochschule häufig von der anderen abschreibt) und ihrer Verabschiedung in den Senaten umgesetzt sein. Die konkrete Vergabeentscheidung erfolgt dann auf einen persönlichen Antrag durch die Hochschulleitung, der dazu noch ein Votum des zuständigen Dekans oder Sprechers einholt. Gerade in Vielfächer-Fakultäten wie philosophisch-geisteswissenschaftlichen Fakultäten ist damit keinesfalls sichergestellt, dass die Entscheidenden einen entsprechenden Antrag sachkundig bewerten können.

Auch bei der Drittmittel-Einwerbung ergeben sich zahlreiche Ingerenzen, worauf der Verfasser bereits an anderer Stelle hingewiesen hat: Insbesondere die Einwerbung von Mitteln aus den EU-Förderprogrammen sind von bestimmten, immer wieder turnusmäßig neudefinierten Forschungsthematiken geprägt, die regelmäßig von ihrem Nutzen für die Entwicklung der gesamteuropäischen Wirtschaft her definiert werden. Da aber auch das Einwerben von EU-Fördermitteln einen erheblichen Stellenwert bei der Vergabe von persönlichen Leistungsbezügen hat, ist der psychologische Druck, sich der Thematik der Forschungsprogramme zu unterwerfen, durchaus vorhanden.

IV. Fazit

Man kann diese Beobachtungen noch deutlich ausweiten; u.a. hat der Bamberger Hochschulforscher und Soziologe Richard Münch zu den Entstehungsbedingungen der „neuen" akademischen Eliten mehrfach, wenn auch nicht unumstritten, publiziert. Als Fazit ist jedoch zu ziehen, dass jedenfalls von der einst vom Bundesverfassungsgericht proklamierten absoluten „Freiheit von jeder Ingerenz öffentlicher Gewalt" erschreckend wenig übriggeblieben ist. Der Begriff „Eigengesetzlichkeit" scheint sich gar verflüchtigt zu haben.

Nun soll dadurch nicht einer Versteinerung des „Normaljahrs" 1973 das Wort geredet werden. Auch das Hochschulurteil ist keine Heilige Schrift. Es ist einsichtig, dass Systemwechsel und -veränderung auch im internationalen Umfeld möglich sein müssen. Allerdings hat das Bundesverfassungsgericht auch immer wieder darauf hingewiesen, dass gerade in Wandlungsprozessen mit dem Gestaltungsspielraum des Gesetzgebers eine Beobachtungs- und Nachbesserungspflicht korrespondiert, um mögliche Gefährdungen für die Wissenschaftsfreiheiten und eben ihrer Eigengesetzlichkeiten ausschließen zu können. Hier liegt aber wohl eine Achillesferse der reinen Theorie. Wie die langjährige Erfahrung zeigt, werden allenfalls Beobachtungspflichten, kaum aber Nachbesserungspflichten von den jeweiligen Mehrheiten im Parlament mit großer Verve ernst genommen. Dies zeigt etwa die Umsetzung des zitierten Urteils zur W-Besoldung, die auch fast drei Jahre nach der Entscheidungsverkündung noch nicht flächendeckend realisiert worden ist. Dazu kommt, dass sich politischer Druck durch unzufriedene Wähler im Hochschulbereich mit seinen abstrakten organisatorischen Problemstellungen (anders als z.B. im Schulbereich) kaum erzeugen lässt. Im Zweifel werden daher Fehlentwicklungen perpetuiert, bis ein tauglicher Kläger ein Gericht anruft und die Energie aufweist, den Rechtsweg durch die Instanzen abzuschreiten. Solche Kläger sind rar gesät. Erfahrungsgemäß wird es daher auch in Zukunft ein äußerst mühsames Unterfangen sein, in Fällen wissenschaftlicher Inadäquanz den Weg nach Karlsruhe zu beschreiten.

Hans Ulrich Gumbrecht

Die ewige Krise der Geisteswissenschaften – und wo ist ein Ende in Sicht?

Ich beginne mit einem längst berühmten Zitat: „Je moderner die moderne Welt wird, desto unvermeidlicher werden die Geisteswissenschaften", sagte der auch von mir sehr bewunderte deutsche Philosoph Odo Marquard vor dreißig Jahren auf dem damals noch WRK-Sitzung genannten Treffen deutscher Hochschulrektoren in Bamberg. Doch ich möchte im Widerspruch einsetzen: Dieser Satz ist heute genauso unzutreffend wie damals – nur ist dies viel deutlicher und plausibler geworden.

Ich stelle gegen die Behauptung, dass die Geisteswissenschaften immer unvermeidlicher werden, zunächst die Vermutung, dass das gebildete Zehntel der Weltbevölkerung (was auch immer man unter „Bildung" verstehen möchte) es wohl kaum wahrnähme, wenn die Geisteswissenschaften morgen weltweit ihre Tätigkeit einstellten. Man erführe in einigen Ländern davon aus den Feuilletons, doch vermissen würden gebildete Außenstehende die Geisteswissenschaften nicht. Wir müssen uns also an den Gedanken gewöhnen, dass die Menschheit ohne Geisteswissenschaften durchaus überleben könnte. Das ist eine erste Behauptung.

Zum Zweiten meine ich, dass man von einer „Unvermeidlichkeit" der Geisteswissenschaften nicht reden sollte in einer Situation, wo die Studierendenzahlen dieser Fächer weltweit zurückgehen. Wie man die Statistiken auch immer wenden möchte, es gibt heute keine Nation, es gibt kein Bundesland und keine akademische Institution, in denen dies nicht der – sehr sichtbare – Fall ist. Man mag sagen wollen, dies sei unverdient, aber auch ein „unverdienter" Untergang widerspräche der so beliebten These von der „Unvermeidlichkeit."

Speziell für Deutschland muss auch festgestellt werden, so traurig das vor allem für den Steuerzahler ist, dass die hohen Investitionen der Exzellenzinitiative weder das Prestige noch die Rankings der deutschen Geisteswissenschaften in irgendeiner Weise verbessert haben. Sie sind nicht schlechter, aber auch nicht besser geworden. Es wäre gefährlich, diesen undramatischen Befund zu ignorieren.

Unvermeidlich scheint in dieser Situation allein, um per Konnotation Heidegger zu zitieren, dass man dem möglichen Ende ins Auge sieht, dass man nicht beständig die Gefahr eines Endes heraufbeschwört, um dann zu sagen, wir haben gar kein Problem. Man muss die Möglichkeit dieses Endes gelten lassen, gerade auch als Geisteswissenschaftler – und ich bin ein Geisteswissenschaftler, der sehr an seinem Beruf hängt. Am Ende meiner Karriere glaube ich, vor allem deshalb ein Leben voller Intensität und intellektueller Leidenschaft gehabt zu haben, weil ich bis heute Geisteswissenschaftler gewesen bin. Ich möchte nicht, dass die Geisteswissenschaften verschwinden, doch ich glaube, die einzige Möglichkeit einer ernsthaften Selbstsubstituierung (eher als die eines „Überlebens") liegt darin, das Verschwinden der Geisteswissenschaften als Möglichkeit ernst zu nehmen.

In diesem Sinne möchte ich den Vortrag in fünf Argumentationsschritten entwickeln. Damit Sie nicht denken, dass hier der arrogante Kalifornier zu Ihnen spricht, werde ich mit einer Beschreibung der Krise der Geisteswissenschaften an der Stanford University, meiner Universität, beginnen. Ich bin sehr stolz, Professor in Stanford zu sein. In Stanford sind solche Krisen weniger Finanzkrisen als Krisen der Orientierung. Auch wir in Stanford wissen nicht, was genau wir tun sollen und können, um eine positive Zukunft der Geisteswissenschaften – und nicht einfach ihr Überleben – zu sichern. Um zu verstehen, wie es zu dieser heutigen Krise und dieser Situation der Orientierungslosigkeit gekommen ist, möchte ich Ihnen dann im zweiten Teil – das wird der komplexeste Teil sein und trotzdem Quickstepp-Tempo verlangen – so etwas wie eine Geschichte der Geisteswissenschaften in komprimierter Form vorstellen, mit einigen pointierten Thesen, die zu erklären versuchen, warum die heutigen Geisteswissenschaften sich in einer besonders schwierigen Situation befinden. Im dritten Teil werde ich das Umfeld der spezifischen Situation der Geisteswissenschaften im Jahr 2015 sondieren, um mich erstens zu fragen, was die Situation der Universität als Institution heute global ist, aber auch zweitens, welche heute die besten, die erfolgreichsten Universitäten sind, und welchen Status die Geisteswissenschaften dort haben. Auf der Grundlage dieser dritten Beobachtung will ich im vierten Teil einen normativen Begriff für die Geisteswissenschaften in Gegenwart und Zukunft entwickeln. Dabei wird der Begriff des „riskanten Denkens" eine zentrale Rolle spielen. Und ich möchte mit einigen hoffentlich provokanten Vorschlägen an die Rektorinnen und Rektoren enden, mit Antworten auf die Frage, wie heute ein gewisses Lebenspotenzial der Geisteswissenschaften geweckt werden könnte – was freilich noch lange keine Garantie für ihr Überleben ist.

Ich bitte Sie also, auch wenn Sie daran – vielleicht aus Sympathie für die Geisteswissenschaften – nicht gewohnt sind, sich einmal den Gedanken zuzumuten, dass die Geisteswissenschaften verschwinden könnten. Und dass Sie sich mit mir im Ernst fragen, was für Konsequenzen daraus erwachsen würden. Außerdem bitte ich, in Rechnung zu stellen, dass ich von Haus aus vergleichender Literaturwissenschaftler, ursprünglich Romanist bin. Das mag dazu führen, dass ich an einigen Stellen allzu deutlich aus literaturwissenschaftlicher Perspektive spreche, wenn ich die Geisteswissenschaften generell ins Visier nehme.

Nun also zum ersten Teil, der Situation der Geisteswissenschaften an der Stanford University. Ich beschreibe sie als das, was wir im Englischen metaphorisch eine „mixed bag" nennen – und hebe vier Punkte besonders hervor. Vor zwei Jahren hat Stanford als erste Spitzenuniversität in den Vereinigten Staaten eine klassische Pflichtveranstaltung für alle Studierenden des ersten College-Jahres gestrichen, die wohl seit dem Jahr 1912 das Rückgrat der Geisteswissenschaften in der College-Ausbildung war. Es war jene Veranstaltung, die von der University of Chicago unter dem Titel „Great works“ ins Leben gerufen wurde. Gegenstand sollten die (etwa) zwanzig „größten“ literarischen und philosophischen Texte der Menschheit sein, wie man damals sagte. Dies haben dann bald die meisten anderen ambitionierten Universitäten kopiert. Alle freshmen, unabhängig von dem inhaltlichen Schwerpunkt, den sie ab dem zweiten Studienjahr wählten, haben an den besseren amerikanischen Universitäten über ein kurzes Jahrhundert eine Veranstaltung des „Great works“-Typs absolviert. Es gab Modifikationen. In den 1970er-Jahren hat man diesen Kanon „multikulturell“ komplexer gestaltet. In den 1990er-Jahren etwa wurde in Stanford auf monografische Themen umgestellt. Doch als in Stanford vor nun zwei Jahren diese Great works-Tradition aufgehoben wurde, hat sich der Status der Geisteswissenschaften an der Institution der amerikanischen Universität wahrscheinlich entscheidend verschoben. Es gibt stattdessen eine Veranstaltung, die „Thinking matters“ heißt, welche von allen Departments individuell bestritten wird. Um ein Beispiel zu nennen: Unser sehr berühmtes Department of Computer Science, aus dem ja tatsächlich Silicon Valley hervorgegangen ist, bietet seine eigene Thinking matters-Veranstaltung über das menschliche Gehirn an – hochinteressant natürlich. Ich habe in jedem Jahr eight fresh men advisees, und frage sie immer, was gerade in dieser Vorlesung gelehrt wird. Nur – mit der geisteswissenschaftlichen Tradition hat diese Veranstaltung nichts zu tun. Stanford ist sehr kritisiert worden von anderen Universitäten, dass wir als eine Spitzen-Institution das Rückgrat der Geisteswissenschaften aus der College-Erziehung herausgenommen haben. Doch das Ansehen dieser Veranstaltung bei unseren freshmen war so niedrig, dass die Universitätsleitung keine Alternative hatte. Hier eine Anekdote zur Illustration. Ein Student, der heute ein prominenter American Football-Spieler ist – und das bedeutet beileibe nicht, dass das ein schlechter Student war –, wurde nach seiner graduation gefragt: „What was your least popular course in Stanford?“ Und er sagte: „IHUM – Introduction to Humanities“, weil jeder Student weiß, er ist ein Nerd, wenn er nicht sagt, dass IHUM schlecht war. Diese Bemerkung brach mir das Herz, weil jene Veranstaltung genau mein IHUM gewesen war. Doch der Student wurde weiter gefragt: „Was war denn die beste Lehrveranstaltung, die Sie je in Stanford mitgemacht haben?“ Und darauf sagte er: „‚The pleasures of sex‘ by Professor Gumbrecht.“ Das war genau derselbe Kurs, aber der Student wusste, dass es nicht zu seinem Image gepasst hätte, wenn er sich positiv auf diesen Kurs als Einführungskurs bezogen hätte. All dies kann man die Prämisse der geisteswissenschaftlichen Krisenstimmung in Stanford nennen.

Doch dann landete Stanford vor etwa einem Jahr, zur allgemeinen Überraschung, in dem ersten World Ranking der Humanities, durchgeführt von der New York Times, auf Platz eins – was uns selbst vielleicht mehr überraschte als unsere Kolleginnen und Kollegen an anderen Universitäten. Auf Platz zwei war die University of Chicago, auf Platz drei Harvard. Das schien für eine kurze Zeit – lokal zumindest – die Krisenstimmung in den Geisteswissenschaften aufzuheben. Außerdem hatte zwei Jahre zuvor das Rektorat beschlossen, dass bei der Zulassung von Bewerberinnen und Bewerbern für das College in Stanford geisteswissenschaftliche Talente stärker berücksichtigt werden sollten. Es gibt also keine Verschwörung gegen die Geisteswissenschaften bei uns. Zugleich eröffnete Stanford eine Konzerthalle, die hauptsächlich gebaut wurde, um Studierende, die ein Instrument im College lernen wollen, unter besten akustischen Bedingungen praktizieren zu lassen. Diese Konzerthalle mit ihrer mittlerweile berühmten Akustik hat Baukosten im hohen dreistelligen Millionenbereich in Anspruch genommen – während in unseren literaturwissenschaftlichen Fachbereichen neue Professuren für persische Lyrik und für arabische Literatur des Mittelalters eingerichtet wurden.

Andererseits nahmen gleichzeitig die Einschreibungen von College-Studentinnen und -Studenten in den geisteswissenschaftlichen Lehrveranstaltungen absolut gesehen ab, um zehn Prozent, obwohl sich nach meinem Eindruck in den kleineren undergraduate-Kursen eine neue intellektuelle Qualität einspielte. Ich habe immer mehr Studierende, die keinen major, keinen Schwerpunkt in den Geisteswissenschaften wählen, aber größere Leidenschaft und schärfere Intelligenz für unsere Inhalte zeigen als je zuvor – oft im Alter von siebzehn oder achtzehn Jahren. Schließlich ging auch die Zahl der Bewerberinnen und Bewerber für unsere graduate fellowships, für unsere Doktorandenstipendien zurück – und wir nehmen in den Geisteswissenschaften in Stanford und an den anderen amerikanischen Top-Universitäten nur Doktorandinnen und Doktoranden mit Vollstipendium, das sind fünf Jahre Doktorandenstipendium, ohne tuition, und mit 2.500 Dollar Taschengeld pro Monat. Vielleicht ist die intellektuelle Qualität dieser Doktorandinnen und Doktoranden heute ebenso gut wie vor zehn oder fünfzehn Jahren, aber sie ist nicht gestiegen – wie bei den undergraduates.

Sie sehen, warum ich das Bild von der mixed bag gebraucht habe. Stanford hat keine finanziellen Probleme. John Hennessy, unser Universitätspräsident, sagt oft arroganter-, aber auch sympathischerweise: „Everything that you Humanities professors can imagine is financially peanuts for us." Man kann alles finanzieren, was Geisteswissenschaftlerinnen und Geisteswissenschaftler sich überhaupt vorstellen können. Das Problem ist eher, dass auch in Stanford nicht klar wird, was heute – überzeugenderweise – mit der Tradition der Geisteswissenschaften anzufangen ist. Es gibt keine Ministerinnen und Minister, auf die wir die Verantwortung abschieben können, wir sind eine sehr private Universität mit über zwanzig Milliarden Dollar Stammkapital. Es gibt also keine finanziellen und keine politischen Ausreden. Unser Präsident, ein prominenter Computer Scientist, hat eine große und authentische Sympathie für die Geisteswissenschaften. Und trotzdem sind wir – auch in Stanford – in einer Krise. Generell haben wir uns schon seit mehr als hundert Jahren daran gewöhnt – und darin genau liegt die Permanenz der Krise in den Geisteswissenschaften –, bestimmte Legitimationsgründe zu wiederholen, die niemanden mehr überzeugen – nicht einmal auf Rektorenversammlungen. Deshalb will ich mich nun im zweiten – langen – Teil fragen, wie es zu dieser Krise der Geisteswissenschaften gekommen ist.

Wenn ich „Geisteswissenschaften" sage, dann beziehe ich mich auf eine akademische Institution – und zwar auf eine akademische Institution im Sinne der europäischen und amerikanischen Universitäten seit dem frühen 19. Jahrhundert. Implizit gehe ich davon aus, dass es Geisteswissenschaften sozusagen avant la lettre gab. Die Germanistik etwa, wie sie in Ihrem Land seit den Zehner-Jahren des 19. Jahrhunderts entstand – zwei der ersten Lehrstuhlinhaber waren die Brüder Grimm – war wohl eine Geisteswissenschaft, obwohl der Begriff „Geisteswissenschaften" und die Disziplinenkonfiguration „Geisteswissenschaften" erst gegen Ende des 19. Jahrhunderts erfunden wurden.

Meine erste – und weitreichende – geschichtliche Hypothese lautet nun, dass das, was wir „historisches Weltbild" nennen, so wie es sich zwischen 1780 und 1830 formiert hat, eine Voraussetzung für die Geisteswissenschaften war. Ohne das historische Weltbild hätten die Geisteswissenschaften nicht entstehen können. Lassen Sie mich Ihnen – allzu kurz und in

Anlehnung an den nach meiner Meinung vielleicht bedeutendsten deutschen Geisteswissenschaftler der zweiten Hälfte des 20. Jahrhunderts, Reinhart Koselleck, aber auch in Anlehnung an Michel Foucault – einen Eindruck geben von der Emergenz des historischen Weltbilds. Es begann sich zu entwickeln, als ungefähr im dritten Viertel des 18. Jahrhunderts eine besondere Möglichkeit des menschlichen Bewusstseins für eine spezielle soziale Gruppe habituell wurde. Ab 1770, 1780 wurde es für die Vorläufer der heutigen Intellektuellen, für diejenigen, die man in der Koine des französischen 18. Jahrhunderts les philosophes nannte, habituell und sozusagen unvermeidlich, sich im Akt der Weltbeobachtung selbst zu beobachten. Das ist die Habitualisierung und ihr folgend die Institutionalisierung der Beobachtung zweiter Ordnung. Dieses Habituell-Werden der Beobachtung zweiter Ordnung hat zwei Konsequenzen, die durchaus dramatisch von den philosophes, von den Intellektuellen, den Aufklärern des späten 18. Jahrhunderts erlebt worden sind. Sie können die erste Konsequenz „Perspektivismus" nennen. Eine Beobachterin zweiter Ordnung entdeckt sehr schnell, dass ihre jeweilige Beobachtung abhängig ist von einer jeweiligen Perspektive; und sie entdeckt dann weiter, dass es immer schon eine potenzielle Unendlichkeit von Perspektiven gibt, was bedeutet, dass es zu jedem Wahrnehmungsgegenstand eine potenzielle Unendlichkeit von Repräsentationen gibt.

Das führte – wie sich belegen lässt – zu einem (metaphorisch gesagt) epistemologischen horror vacui, zu der Angst, dass es, wenn es für jeden Erfahrungsgegenstand eine Unendlichkeit von Repräsentationen gibt, am Ende keinen selbstidentischen Erfahrungsgegenstand mehr geben kann. Das interessanteste mir bekannte Beispiel für diese Angst ist die sogenannte „Kant-Krise" des jungen Heinrich von Kleist, der während der Militärausbildung wenige Seiten Kant las und in eine Situation kam, die man heute Depression nennen würde. Das lässt sich seinen Briefen entnehmen: Er ahnte, dass es, wenn man Kant ernst nimmt, vielleicht keine selbstidentischen Erfahrungsgegenstände mehr geben kann. Dieser Perspektivismus also ist als Krise erlebt worden. Das zweite Problem lag in der Frage der Kompatibilität zwischen Erfahrung und Wahrnehmung; „Erfahrung" verstanden als Weltaneignung durch Begriffe, Wahrnehmung als Weltaneignung durch die Sinne. Die Frage ist: Gibt es eine Kompatibilität zwischen ihnen? Ein Beobachter zweiter Ordnung, der sich selbst beobachtet, entdeckt, dass man die Welt nicht nur mit Begriffen interpretiert, sondern auch von den Sinnen verarbeitet. Und dabei kommt die Frage auf – das ist der Materialismus des 18. Jahrhunderts, ganz verschieden vom marxistischen Materialismus –, ob es zwischen den beiden Dimensionen der Weltaneignung eine Kompatibilität gibt.

Erstaunlicherweise fanden diese beiden Probleme sehr schnell, noch im 18. und frühen 19. Jahrhundert Lösungen – zumindest Lösungen, die wir retrospektiv als solche identifizieren können. Das Problem der Kompatibilität zwischen Erfahrung und Wahrnehmung fand eine „Lösung" durch seine Einklammerung. Es taucht bis ins frühe 20. Jahrhundert kaum mehr auf. Vielleicht ist es bei Einstein, in der Relativitätstheorie, wieder erschienen, aber es spielt zunächst, im Zentrum der geistigen Auseinandersetzung des 19. Jahrhunderts, kaum eine Rolle.

Das andere Problem hingegen, das Problem des epistemologischen horror vacui, und des Perspektivismus führt zum historischen Weltbild, und zwar dergestalt, dass man zeigen und demonstrieren kann, wie seit dem frühen 19. Jahrhundert, wenn die Frage gestellt wird, was ist Kaiserslautern, man die Geschichte der Stadt Kaiserslautern erzählt – wie es um die Mitte des 18. Jahrhunderts gewiss noch nicht der Fall war. Wenn die Frage gestellt wird, was ist ein Pferd, erzählt man eine Evolutionsgeschichte. Und wenn man der junge Hegel ist und sich fragt, was der Geist ist, dann schreibt man eine „Phänomenologie des Geistes" (und die meisten von Ihnen wissen, dass auch dieses Buch eine prinzipiell narrative Form hat).

Warum liegt in dieser Umstellung von einem punktspiegelartigen Prinzip der Welterfahrung – Enzyklopädien des 18. Jahrhunderts verfahren sozusagen punktspiegelartig – auf Narration eine Lösung des Perspektivismus-Problems? Ich glaube deshalb, weil eine Narration imstande ist, verschiedene Perspektiven auf einen Gegenstand gleichsam zu absorbieren. Sobald man narrativ verfährt, eine Evolutionsgeschichte zum Beispiel oder die Geschichte der Stadt Kaiserslautern erzählt, ist man in einer Situation, wo verschiedene Perspektiven integriert und absorbiert werden können. Das genau ist die Situation, die Michel Foucault in seinem wichtigsten Buch „Les mots et les Choses" als „l'historisation des êtres" beschrieben hat, als die Historisierung aller Gegenstände und Dinge. Es gibt nichts, was nicht in diesem Sinne historisiert wird. Und hier eben liegt der Ursprung des historischen Weltbilds, das sich dann bis etwa 1830 in einer Weise entfaltet, die vor allem Reinhart Koselleck beschrieben hat.

Lassen Sie mich noch – und dann spreche ich wirklich über die Geisteswissenschaften – in fünf Perspektiven (drei stammen von Koselleck) das „historische Weltbild" beschreiben – einige werden denken, das ist doch eine Beschreibung von „Zeit an sich." Aber dies bewiese nur, wie stark dieses Weltbild institutionalisiert war – und immer noch ist. Es ist erstens jenes Weltbild, in dem wir immer glauben, die Vergangenheit hinter uns zu lassen, und auch davon ausgehen, dass in dem Maß, wie wir Vergangenheit hinter uns lassen, der Orientierungswert der Vergangenheit schwindet. Es ist zweitens jenes Weltbild, in dem wir davon ausgehen, dass die Zukunft ein offener Horizont von Möglichkeiten ist, aus dem wir auswählen und den wir gestalten können. Es ist drittens das Weltbild, in dem zwischen jener Vergangenheit, die schwindet, und dieser Zukunft, die ein offener Horizont von Möglichkeiten zu sein scheint, die Gegenwart geschrumpft ist zu einem „nicht mehr wahrnehmbaren kurzen Moment des Übergangs" – das war ein Zitat des französischen Dichters Charles Baudelaire aus „Peintre de la vie moderne" von 1858. Und nun kommt der entscheidende – vierte – Punkt. Diese nicht wahrnehmbare kurze Gegenwart, wie sie erst im frühen 19. Jahrhundert entsteht, wird zum epistemologischen Habitat, zum Ort eines menschlichen Selbstbilds, das sich ganz auf das Bewusstsein reduziert hat. In der Gegenwart Erfahrungen der Vergangenheit an das Jetzt anpassend, wählt das „Subjekt", wie wir es philosophisch nennen, wählt die Bürgerin oder der Bürger, wie wir sie oder ihn politisch nennen, auf der Grundlage der Erfahrungen der Vergangenheit aus den Möglichkeiten der Zukunft aus. Genau dies nennt man seit dem 19. Jahrhundert „Handeln" – und die Fähigkeit zu handeln steht im Zentrum des nun normativen Weltbilds. Daraus folgt schließlich und fünftens, dass Zeit als ein absolutes Agens der Veränderung erscheint. Erst seit dem frühen 19. Jahrhundert glaubt man, dass es keine Gegenstände gibt, die sich nicht in der Zeit verändern, die der Zeit sozusagen „widerstehen" könnten. Und eben dieses Weltbild, das voraussetzt, dass man aufgrund einer Interpretation der Welt und vor allem der Vergangenheit zum Beispiel Politik betreiben kann, indem man aus den Möglichkeiten der Zukunft auswählt, dieses Weltbild ist die Voraussetzung für die Entstehung jener Geisteswissenschaften im frühen 19. Jahrhundert, die sich selbst noch nicht als Geisteswissenschaften verstanden.

Zum Operationsfeld der Geisteswissenschaften wird eine neue politische Struktur. Das ist nicht programmatisch von den Geisteswissenschaften so wahrgenommen oder gar beschlossen worden, sondern hat sich – wie die zuvor beschriebenen „Lösungen" der epistemologischen Probleme – sozusagen „hinter dem Rücken" der geschichtlichen Akteure so eingespielt – und zwar aufgrund der erfolgreichen oder der gescheiterten bürgerlichen Revolutionen des späten 18. und frühen 19. Jahrhunderts. Dabei handelt es sich um eine Spannung zwischen der Alltagserfahrung in der Gesellschaft auf der einen Seite und – dies ist das neue Element – auf der anderen Seite einer normativen Vorstellung von dem, was Gesellschaft sein sollte. So einen Horizont des Alltags hatte es bis zu den bürgerlichen Revolutionen nicht gegeben. Der Begriff des Bürgers, des citoyen, des citizen ist ein normativer Begriff, der ein Versprechen beinhaltet. Aus diesem Versprechen entsteht im frühen 19. Jahrhundert eine Spannung, die den frühen Geisteswissenschaften ihren eigenen Ort gibt. Die Geisteswissenschaften tragen nämlich dazu bei, diese Spannung zu bearbeiten, diese Spannung abzubauen. Die Geisteswissenschaften tragen aber seit dem frühen 19. Jahrhundert auch dazu bei, den normativen Horizont der Gesellschaft zu illustrieren, in Ländern wie Deutschland, wo die bürgerliche Revolution gescheitert war, durch Rückgriff auf eine glorreiche Vergangenheit. Deswegen setzen Gelehrte wie die Brüder Grimm als Mediävisten ein, weil sie zeigen wollen, dass es ein Deutschland gegeben hat, auf das als normatives Modell sich die Gegenwart beziehen kann.

Unter diesen Prämissen kann man sagen, dass das 19. Jahrhundert das glückliche Jahrhundert der Geisteswissenschaften war, in dem, wie der große Literaturtheoretiker Wolfgang Iser einmal gesagt hat, die Geisteswissenschaften zur Theologie eines Zeitalters wurden, in dem Kultur und Literatur tendenziell die Rolle der Religion übernahmen. Ich erinnere bei dieser Gelegenheit gerne daran, dass nach der Gründung des zweiten Deutschen Reiches 1871 der große Altphilologe Wilamowitz-Moellendorff mehrfach zusammen mit Kaiser Wilhelm I. die Neujahrsadresse an die deutsche Nation gehalten haben soll. Unvorstellbar unter heutigen Bedingungen – in Deutschland, in irgendeiner anderen europäischen oder außereuropäischen Nation. Aus solchen Gründen sage ich, dass das 19. Jahrhundert das große, das glückliche Jahrhundert der Geisteswissenschaften war.

Diese Situation geriet gegen Ende des 19. Jahrhunderts aus zwei Gründen in eine Krise. Der eine Grund ist die Konkurrenz mit den damals plötzlich sehr erfolgreichen Naturwissenschaften, die bis dahin eher institutionell gemeinsam mit den Geisteswissenschaften operiert hatten. Mit einem Mal entsteht Konkurrenzdruck durch die Naturwissenschaften, dem sich die Geisteswissenschaften entziehen wollen. Er führt dazu, dass die Geisteswissenschaften, wie sie sich nun konstituieren, von vornherein unter dem Komplex eines Realitätsverlustes leiden – und deshalb immer begründen müssen, dass auch sie nahe an der Realität sind. Der zweite Grund für die Krise liegt darin, dass jener normative Horizont der Gesellschaften, den die Geisteswissenschaften zu kultivieren und zu illustrieren geholfen hatten, im späten 19. Jahrhundert – denken Sie an Autoren wie Nietzsche – Gegenstand der Skepsis wurde. Die Geisteswissenschaften haben darauf reagiert mit einem auf Permanenz gestellten Krisendiskurs, der nun schon über hundert Jahre lang dazu beigetragen hat, sie am Leben zu erhalten. Das ist tatsächlich ein eigenartiges Phänomen: Es gibt Kolleginnen und Kollegen, die Spezialisten dieses Krisendiskurses sind und auch eine einschlägige Artistik entwickelt haben.

Die Zwischenkriegszeit von 1918 bis 1939 war dann eine Epoche, in der zumindest in Deutschland und in der Sowjetunion die Geisteswissenschaften unter ideologischen Voraussetzungen in das Modell des 19. Jahrhunderts zurückfielen, in dem sie begannen, politische Ideologien zu illustrieren. Einige von Ihnen wissen von einem Sammelband, an dem sich große Germanisten beteiligten, wohl 1942 erschienen unter dem Titel „Von deutscher Art in Sprache und Dichtung“, wo wissenschaftlich die Überlegenheit der arischen Rasse über die slawischen Rassen bewiesen werden sollte. Jeder Offizier sollte beim Überfall auf die Sowjetunion durch Nazi-Deutschland diesen Band im Marschgepäck tragen – und sicherlich gab es ähnliche Phänomene auf kommunistisch-ideologischer Seite.

Darauf reagierten die Geisteswissenschaften nach 1945 mit einer Haltung des Quietismus, mit einer ausschließlichen Konzentration auf die Texte – und daraus entstand eine sehr produktive Phase. Es folgte seit den 1960er-Jahren eine „Theorie-Explosion." Sie setzte ein mit dem Strukturalismus und der strukturalistischen Linguistik, es folgten der Neomarxismus, der Neofreudianismus, die Rezeptionsästhetik in Deutschland, die Dekonstruktion, der Neohistorismus und in den 90er-Jahren dann noch verschiedene Identitäts- und Gender-Theorien. Seit den 1990er-Jahren aber, seit etwa einem Vierteljahrhundert, hat – und das ist eigenartig – eigentlich diese intensive Theorieproduktion in den Geisteswissenschaften ausgesetzt. Ich denke weder, dass darin der Grund für schwindende Studierendenzahlen liegt, noch dass die intellektuelle Qualität heute geringer ist als vor einem Vierteljahrhundert. Doch am Ende ist auch das Ausbleiben der immer neuen intellektuellen Provokationen als ein Krisensymptom gedeutet worden.

All dies mag damit zu tun haben – und ich will dies nur am Rande erwähnen –, dass das historische Weltbild, das wir beim Nachdenken über Zeit noch immer alle deklinieren können, nicht mehr das Weltbild, nicht mehr die Epistemologie unseres Alltags ist. Ich glaube, dass unsere Zukunft, die Zukunft, mit der wir aufwachen und am Abend schlafen gehen, nicht mehr ein offener Horizont der Möglichkeiten ist, sondern eine Zukunft, die besetzt ist von Gefahren, die auf uns zuzukommen scheinen. Denken Sie an global warming, denken Sie an das Ende der primären Rohstoffe, denken Sie an die demografische Entwicklung. Ob das objektiv bedrohende Situationen sind, kann ich nicht beurteilen, aber sie kennzeichnen mentalitätsgeschichtlich unsere Gegenwart. Des Weiteren glaube ich nicht, dass wir noch in einer Situation sind, wo wir die Vergangenheit beständig hinter uns lassen. Vielmehr ist unsere Gegenwart von „Vergangenheitlichkeit" – ich sage gerne auf English pastness – überschwemmt. Nicht nur in ihrem Land gibt es keinen Tag mehr, der nicht zu einem historischen Gedenktag erklärt werden kann.

Und zwischen jener Zukunft, die erfüllt ist von Bedrohungen, und dieser Vergangenheit, welche die Gegenwart überschwemmt, ist unsere Gegenwart nicht mehr ein unwahrnehmbarer kurzer Moment des Übergangs, sondern eine Gegenwart, die sich verbreitert zu einer Gegenwart der Simultanitäten, wo wir in jedem Moment einer Überkomplexität von Möglichkeiten ausgesetzt sind und in der unsere Urteilskraft vielleicht permanent überfordert ist. Das könnte der Grund dafür sein, dass in einer Zeit beständig reduzierter Arbeitszeiten das Burn-out-Syndrom zu einer Volkskrankheit geworden ist. Schließlich leben wir in einer Zeit, die zu denken erlaubt, dass gewisse Phänomene sich nicht in der Zeit verändern, wo also die Absolutheit jenes „Gesetzes", dass Zeit ein absolutes Agens der Veränderung sei, nicht mehr gilt. Ich will diesen Gedanken nicht weiter entwickeln, aber seine intellektuelle Herausforderung könnte darin liegen, dass das historische Weltbild als Prämisse für die Entstehung der Geisteswissenschaften heute nicht mehr unserem jüngsten Weltbild entspricht. In einem viel kürzeren dritten Teil werde ich nun die Universität der Gegenwart als Umwelt der Geisteswissenschaften in den Blick zu bringen versuchen.

Meine Eingangs-These heißt: Wir sind nun intellektuell und institutionell auch mit den Geisteswissenschaften in einer Situation angekommen, wo der alte Trick (wenn Sie mir dieses Wort gestatten), den Krisendiskurs zu einem Modus des Überlebens zu machen, nicht mehr funktioniert – und vielleicht gefährlich wird. Was in der Umwelt der Geisteswissenschaften hat sich verändert? Zunächst muss man anmerken, dass die Universität heute global verstanden wird als ein

Ort der Berufsausbildung – was sie von ihrer modernen Genese her gesehen nie ausschließlich sein sollte. Die neue Möglichkeit, die Universität synonym zu setzen mit Berufsausbildung, wird verstärkt durch die elektronischen Technologien. Sehr viel von dem, was als „Berufsausbildung" gilt, kann heute elektronisch – und also auf sehr kostensparende Weise – verabreicht werden. Zugleich leben wir auch in einer Zeit der fortgesetzten sozialen Öffnung der Universität. In vielen europäischen Ländern sah man es als Ideal an – obwohl niemand dies öffentlich so formulieren würde –, wenn ganze Generationen – ohne individuelle Ausnahmen – ihre Ausbildung an der Universität absolvieren würden. Ich habe letzte Woche bei einer „Blatt-Kritik" der ZEIT gehört, man dürfe in Deutschland nun wieder von „Elite" reden, die Ausbildung einer Elite sei wieder eine Frage geworden. Dies entspricht noch nicht meiner Alltagserfahrung in Deutschland.

Eine andere internationale Entwicklungstendenz erlebe ich als in Deutschland besonders ausgeprägt. Die am höchsten qualifizierten Wissenschaftlerinnen und Wissenschaftler – auch Geisteswissenschaftlerinnen und Geisteswissenschaftler – werden im Sinne eines Privilegs und einer Belohnung von der Lehre befreit. Der Sprecher eines Sonderforschungsbereichs oder eines Käte-Hamburger-Instituts kann für zehn oder mehr Jahre von der Lehre befreit werden – oder muss jedenfalls nur noch sehr wenig lehren. Das ist sicher sehr angenehm für die eine oder andere Kollegin bzw. den einen oder anderen Kollegen – aber es bleibt eine problematische Situation, wenn der beliebteste Bonus für hohe Leistungen in der Forschung eine Absetzung von der Lehre ist.

So viel zum Ist-Stand.

Ich möchte nun kurz berichten von einer kleinen Forschungsaufgabe (ohne Befreiung von der Lehre!), die mir von einer Schweizer Zeitschrift übertragen wurde. Die Aufgabe war herauszufinden, welche Universitäten weltweit sich in den führenden Rankings während der letzten zwanzig Jahre am deutlichsten verbessert hatten. Ich habe also eine Studentin aus Computer Science dafür bezahlt, zunächst festzustellen, was die zwanzig am höchsten gerankten Rankings unter den etwa 230 existierenden World-Rankings sind. Das hatte sie schnell ausgerechnet. Bei der Beantwortung der Frage nach den während der vergangenen zwanzig Jahren am deutlichsten verbesserten Universitäten in den besten internationalen Rankings stießen wir dann auf das überraschend klare Profil eines Universitäts-Typus. Die erfolgreichsten Universitäten sind ohne Ausnahme diejenigen, welche genug Freiheit haben, individuelle Profile zu entwickeln. Und zwar sind das nicht allein private Universitäten – Sie können einwerfen, für Stanford oder Harvard sei dies einfach. Zur Bezugsgruppe gehören auch staatliche Universitäten wie Oxford, Cambridge oder die University of California Berkeley, die aufgrund ihres Prestiges unabhängig sind.

Es sind zweitens Universitäten – und dies wird für Deutschland nun politisch schon problematisch –, die sich darauf konzentrieren, sowohl die Zulassung von Studierenden als auch die Auswahl neuer Kolleginnen und Kollegen nach ausschließlich intellektuellen Kriterien durchzuführen. Versorgungskriterien dürfen bei der Suche nach Professorinnen und Professoren, aber auch bei der Zulassung von Studierenden keine Rolle spielen. Es sind drittens – und das ist überraschend – ohne Ausnahme Universitäten (nicht die top universities of the world, sondern diejenigen, die in den letzten zwanzig Jahren am deutlichsten aufgestiegen sind), die sich normalerweise in kleinen Städten befinden. Keine dieser Universitäten liegt in einer großen Stadt, die größte unter ihnen ist Zürich – „die kleine große Stadt", wie man in der Schweiz sagt. Die ETH, also die Eidgenössische Technische Hochschule, ist tatsächlich eine jener Universitäten, die in den Rankings am stärksten gestiegen sind. Schließlich ist es typisch für Universitäten in dieser Gruppe, dass sie die Campus-Idee in vielen Varianten pflegen, die Campus-Idee im Sinne von

Präsenz anstatt eines downloading auf die elektronische Kommunikation, an deren logischem Ende die Aufhebung der Präsenzpflicht steht.

Das überraschendste Ergebnis – vielleicht wussten das meine Schweizer Auftraggeber schon im Vorhinein, aber wollten es von einem Nicht-Schweizer bestätigt sehen – lag darin, dass dies alles Universitäten waren, die in ihrem Grundcharakter die Struktur einer TU hatten, also auf Naturwissenschaften, Ingenieurwissenschaften oder – die Hochschule

Sankt Gallen gehörte zu dieser Gruppe – auf die Wirtschaftswissenschaften fokussiert sind, aber mit einer kleinen, in ihrer Qualität sehr hohen geisteswissenschaftlichen Fakultät. Ich behaupte nicht, dass sich in diesem Profil ein Programm erfüllt, das irgendeinem Rektorat oder Ministerium bewusst ist. Aber jedenfalls scheint mir die Beobachtung (für die ich noch keine Erklärung habe), nach der die Präsenz der Geisteswissenschaften – anscheinend ohne Ausnahme – bei Universitäten mit TU-Struktur für eine besonders hohe Leistungsfähigkeit gesorgt hat, wirklich hochinteressant.

Was könnte der Grund für diese Entwicklung sein? Diese Frage führt zum vierten und vorletzten Teil meines Vortrags. Ich kann Ihnen einige Erklärungsansätze liefern – aber keine bündige Erklärung. Meine erste und philosophisch ambitionierteste Erklärungsbemühung heißt: Wenn zu einer Universität mit TU-Struktur Geisteswissenschaften hinzukommen, dann hat man eine Vielfalt von Temporalitäten, eine Vielfalt von Zeitlichkeiten, die das Weltbild komplexer machen. Man kann sagen, dass es in den Naturwissenschaften und in den Ingenieurwissenschaften schon immer zwei Zeitlichkeiten gab – eine Zeit der Evolution des Wissens und eine Zeit seiner Anwendung. Es gibt weiterhin, wirklich nicht philosophisch reflektiert, die Dimension der Ewigkeit – denn man geht davon aus, dass bestimmte Forschungsergebnisse für immer gelten werden. Die Zeitlichkeiten der Geisteswissenschaften schließen insgesamt eine höhere Bereitschaft zur Selbstreflexivität auf. Man relativiert etwa die Gegenwart im Rückblick auf die Vergangenheit und im Vorausblick auf die Zukunft. Durch die Gegenwart der Geisteswissenschaften werden der Fortschrittsglaube ebenso wie der Ewigkeitsglaube der Naturwissenschaften, der Ingenieurwissenschaften komplexer. Das wäre weiter zu entwickeln.

Stanford übrigens heißt zwar nicht „Stanford Technical University“, doch Stanford ist de facto eine Universität des Typs, um den es mir geht.

Stanford ist dominiert von den Natur- und Ingenieurwissenschaften (voller Stolz und Lokalpatriotismus füge ich hinzu: zweiundzwanzig aktive Nobelpreisträger an einer Universität mit 13.000 Studenten). Jedenfalls leistet sich dieses Stanford relativ kleine, aber mittlerweile sehr gut besetzte Geisteswissenschaften. Deswegen zitiere ich John Hennessy, den Präsidenten meiner Universität – wie schon erwähnt ein weltberühmter Computer-Wissenschaftler. Er war der Berater der Google boys, die übrigens nie ihr Studium abgeschlossen haben; aber er hat auch das Grundprogramm von Nintendo erfunden. Wenn Sie nun John Hennessy fragen, warum er diese mittlerweile bekannte Schwäche für die Geisteswissenschaften hat, warum er die Geisteswissenschaften unterstützt, dann sagt er mit kalifornischem Understatement: „The Humanities produce the intellectual ring, the intellectual buzz of the universities.“ Das permanente intellektuelle Hintergrundgeräusch der Universitäten würde ohne die Geisteswissenschaften nicht bestehen oder etwas radikaler formuliert: „Universities would not be intellectual places without the Humanities.“ Das klingt vielversprechend – aber ist doch noch nicht sehr prägnant. Ich möchte nun versuchen, das Kalifornisch meines Präsidenten John Hennessy in das wunderbare idealistische Hochdeutsch von Wilhelm von Humboldt zu übersetzen.

Denn ich denke, es gibt da eine Affinität mit der berühmten Gedenkschrift zur Gründung einer Universität zu Berlin von 1809/1810.

Ich weiß, dass es zum guten pragmatischen Ton der Hochschul-Programmatikerinnen und -Programmatiker gehört, Hinweise auf Humboldt als schöne aber doch allzu romantische Träumereien zu eliminieren. Dagegen lässt sich halten, dass in einer zentralen Hinsicht eine Affinität zwischen Humboldts Vision der Universität und John Hennessys Beobachtungen existiert. Wenn Sie sich, was ich Ihnen wirklich dringend empfehlen möchte, noch einmal jenes Memorandum von Wilhelm von Humboldt zu Gemüte führen – selbst wenn Sie dort keine Argumente für Ihre spezielle Situation finden, es ist ein so wunderbar leidenschaftlicher Text, ein so großartiges Monument deutscher Sprache, dass sich die Lektüre oder die Wiederlektüre jedenfalls lohnen –, dann sehen Sie, dass es dort um drei Punkte geht. Zum Ersten darum – und ich weiß, dass sich das heute nicht aufrechterhalten lässt, doch die Erinnerung an ein solches Verständnis tut gut –, dass die Universität ausschließlich ein Ort geistiger Innovation sein soll. Alle Vermittlung von Wissen soll Aufgabe des Gymnasiums sein. Daran zu erinnern ist ja doch wichtig in einer Zeit, wo wir immer mehr dazu tendieren, die Universität synonym zu setzen mit Berufsausbildung – was darauf hinausläuft, dass geistige Innovation in Max-Planck-Instituten oder in Sonderforschungsbereichen stattfindet, aber eigentlich nicht mehr an der Universität.

Zweitens sagte Wilhelm von Humboldt, der nicht offiziell Staatssekretär war, aber in Preußen eine staatssekretärartige Rolle erfüllte, der Staat habe die Verpflichtung, die Universitäten zu alimentieren („alimentieren“ – ein etwas altertümliches Wort für „finanzieren“), ohne dass es im Interesse des Staates liegen könne, der Universität Vorschriften zu machen. Denn in dem Moment, wo der Staat beginnt zu sagen, was geforscht und herausgefunden werden soll, ist das Wissen, das produziert wird, ja bereits ein vorweggenommenes Wissen.

Der dritte Punkt aber scheint Humboldt besonders am Herzen gelegen zu sein. Er fragt sich, warum und unter welchen Bedingungen die Universität Ort der absoluten intellektuellen Erneuerung sein kann – und er beantwortet die Frage natürlich noch nicht unter der Voraussetzung einer Trennung zwischen Geisteswissenschaften und Naturwissenschaften, obwohl er schon zwischen Seminaren und Laboratorien unterscheidet. Ich fasse zunächst Humboldts zentrale Antwort zusammen und lese Ihnen dann eine Passage aus seiner Gedenkschrift vor, weil es mir sehr schwerfällt, über Humboldt zu reden, ohne mir selbst den Genuss zu gestatten, dieses wunderbare Deutsch zu rezitieren. Humboldts Antwort auf die Frage, wie die Universität ein absoluter Ort intellektueller Erneuerung sein kann, heißt: Die besondere Tonalität des Enthusiasmus der Studenten für gewisse Gegenstände trifft sich an der Universität mit einer ganz anderen Tonalität im Enthusiasmus der Professoren. Die Verschiedenheit dieser Tonalitäten des Enthusiasmus führt nicht etwa – und dies ist nun mein Wort – zu einer Kakophonie, sondern sie ist der Grund, warum die Universität ein Ort geistiger Innovation sein kann. Das bedeutet natürlich auch, dass die Universität kein Ort geistiger Innovation sein kann, wenn sie Lehre und Forschung auf Distanz setzt, wenn die besten und qualifiziertesten Wissenschaftlerinnen und Wissenschaftler immer mehr in Sonderforschungsbereichen, in Max-Planck-Instituten, Käte-Hamburger-Instituten arbeiten.

Und nun das Humboldt-Zitat: „Es ist ferner eine Eigenthümlichkeit der höheren wissenschaftlichen Anstalten, dass sie die Wissenschaft immer als ein nicht ganz aufgelöstes Problem behandeln und daher immer im Forschen bleiben,“ – Innovation ist die zentrale Aufgabe – während „die Schule es nur mit fertigen und abgemachten Kenntnissen zu thun hat und lernt.“ Dies lässt sich heute so gewiss nicht aufrechterhalten, aber wichtig bleibt die grundsätzliche Position der Universität als Ort intellektueller Erneuerung. Es folgt die eigentliche Antwort auf die Frage, warum die Universität dies leisten kann. „Das Verhältniss zwischen Lehrer und Schüler wird daher durchaus ein anderes als vorher [d. h. im Gymnasium]. Der erstere" – also der Lehrer oder Professor – „ist nicht für die letzteren, Beide sind für die Wissenschaft da; sein Geschäft hängt mit an ihrer Gegenwart [d. h. der der Studenten] und würde, ohne sie, nicht gleich glücklich von statten gehen; er würde, wenn sie sich nicht von selbst um ihn versammelten, sie aufsuchen, um seinem Ziele näher zu kommen durch die Verbindung der geübten, aber eben darum auch leichter einseitigen und schon weniger lebhaften Kraft mit der schwächeren und noch parteiloser nach allen Richtungen muthig hinstrebenden [Kraft der Studenten]." (Wilhelm von Humboldt, Über die innere und äußere Organisation der höheren wissenschaftlichen Anstalten in Berlin, in: Ders., Werke in fünf Bänden, hg. von Andreas Flitner und Klaus Giel, Band 4, Stuttgart: Cotta, 1964, S. 256). Man soll nicht sagen, das sei zu idealistisch, das sei heute nicht mehr möglich. Humboldts Einsicht bleibt zentral – nicht nur für die Geisteswissenschaften, sondern für die Universitäten der Zukunft.

Wenn man sich nun aber fragt, was die Geisteswissenschaften speziell heute zu leisten vermögen – Humboldt spricht ja über die Universität generell in einer Zeit vor der Trennung zwischen Naturwissenschaften und Geisteswissenschaften –, dann möchte ich gerne mit Niklas Luhmann, einem der großen Geisteswissenschaftler (am Ende wohl weniger: Sozialwissenschaftler) behaupten, die potenzielle Hauptleistung der Geisteswissenschaften kann heute in einer „Komplexitätssteigerung" liegen. Die Wissenschaft, das intellektuelle System, sagte Luhmann, sei nicht wie alle anderen sozialen Systeme ein System, das die Komplexität seiner Umwelt reduziert, sondern soll die Komplexität unserer Welterfahrung steigern, soll dazu beitragen, dass wir die Welt in einer komplizierteren Weise sehen als vorher. Die Stärke der Geisteswissenschaften insbesondere besteht gar nicht darin, Lösungen zu finden. Eher werfen sie neue Fragen auf und machen unseren Blick auf die Welt komplizierter und komplexer.

Dazu – und aus diesem Grund spreche ich von „riskantem Denken" – bedürfen die Geisteswissenschaften der speziellen institutionellen Struktur der Universität im Sinne der Metapher vom „Elfenbeinturm". Ich fasse das Bild als positiv auf. Denn im Alltag kann man sich bedingungslose Komplexitätssteigerung nicht leisten. Die Universität muss ein abgegrenzter Raum sein, um riskantes Denken möglich zu machen.

Ich möchte eine historisch reale Situation nennen, für mich eines der großen Erlebnisse an einer deutschen Universität, wo riskantes Denken produziert wurde – und diese Situation hatte zu tun mit einer Debatte, die heute in Deutschland wieder geführt wird. Es war während der ersten Gastprofessur des französischen Philosophen Jacques Derrida an einer deutschen Universität in der tiefen Provinz, an der Universität, damals Universität/Gesamthochschule Siegen im Jahr 1988. Ganz zufällig war 1988 eines von jenen Jahren – ich glaube, das sind die geraden Jahre –, wenn man in Deutschland immer wieder neu entdeckt, dass Martin Heidegger ein Nationalsozialist war. Die eigentliche Herausforderung wäre ja – schon seit fünfzig Jahren – sich die Erfahrung zuzumuten, dass ein Mensch, der von 1933 spätestens bis 1945 Nationalsozialist war (und dies möglicherweise nie bereut hat), zugleich einer der größten Philosophen des 20. Jahrhunderts sein konnte. Jacques Derrida jedenfalls begann seine Vorlesung in Siegen und sprach trotz jenes Heidegger-Krisenjahres immer von Heidegger als „dem größten Philosophen des 20. Jahrhunderts". Darauf wurde er höflich von einem Siegener Studenten unterbrochen, der bescheiden und in deutlichem regionalen Akzent fragte: „Professor Derrida, wissen Sie denn nicht von Heideggers Verstrickung in den Nazismus? Wie können Sie ihn den größten Philosophen des 20. Jahrhunderts nennen?" Derrida gab eine Antwort, die für mich bis heute das interessanteste und schlagendste Beispiel für riskantes Denken geblieben ist, wie es die Geisteswissenschaften nicht nur produzieren können, sondern produzieren müssen. Er antwortete mit der ihm eigenen Eleganz: „Mon cher jeune ami, ich weiß natürlich, dass Heidegger fünfzehn Jahre lang ein Nazi war. Die intellektuell interessante Frage ist das aber nicht – das ist leider eine Tatsache. Die intellektuell interessante Frage heißt hingegen: Hätte Heidegger der größte Philosoph des 20. Jahrhunderts sein können, ohne in den Nationalsozialismus verstrickt gewesen zu sein?" Lassen Sie mich sofort hinzufügen: Ich hoffe bis heute leidenschaftlich, dass die Antwort Ja heißt, Heidegger wäre noch ein viel besserer Philosoph gewesen, wenn er sich nicht in den Nazismus verstrickt hätte.

Mein verstorbener Kollege in Stanford, mein bewunderter und sehr geliebter Kollege Richard Rorty, hat dazu einen nicht nur ironischen Text geschrieben, eine Fiktion, in der Heidegger sich entschließt, seine Frau Elfride zu verlassen, um Hannah Arendt zu heiraten, an die University of Chicago zu gehen, analytischer Philosoph zu werden. Der letzte Satz heißt: „And he had became a much better philosopher this way." Das war wishful thinking im besten Sinne. Doch es muss einen Ort geben, wo auch Derridas Frage gestellt werden kann. Und dieser Ort sind die Geisteswissenschaften im Elfenbeinturm der Universität.

Damit komme ich nun wirklich zum Schluss. Ich habe keine normativen Vorschläge zu machen, denn ich bin in Verwaltungsdingen unerfahren und ungeschickt. Vielmehr werde ich, wenn ich mich in drei Jahren emeritieren lasse – was in den Vereinigten Staaten eine individuelle Entscheidung ist –, einer der wenigen mir bekannten Hochschullehrer sein, die vierzig Jahre unterrichtet haben, ohne je Dekan gewesen zu sein. Trotzdem – fünf Gedanken, um den anfangs erwähnten Begriff einer Selbstsubstitution der Geisteswissenschaften als Vorschlag im Raum zu halten.

Zum Ersten sollten Sie wohl weniger auf die Geisteswissenschaften als Hauptfächer, als berufsausbildende Fächer setzen. Natürlich hoffe ich, dass wir auch in der Zukunft Geisteswissenschaftlerinnen und Geisteswissenschaftler an der Universität und geisteswissenschaftlich ausgebildete Lehrerinnen und Lehrer an Gymnasien brauchen werden, aber ich denke, dass die College-Idee oder die an der ETH oder in Sankt Gallen praktizierte Konzeption auch für Deutschland ein Modell sein könnte – und zwar dergestalt, dass etwa alle Studierenden der Ingenieurwissenschaften oder alle Studierenden in Jura oder in Medizin (zum Beispiel statt des Latinums, das es offenbar noch gibt) eine oder zwei ernsthafte geisteswissenschaftliche Lehrveranstaltungen absolvieren – keine Einführungsveranstaltungen. Warum bräuchte eine Medizinerin oder ein Mediziner eine Einführungsveranstaltung? Zum Beispiel ein Seminar über Fontane oder über Balzac oder einen von Platos Dialogen, gar nicht unbedingt wegen der dort traktierten ethischen Fragen, sondern im Sinne einer positiven intellektuellen Herausforderung, im Sinne von Derrida. Das wäre kein geisteswissenschaftliches Fachstudium, sondern eine Erinnerung an den Horizont der Bildung als positive Geste einer Selbstsubstitution.

Zweitens – ich weiß, dass ich mir damit in Deutschland nicht nur Freunde mache – sollten Sie vielleicht doch einmal ernsthafter überlegen, ebenfalls im Sinne einer Selbstsubstitution, ob die Beschreibung der Geisteswissenschaften als Wissenschaften und die Beschreibung ihrer Haupttätigkeit als Forschung adäquat sind oder ob darin nicht seit dem späten 19. Jahrhundert, seit der

Philosoph Dilthey die Geisteswissenschaften erfunden hat, eine problematische Analogie zu den Naturwissenschaften liegt. Was wir Geisteswissenschaftlerinnen und Geisteswissenschaftler wirklich tun, wenn wir nicht lehren und wenn wir unsere Lehre vorbereiten, das wäre wohl besser beschrieben mit einem Begriff, der starke theologische, ja religiöse Konnotationen hat, die ich jetzt aber einklammern möchte – nämlich mit dem Begriff der Kontemplation. Vielleicht fragen Sie sich einmal, ob das, was wir Geisteswissenschaftler tun, nicht mit Kontemplation als einer Stärke und Möglichkeit der Universität besser beschrieben wäre. Was meine ich mit „Kontemplation"? Kontemplation ist zunächst die absolute Konzentration auf einen bestimmten Gegenstand. Schon das ist eine Leistung, die gelehrt werden muss, sich etwa auf einen Text für mehrere Stunden zu konzentrieren, was der Generation des Elektronischen besonders schwer fällt. Außerdem gehört zur Kontemplation die Reiteration. Man kommt zu einem Gegenstand wieder zurück. Und jedes Mal, wenn man zurückkommt, macht man die Sicht dieses Gegenstandes komplexer.

Ich denke drittens – und ich weiß, dass ich mich bei meinen Kolleginnen und Kollegen aus den Geisteswissenschaften nun noch weniger beliebt mache –, dass Geisteswissenschaftlerinnen und Geisteswissenschaftler prinzipiell nicht für langfristige Zeiten und schon gar nicht lebenslang von der Lehre befreit werden sollten. Das ist eine Struktur-Konsequenz der Sonderforschungsbereiche und der Käte-Hamburger-Institute in Ihrem Land, die ich für absolut problematisch halte, weil ich überzeugt bin, dass sich das, was Humboldt als die Stärke der Wissenschaften beschrieben hat, und was ich übersetzt habe mit „riskantem Denken", allein in der Begegnung mit Studierenden entwickeln lässt. Und wenn die besten Geisteswissenschaftlerinnen und Geisteswissenschaftler in Deutschland heute Sonderforschungsbereiche leiten oder Käte-Hamburger-Institute und sagen: „Ich habe jetzt nur noch zwei Jahre SFB, jetzt brauche ich noch eine Verlängerung von drei Jahren, dann muss ich nicht mehr zurück in die Lehre" – dann wissen Sie, was die Stunde geschlagen hat.

Ich denke viertens, dass die Geisteswissenschaften sich vielleicht weniger ausschließlich, als sie das in meiner Generation getan haben, auf das analytische Denken und das ewig kritische Denken konzentrieren sollten. Selbstverständlich, wir müssen immer kritisch sein. Vielleicht wäre aber im Sinne einer Selbstsubstitution ein neuer, deiktischer Stil des Lehrens zu entwickeln, ein Stil, der vielleicht nicht allein Dinge analysiert und auseinandernimmt – ich finde es manchmal fast obszön zu sagen, dass man ein Hölderlin-Gedicht in diesem Sinne analysiert und „zerlegt" hat, wie einen Motor, den man in seine Teile zerlegen kann. Sollte unser Unterrichten nicht deiktischer sein? Man verweist auf ein Hölderlin-Gedicht oder auf einen Heidegger-Text oder auf einen platonischen Dialog als Möglichkeit frischen Erlebens und des Erfahrens; und man zeigt dabei durchaus auch seine eigene Begeisterung. Es ist ja schon eigenartig, dass es unter jener derzeit allgegenwärtigen Prämisse der „Professionalität" an der Universität nicht nur in Deutschland verboten ist, seine Begeisterung zu zeigen. Ich denke, das ist für die Geisteswissenschaften besonders wichtig, diese Möglichkeit beizubehalten und eben durch eigene Begeisterung ansteckend zu werden für jüngere Generationen, nicht allein für Studierende der Geisteswissenschaften.

Vielleicht – und das ist mein fünfter und letzter Anstoß, die Reihe bleibt natürlich offen – wäre es im Sinne einer Selbstsubstitution am allerwichtigsten, zu versuchen, den geheimen Status der Geisteswissenschaften als einen Ort des akkumulierten Ressentiments aufzuheben. Vielleicht hat jene beständige Verpflichtung zum Kritisch-Sein dazu geführt, dass die Geisteswissenschaften manchmal zu einem Sumpf werden, aus dem nichts als Verschwörungstheorien hervorgehen:

Ohne dieses Ressentiment, mit mehr Enthusiasmus könnte stärker werden, was wir hundert Jahre die „Geisteswissenschaften“ nannten.

All dies wäre wohl nicht wirklich eine Aufgabe der klassischen Reform, des fortgesetzten Umschreibens von Legitimationen und schon gar nicht eine Fortführung jenes erfolgreichen Krisendiskurses, den die Geisteswissenschaften über hundert Jahre kultiviert haben. Es wäre tatsächlich ein Neuanfang im Sinne eines Impulses zur Selbstsubstitution, aber ein Neuanfang, der aber doch eine Kontinuität voraussetzt. Ganz am Rande möchte ich bemerken, dass ja viel billiger als Sonderforschungsbereiche oder Max-Planck-Institute käme, wenn Sie einige hochqualifizierte Geisteswissenschaftlerinnen und Geisteswissenschaftler einfach daran erinnern, wieder einmal ein Seminar für kleine Gruppen zu lehren. Kleinere Gruppen von Studierenden – das ist ja nicht nur eine bedrohende Zukunftsvision.

Navid Kermani

„Über die Grenzen – Jacques Mourad und die Liebe in Syrien“

Dankesrede anlässlich der Verleihung des Friedenspreises des Deutschen Buchhandels 2015

An dem Tag, als mich die Nachricht vom Friedenspreis des Deutschen Buchhandels erreichte, am selben Tag wurde in Syrien Jacques Mourad entführt. Zwei bewaffnete Männer traten in das Kloster Mar Elian am Rande der Kleinstadt Qaryatein und verlangten nach Pater Jacques. Sie fanden ihn wohl in seinem kargen kleinen Büro, das zugleich sein Wohnzimmer und sein Schlafzimmer ist, packten ihn und nahmen ihn mit. Am 21. Mai 2015 wurde Jacques Mourad eine Geisel des sogenannten „Islamischen Staats“

Ich habe Pater Jacques im Herbst 2012 kennengelernt, als ich für eine Reportage durch das bereits kriegsgeschüttelte Syrien reiste. Er betreute die katholische Gemeinde von Qaryatein und gehörte zugleich dem Orden von Mar Musa an, der sich Anfang der achtziger Jahre in einem verfallenen frühchristlichen Kloster gegründet hat. Das ist eine besondere, eine wohl einzigartige christliche Gemeinschaft, denn sie hat sich der Begegnung mit dem Islam und der Liebe zu den Muslimen verschrieben. So gewissenhaft die Nonnen und Mönche die Gebote und Rituale ihrer eigenen, katholischen Kirche befolgen, so ernsthaft beschäftigen sie sich mit dem Islam und nehmen bis hin zum Ramadan teil an der muslimischen Tradition. Das klingt verrückt, ja, aberwitzig: Christen, die sich nach ihren eigenen Worten in den Islam verliebt haben. Und doch war diese christlich-muslimische Liebe noch vor kurzem Wirklichkeit in Syrien und ist es in den Herzen vieler Syrer noch immer. Mit ihrer Hände Arbeit, ihrer Herzen Güte und ihrer Seelen Gebete schufen die Nonnen und Mönche von Mar Musa einen Ort, der mir utopisch anmutete und für sie selbst nichts Geringeres als die endzeitliche Versöhnung – sie würden nicht sagen: vorwegnahm, aber doch vorausfühlte, die kommende Versöhnung voraussetzte: ein Steinkloster aus dem siebten Jahrhundert mitten in der überwältigenden Einsamkeit des syrischen Wüstengebirges, das von Christen aus aller Welt besucht wurde, an dem jedoch zahlreicher noch Tag für Tag Dutzende, Hunderte arabische Muslime anklopften, um ihren christlichen Geschwistern zu begegnen, um mit ihnen zu reden, zu singen, zu schweigen und auch, um in einer bilderlosen Ecke der Kirche nach ihrem eigenen, islamischen Ritus zu beten.

Als ich Pater Jacques 2012 besuchte, war der Gründer der Gemeinschaft, der italienische Jesuit Paolo Dall'Oglio, kurz zuvor des Landes verwiesen worden. Zu laut hatte Pater Paolo die Regierung Assad kritisiert, die den Ruf des syrischen Volkes nach Freiheit und Demokratie, der neun Monate lang friedlich geblieben war, mit Verhaftungen und Folter beantwortete, mit Knüppeln und Sturmgewehren und schließlich auch mit ungeheuren Massakern und sogar Giftgas, bis das Land schließlich im Bürgerkrieg versank. Aber Pater Paolo hatte sich auch gegen die Führung der syrischen Amtskirchen gestellt, die zu der Gewalt der Regierung schwiegen.Vergeblich hatte er in Europa um Unterstützung für die syrische Demokratiebewegung geworben, vergeblich die Vereinten Nationen aufgefordert, eine Flugverbotszone einzurichten oder wenigstens Beobachter zu schicken. Vergeblich hatte er vor einem Krieg der Konfessionen gewarnt, wenn die säkularen und gemäßigten Gruppen im Stich gelassen und aus dem Ausland ausschließlich die Dschihadisten unterstützt würden. Vergeblich hatte er die Mauer unserer Apathie zu durchbrechen versucht. Im Sommer 2013 kehrte der Gründer der Gemeinschaft von Mar Musa noch einmal heimlich nach Syrien zurück, um sich für einige muslimische Freunde einzusetzen, die in den Händen des „Islamischen Staat" waren, und wurde selbst vom „Islamischen Staat" entführt. Seit dem 28. Juli 2013 fehlt von Pater Paolo Dall'Oglio jede Spur.

Pater Jacques, der nun allein die Verantwortung für das Kloster Mar Elian trug, ist seinem Wesen nach ein ganz anderer Mensch, kein begnadeter Redner, kein Charismatiker, kein temperamentvoller Italiener, sondern wie so viele Syrer, die ich kennenlernte, ein stolzer, bedächtiger, äußerst höflicher Mann, recht hochgewachsen, ein breites Gesicht, die kurzen Haare noch schwarz. Natürlich habe ich ihn nicht gut kennengelernt, nahm an der Messe teil, die wie in allen östlichen Kirchen aus berückend schönem Gesang bestand, und beobachtete, wie zugewandt er beim anschließenden Mittagessen mit den Gläubigen und örtlichen Honoratioren plauderte. Als alle Gäste verabschiedet waren, nahm er mich für eine halbe Stunde mit in sein winziges Zimmer und rückte für das Interview einen Stuhl neben das schmale Bett, auf dem er selbst Platz nahm.

Nicht nur seine Worte erstaunten mich – wie furchtlos er die Regierung kritisierte, wie offen er auch über die Verhärtung in der eigenen, christlichen Gemeinde sprach. Tiefer noch hat sich mir seine Erscheinung eingeprägt: ein stiller, sehr gewissenhafter, in sich gekehrter, auch asketischer Diener Gottes, so nahm ich ihn wahr, der aber nun, da ihm Gott die Seelsorge der bedrängten Christen in Qaryatein und die Führung der klösterlichen Gemeinschaft auferlegt hatte, auch diese öffentliche Aufgabe mit all seiner Kraft ausübte. Er sprach leise und so langsam, die Augen meist geschlossen, als würde er bewusst den Puls verlangsamen und das Interview als Atempause zwischen zwei anstrengenderen Verpflichtungen nutzen. Zugleich sprach er sehr überlegt, in druckreifen Sätzen, und was er sagte, war von einer Klarheit und auch politischen Schärfe, dass ich immer wieder nachfragte, ob es nicht zu gefährlich sei, ihn wörtlich zu zitieren. Dann öffnete er die warmen, dunklen Augen und nickte müde, ja, das könne ich alles drucken, sonst hätte er es doch nicht gesagt; die Welt müsse erfahren, was in Syrien geschieht.

Diese Müdigkeit, das war auch ein starker, vielleicht mein stärkster Eindruck von Pater Jacques – es war die Müdigkeit eines Menschen, der mehr als nur eingesehen, nämlich bejaht hatte, dass es Erholung vielleicht erst im nächsten Leben gibt, die Müdigkeit eines Arztes und Feuerwehrmannes auch, der sich seine Kräfte einteilt, wenn die Not überhandnimmt. Und ein Arzt und Feuerwehrmann war Pater Jacques als Priester inmitten des Krieges ja auch, nicht nur für die Seelen der Verängstigten, ebenso für die Leiber der Bedürftigen, denen er in seiner Kirche ungeachtet ihres Glaubens Essen, Schutz, Kleidung, Wohnstatt und vor allem Zuwendung bot. Viele hundert, wenn nicht Tausende von Flüchtlingen hat die Gemeinschaft von Mar Musa bis zuletzt in ihrem Kloster beherbergt und versorgt, die allermeisten von ihnen Muslime. Und nicht nur das – Pater Jacques gelang es, wenigstens in Qaryatein den Frieden, auch den konfessionellen Frieden, zu bewahren. Maßgeblich ihm ist es zu verdanken, dem stillen, ernsten Pater Jacques, dass sich die verschiedenen Gruppen und Milizen, manche regierungsnah, manche oppositionell, darauf einigten, aus dem Städtchen alle schweren Waffen zu verbannen. Und ihm gelang es, dem kirchenkritischen Priester, fast alle Christen seiner Gemeinde zum Bleiben zu bewegen. „Wir Christen gehören zu diesem Land, auch wenn das die Fundamentalisten weder bei uns noch in Europa gern hören", sagte Pater Jacques mir: „Die arabische Kultur ist unsere Kultur!"

Bitter stießen ihm die Aufrufe mancher westlicher Politiker auf, gezielt arabische Christen aufzunehmen. Derselbe Westen, der sich nicht um die Millionen Syrer schere, die quer durch alle Konfessionen friedlich für Demokratie und Menschenrechte demonstrierten, derselbe Westen, der den Irak zugrunde gerichtet und Assad sein Giftgas geliefert habe, derselbe Westen, der mit Saudi-Arabien im Bunde stehe und damit dem Hauptsponsor des Dschihadismus – dieser gleiche Westen sorge sich nun um die arabischen Christen? Da könne er nur lachen, sagte Pater Jacques, ohne eine Miene zu verziehen. Und fuhr mit geschlossenen Augen fort: „Diese Politiker befördern mit ihren unverantwortlichen Äußerungen genau jenen Konfessionalismus, der uns Christen bedroht."

Immer größer wurde die Verantwortung, die Pater Jacques so klaglos wie immer trug. Die ausländischen Mitglieder der Gemeinschaft mussten Syrien verlassen und fanden Zuflucht im Nordirak. Zurück blieben nur die sieben syrischen Mönche und Nonnen, die sich auf die beiden Klöster Mar Musa und Mar Elian verteilten. Ständig verschoben sich die Fronten, so dass in Qaryatein mal der Staat, mal oppositionelle Milizen herrschten. Mit beiden Seiten mussten sich die Mönche und Nonnen arrangieren und dazu wie alle Bewohner die Luftangriffe überleben, wenn die Kleinstadt gerade in den Händen der Opposition war. Dann aber drang der „Islamische Staat" immer weiter ins syrische Kerngebiet vor. „Die Bedrohung durch den IS, dieser Sekte von Terroristen, die ein fürchterliches Bild des Islams abgeben, ist in unserer Gegend angekommen", schrieb Pater Jacques wenige Tage vor seiner Entführung an eine französische Freundin. Und weiter: „Es ist schwierig zu entscheiden, was wir tun sollen. Sollen wir unsere Häuser verlassen? Das fällt uns schwer. Einzusehen, dass wir verlassen sind, ist fürchterlich – verlassen zumal von der christlichen Welt, die beschlossen hat, auf Distanz zu gehen, um die Gefahr von sich fern zu halten. Wir bedeuten ihnen nichts."

Allein in diesen wenigen Zeilen einer bloßen, sicher eilig geschriebenen Mail fallen zwei Formulierungen auf, die charakteristisch sind für Pater Jacques und zugleich ein Maßstab für jede Intellektualität. In dem ersten Satz heißt es: „Die Bedrohung durch den IS, dieser Sekte von Terroristen, die ein fürchterliches Bild des Islams abgeben..." Der andere Satz, über die christliche Welt: „Wir bedeuten ihnen nichts." Er verteidigte die fremde Gemeinschaft und kritisierte die eigene. Als die Gruppe, die sich auf den Islam beruft und vorgibt, das Gesetz des Korans anzuwenden, ihn und seine Gemeinde bereits unmittelbar physisch bedrohte, wenige Tage vor seiner eigenen Entführung, betonte Pater Jacques noch, dass diese Terroristen das wahre Gesicht des Islams entstellten. Ich würde jedem Muslim widersprechen, dem angesichts des „Islamischen Staates" nur die Floskel einfällt, dass die Gewalt nichts mit dem Islam zu tun habe. Aber ein Christ, ein christlicher Priester, der damit rechnen muss, von Andersgläubigen vertrieben, gedemütigt, verschleppt oder getötet zu werden, und dennoch darauf beharrt, diesen anderen Glauben zu rechtfertigen – ein solcher Gottesdiener legt eine Größe an den Tag, die ich sonst nur aus den Viten der Heiligen kenne.

Jemand wie ich kann den Islam nicht auf diese Weise verteidigen. Er darf es nicht. Die Liebe zum Eigenen – zur eigenen Kultur wie zum eigenen Land und genauso zur eigenen Person – erweist sich in der Selbstkritik. Die Liebe zum anderen – zu einer anderen Person, einer anderen Kultur und selbst zu einer anderen Religion – kann viel schwärmerischer, sie kann vorbehaltlos sein. Richtig, die Liebe zum anderen setzt die Liebe zu sich selbst voraus. Aber verliebt, wie es Pater Paolo und Pater Jacques in den Islam sind, verliebt kann man nur in den anderen sein. Die Selbstliebe hingegen muss, damit sie nicht der Gefahr des Narzissmus, des Selbstlobs, der Selbstgefälligkeit unterliegt, eine hadernde, zweifelnde, stets fragende sein. Wie sehr gilt das für den Islam heute! Wer als Muslim nicht mit ihm hadert, nicht an ihm zweifelt, nicht ihn kritisch befragt, der liebt den Islam nicht.

Es sind nicht nur die schrecklichen Nachrichten und noch schrecklicheren Bilder aus Syrien und dem Irak, wo der Koran noch bei jeder Schweinetat hochgehalten und bei jeder Enthauptung „Allahu akbar" gerufen wird. Auch in so vielen anderen, wenn nicht den meisten Ländern der muslimischen Welt berufen sich staatliche Autoritäten, staatsnahe Institutionen, theologische Schulen oder aufständische Gruppen auf den Islam, wenn sie das eigene Volk unterdrücken, Frauen benachteiligen, Andersdenkende, Andersgläubige, anders Lebende verfolgen, vertreiben, massakrieren. Unter Berufung auf den Islam werden in Afghanistan Frauen gesteinigt, in Pakistan ganze Schulklassen ermordet, in Nigeria Hunderte Mädchen versklavt, in Libyen Christen geköpft, in Bangladesch Blogger erschossen, in Somalia Bomben auf Marktplätzen gezündet, in Mali Sufis und Musiker umgebracht, in Saudi-Arabien Regimekritiker gekreuzigt, in Iran die bedeutendsten Werke der Gegenwartsliteratur verboten, in Bahrein Schiiten unterdrückt, im Jemen Sunniten und Schiiten aufeinander gehetzt.

Gewiss lehnen die allermeisten Muslime Terror, Gewalt und Unterdrückung ab. Das ist nicht nur eine Floskel, sondern das habe ich auf meinen Reisen genau so erlebt: Wem die Freiheit keine Selbstverständlichkeit ist, der ermisst erst recht ihren Wert. Alle Massenaufstände der letzten Jahre in der islamischen Welt waren Aufstände für Demokratie und Menschenrechte, nicht nur die versuchten, wenn auch meist gescheiterten Revolutionen in fast allen arabischen Ländern, ebenso die Protestbewegungen in der Türkei, in Iran, in Pakistan und nicht zuletzt der Aufstand an den Wahlurnen der letzten indonesischen Präsidentschaftswahl. Ebenso zeigen die Flüchtlingsströme an, wo sich viele Muslime ein besseres Leben erhoffen als in ihrer Heimat: jedenfalls nicht in religiösen Diktaturen. Auch die Berichte, die uns aus Mossul oder Rakka selbst erreichen, künden nicht von Begeisterung, sondern von Panik und Verzweiflung der Bevölkerung. Alle maßgeblichen theologischen Autoritäten der islamischen Welt haben den Anspruch des IS verworfen, für den Islam zu sprechen, und im Detail herausgearbeitet, inwiefern dessen Praxis und Ideologie dem Koran und den Grundlehren der islamischen Theologie widersprechen. Und vergessen wir nicht, dass es an vorderster Front Muslime selbst sind, die gegen den „Islamischen Staat" kämpfen, Kurden, Schiiten, auch sunnitische Stämme und die Angehörigen der irakischen Armee.

Das muss man alles sagen, will man nicht dem Trugbild aufsitzen, das Islamisten und Islamkritiker wortgleich entwerfen: Dass der Islam einen Krieg gegen den Westen führt. Eher führt der Islam einen Krieg gegen sich selbst, will sagen: wird die islamische Welt von einer inneren Auseinandersetzung erschüttert, deren Auswirkungen auf die politische und ethnische Kartographie an die Verwerfungen des Ersten Weltkriegs heranreichen dürften. Den multiethnischen, multireligiösen und multikulturellen Orient, den ich in seinen großartigen literarischen Zeugnissen aus dem Mittelalter studiert und während langer Aufenthalte in Kairo und Beirut, als Kind während der Sommerferien in Isfahan und als Berichterstatter im Kloster von Mar Musa als eine zwar bedrohte, niemals heile, aber doch quicklebendige Wirklichkeit lieben gelernt habe, diesen Orient wird es so wenig mehr geben wie die Welt von gestern, auf die Stefan Zweig in den Zwanzigerjahren voller Wehmut und Trauer zurückblickte.

Was ist geschehen? Der „Islamische Staat" hat nicht erst heute begonnen und auch nicht erst mit den Bürgerkriegen im Irak und in Syrien. Seine Methoden mögen auf Ablehnung stoßen, aber seine Ideologie ist der Wahhabismus, der heute bis in die hintersten Winkel der islamischen Welt wirkt und als Salafismus gerade auch für Jugendliche in Europa attraktiv geworden ist. Wenn man weiß, dass die Schulbücher und Lehrpläne im „Islamischen Staat" zu 95 Prozent identisch mit den Schulbüchern und Lehrplänen Saudi-Arabiens sind, dann weiß man auch, dass die Welt nicht nur im Irak und in Syrien strikt in verboten und erlaubt eingeteilt wird - und die Menschheit in gläubig und ungläubig. Gesponsert mit Milliardenbeträgen aus dem Öl, hat sich über Jahrzehnte in Moscheen, in Büchern, im Fernsehen ein Denken ausgebreitet, das ausnahmslos alle Andersgläubigen zu Ketzern erklärt, beschimpft, terrorisiert, verächtlich macht und beleidigt. Wenn man andere Menschen systematisch, Tag für Tag, öffentlich herabsetzt, ist es nur folgerichtig – wie gut kennen wir das aus unserer eigenen, der deutschen Geschichte –, dass man schließlich auch ihr Leben für unwert erklärt. Dass ein solcher religiöser Faschismus überhaupt denkmöglich wurde, dass der IS so viele Kämpfer und noch mehr Sympathisanten finden, dass er ganze Länder überrennen und Millionenstädte weitgehend kampflos einnehmen konnte, das ist nicht der Beginn, sondern der vorläufige Endpunkt eines langen Niedergangs, eines Niedergangs auch und gerade des religiösen Denkens.

Ich habe 1988 angefangen, Orientalistik zu studieren, meine Themen waren der Koran und die Poesie. Ich glaube, jeder, der dieses Fach in seiner klassischen Ausprägung studiert, gelangt an den Punkt, an dem er die Vergangenheit und die Gegenwart nicht mehr zusammenbringen kann. Und er wird hoffnungslos, hoffnungslos sentimental. Natürlich war die Vergangenheit nicht einfach nur friedlich und kunterbunt. Aber als Philologe hatte ich vor allem mit den Schriften der Mystiker, der Philosophen, der Rhetoriker und ebenso der Theologen zu tun. Und ich, nein: wir Studenten konnten und können nur staunen über die Originalität, die geistige Weite, die ästhetische Kraft und auch humane Größe, die uns in der Spiritualität Ibn Arabis, der Poesie Rumis, der Geschichtsschreibung Ibn Khalduns, der poetischen Theologie Abdulqaher al-Dschurdschanis, der Philosophie des Averroes, den Reisebeschreibungen Ibn Battutas und noch in den Geschichten von Tausendundeiner Nacht begegnen, die weltlich sind, ja, weltlich und erotisch und übrigens auch feministisch und zugleich auf jeder Seite durchdrungen vom Geist und den Versen des Korans. Das waren keine Zeitungsberichte, nein, die soziale Wirklichkeit dieser

Hochkultur sah wie jede Wirklichkeit grauer und gewalttätiger aus. Und doch sagen diese Zeugnisse etwas darüber aus, was einmal denkmöglich oder sogar selbstverständlich war innerhalb des Islams. Nichts, absolut nichts findet sich innerhalb der religiösen Kultur des modernen Islams, das auch nur annähernd vergleichbar wäre, eine ähnliche Faszination ausübte, von ebensolcher Tiefe wäre wie die Schriften, auf die ich in meinem Studium stieß. Und da spreche ich noch gar nicht von der islamischen Architektur, der islamischen Kunst, der islamischen Musikwissenschaft – es gibt sie nicht mehr.

Ich möchte Ihnen den Verlust an Kreativität und Freiheit an meinem eigenen Fachgebiet illustrieren: Es war einmal denkmöglich und sogar selbstverständlich, dass der Koran ein poetischer Text ist, der nur mit den Mitteln und Methoden der Poetologie begriffen werden kann, nicht anders als ein Gedicht. Es war denkmöglich und sogar selbstverständlich, dass ein Theologe zugleich ein Literaturwissenschaftler und Kenner der Poesie war, in vielen Fällen auch selbst ein Dichter. In der heutigen Zeit wurde mein eigener Lehrer Nasr Hamid Abu Zaid in Kairo der Ketzerei angeklagt, von seinem Lehrstuhl vertrieben und sogar zwangsgeschieden, weil er die Koranwissenschaft als eine Literaturwissenschaft begriff. Das heißt, ein Zugang zum Koran, der selbstverständlich war und für den Nasr Abu Zaid die bedeutendsten Gelehrten der klassischen islamischen Theologie heranziehen konnte, wird heute nicht einmal mehr als denkmöglich anerkannt. Ein solcher Zugang zum Koran, obwohl er der traditionelle ist, wird verfolgt und bestraft und verketzert. Dabei ist der Koran ein Text, der sich nicht etwa nur reimt, sondern in verstörenden, vieldeutigen, geheimnisvollen Bildern spricht, er ist auch kein Buch, sondern eine Rezitation, die Partitur eines Gesangs, der seine arabischen Hörer durch seine Rhythmik, Lautmalerei und Melodik bewegt. Die islamische Theologie hat die ästhetischen Eigenheiten des Korans nicht nur berücksichtigt, sie hat die Schönheit der Sprache zum Beglaubigungswunder des Islams erklärt. Was aber geschieht, wenn man die sprachliche Struktur eines Textes missachtet, sie nicht einmal mehr angemessen versteht oder auch nur zur Kenntnis nimmt, das lässt sich heute überall in der islamischen Welt beobachten. Der Koran sinkt herab zu einem Vademekum, das man mit der Suchmaschine nach diesem oder jenem Schlagwort abfragt. Die Sprachgewalt des Korans wird zum politischen Dynamit.

Oft ist zu lesen, dass der Islam durch das Feuer der Aufklärung gehen oder die Moderne sich gegen die Tradition durchsetzen müsse. Aber das ist vielleicht etwas zu einfach gedacht, wenn die Vergangenheit des Islams so viel aufklärerischer war und das traditionelle Schrifttum bisweilen moderner anmutet als der theologische Gegenwartsdiskurs. Goethe und Proust, Lessing und Joyce haben schließlich nicht unter geistiger Umnachtung gelitten, dass sie fasziniert waren von der islamischen Kultur. Sie haben in den Büchern und Monumenten etwas gesehen, was wir, die wir oft genug brutal mit der Gegenwart des Islams konfrontiert sind, nicht mehr so leicht wahrnehmen. Vielleicht ist das Problem des Islams weniger die Tradition als vielmehr der fast schon vollständige Bruch mit dieser Tradition, der Verlust des kulturellen Gedächtnisses, seine zivilisatorische Amnesie.

Alle Völker des Orients haben durch den Kolonialismus und durch laizistische Diktaturen eine brutale, von oben verordnete Modernisierung erlebt. Das Kopftuch, um es an einem Beispiel zu illustrieren, das Kopftuch haben die iranischen Frauen nicht allmählich abgelegt – Soldaten schwärmten auf Anordnung des Schahs 1936 in den Straßen aus, um es ihnen mit Gewalt vom Kopf zu reißen. Anders als in Europa, wo die Moderne bei allen Rückschlägen und Verbrechen doch als ein Prozess der Emanzipation erlebt werden konnte und sich über viele Jahrzehnte und

Jahrhunderte vollzog, war sie im Nahen Osten wesentlich eine Gewalterfahrung. Die Moderne wurde nicht mit Freiheit, sondern mit Ausbeutung und Despotie assoziiert. Stellen Sie sich einen italienischen Präsidenten vor, der mit dem Auto in den Petersdom fährt, mit seinen schmutzigen Stiefeln auf den Altar springt und dem Papst seine Peitsche ins Gesicht schlägt – dann haben Sie eine ungefähre Vorstellung davon, was es bedeutete, als Reza Schah 1928 mit seinen Reitstiefeln durch den Heiligen Schrein von Ghom marschierte und auf die Bitte des Imams, wie jeder Gläubige die Schuhe auszuziehen, dem Imam mit der Peitsche ins Gesicht schlug. Und Sie fänden vergleichbare Vorgänge und Schlüsselmomente in vielen anderen Ländern des Nahen Ostens, die sich nicht langsam von der Vergangenheit lösten, sondern diese Vergangenheit zertrümmerten und aus dem Gedächtnis zu radieren versuchten.

Man hätte annehmen können, dass wenigstens die religiösen Fundamentalisten, die nach dem Scheitern des Nationalismus überall in der islamischen Welt an Einfluss gewannen, die eigene Kultur wertschätzen. Indes taten sie das Gegenteil: Indem sie zu einem vermeintlichen Uranfang zurückkehren wollten, vernachlässigten sie die Tradition nicht bloß, sondern bekämpften sie dezidiert. Wir wundern uns nur deshalb über den Bildersturm des „Islamischen Staates", weil wir nicht mitbekommen haben, dass in Saudi-Arabien praktisch überhaupt keine Altertümer mehr stehen. In Mekka haben die Wahhabiten die Gräber und Moscheen der engsten Prophetenangehörigen, ja selbst das Geburtshaus des Propheten zerstört. Die historische Moschee des Propheten in Medina wurde durch einen gigantischen Neubau ersetzt, und wo bis vor wenigen Jahren noch das Haus stand, in dem Mohammed mit seiner Frau Khadija wohnte, steht heute ein öffentliches Klo.

Außer mit dem Koran beschäftigte ich mich während des Studiums hauptsächlich mit der islamischen Mystik, dem Sufismus. Mystik, das klingt nach etwas Randseitigem, nach Esoterik, nach einer Art Untergrundkultur. Nichts könnte mit Bezug auf den Islam falscher sein. Bis ins 20. Jahrhundert hinein war der Sufismus fast überall in der islamischen Welt die Grundlage der Volksfrömmigkeit. Im asiatischen Islam ist er es bis heute. Zugleich war die islamische Hochkultur, insbesondere die Dichtung, die bildende Kunst und die Architektur, durchdrungen vom Geist der Mystik. Als die geläufigste Form der Religiosität bildete der Sufismus das ethische und ästhetische Gegengewicht zur Orthodoxie der Rechtsgelehrten. Indem er an Gott vor allem die Barmherzigkeit hervorhob, im Koran hinter jeden Buchstaben sah, in der Religion stets die Schönheit suchte, die Wahrheit auch in anderen Glaubensformen erkannte und ausdrücklich vom Christentum das Gebot der Feindesliebe übernahm, durchdrang der Sufismus die islamischen Gesellschaften mit Werten, Geschichten und Klängen, die aus einer Buchstabenfrömmigkeit allein nicht abzuleiten gewesen wären. Der Sufismus als der gelebte Islam setzte den Gesetzesislam nicht etwa außer Kraft, aber er ergänzte ihn, machte ihn im Alltag weicher, ambivalenter, durchlässiger, toleranter und durch die Musik, den Tanz, die Poesie vor allem auch sinnlich erlebbar.

Kaum etwas davon ist übrig geblieben. Wo immer die Islamisten Fuß fassten, angefangen schon im 19. Jahrhundert im heutigen Saudi-Arabien bis zuletzt in Mali, machten sie zuerst den sufischen Festen ein Ende, verboten die mystischen Schriften, zerstörten die Gräber der Heiligen, schnitten den sufischen Führern die langen Haare ab oder töteten sie gleich. Aber nicht nur die Islamisten. Auch den Reformern und religiösen Aufklärern des 19. und frühen 20. Jahrhunderts galten die Traditionen und Sitten des Volksislams als rückständig und veraltet. Nicht etwa sie haben das sufische Schrifttum ernst genommen, sondern es waren westliche Gelehrte, Orientalisten wie die Friedenspreisträgerin von 1995, Annemarie Schimmel, die die Handschriften ediert und damit vor der Vernichtung bewahrt haben. Und selbst heute noch beschäftigen sich nur sehr wenige muslimische Intellektuelle mit dem Reichtum, der in ihrer eigenen Tradition liegt. Die zerstörten, missachteten, vermüllten Altstädte mit ihren ruinierten Baudenkmälern überall in der islamischen Welt stellen den Verfall des islamischen Geistes ebenso sinnbildlich dar wie die größte Shopping-Mall der Welt, die in Mekka direkt neben der Kaaba gebaut wurde. Das muss man sich vor Augen halten, das kann man auf Bildern auch sehen: Das eigentliche Heiligtum des Islams, dieses so schlichte und herrliche Bauwerk, in dem der Prophet selbst betete, wird buchstäblich von Gucci und Apple überragt. Vielleicht hätten wir weniger auf den Islam unserer Großdenker als auf den Islam unserer Großmütter hören sollen.

Sicher, in manchen Ländern hat man begonnen, Häuser und Moscheen zu restaurieren, allerdings mussten erst westliche Kunsthistoriker oder auch verwestlichte Muslime wie ich kommen, die den Wert der Tradition erkannten. Und leider kamen wir ein Jahrhundert zu spät, als die Gebäude bereits zerfallen, die Bautechniken vergessen und die Bücher aus dem Gedächtnis radiert waren. Aber immerhin glaubten wir, Zeit zu haben, um die Dinge gründlich zu studieren. Inzwischen komme ich mir als Leser fast schon wie ein Archäologe in einem Kriegsgebiet vor, der eilig und keineswegs immer durchdacht die Relikte aufsammelt, auf dass spätere Generationen sie wenigstens noch museal betrachten können. Wohl bringen muslimische Länder immer noch überragende Werke hervor, wie sich auf Biennalen, Filmfestivals und ebenso auf der diesjährigen Buchmesse wieder zeigt. Aber mit dem Islam hat diese Kultur kaum noch etwas zu tun. Es gibt keine islamische Kultur mehr, jedenfalls keine von Rang. Was uns jetzt um die Ohren und auf die Köpfe fliegt, sind die Trümmer einer gewaltigen geistigen Implosion.

Gibt es Hoffnung? Es gibt bis zum letzten Atemzug Hoffnung, lehrt uns Pater Paolo, der Gründer der Gemeinschaft von Mar Musa. Hoffnung ist das zentrale Motiv seiner Schriften. Am Tag nach der Entführung seines Schülers und Vertreters strömten die Muslime von Qaryatein ungefragt in die Kirche und beteten für ihren Pater Jacques. Das muss auch uns Hoffnung geben, dass die Liebe über die Grenzen der Religionen, Ethnien und Kulturen hinaus wirkt. Der Schock, den die Nachrichten und Bilder des „Islamischen Staats“ erzeugt haben, ist gewaltig, und er hat Gegenkräfte freigesetzt. Endlich formiert sich auch innerhalb der islamischen Orthodoxie ein Widerstand gegen die Gewalt im Namen der Religion. Und schon seit einigen Jahren sehen wir, vielleicht weniger im arabischen Kernland des Islams als vielmehr an den Peripherien, in Asien, in Südafrika, in Iran, der Türkei und nicht zuletzt unter den Muslimen im Westen, wie sich ein neues religiöses Denken entwickelt. Auch Europa hat sich nach den beiden Weltkriegen neu geschaffen. Und vielleicht sollte ich angesichts der Leichtfertigkeit, der Geringschätzung und offenen Missachtung, die nicht nur unsere Politiker, nein, die wir als Gesellschaft seit einigen Jahren dem europäischen Projekt der Einigung entgegenbringen, dem politisch Wertvollsten, was dieser Kontinent je hervorgebracht hat – vielleicht sollte ich an dieser Stelle erwähnen, wie oft ich bei meinem Reisen auf Europa angesprochen werde: als Modell, ja beinah schon als Utopie. Wer vergessen hat, warum es Europa braucht, muss in die ausgemergelten, erschöpften, verängstigten Gesichter der Flüchtlinge blicken, die alles hinter sich gelassen, alles aufgegeben, ihr Leben riskiert haben für die Verheißung, die Europa immer noch ist.

Das bringt mich zurück zur zweiten Formulierung Pater Jacques', die ich bemerkenswert fand, zu seinem Satz über die christliche Welt: „Wir bedeuten ihnen nichts.“ Als Muslim ist es nicht an mir, den Christen in der Welt vorzuwerfen, sich – wenn schon nicht um das syrische oder irakische Volk – nicht einmal um ihre eigenen Glaubensgeschwister zu bekümmern. Und doch ist es, was auch ich oft denke, wenn ich das Desinteresse unserer Öffentlichkeit an der schon endzeitlich anmutenden Katastrophe in jenem Osten erlebe, den wir uns durch Stacheldrahtzäune, Kriegsschiffe, Feindbilder und geistige Sichtblenden fernzuhalten versuchen. Nur drei Flugstunden von Frankfurt entfernt werden ganze Volksgruppen ausgerottet oder vertrieben, Mädchen versklavt, viele der wichtigsten Kulturdenkmäler der Menschheit in die Luft gesprengt, gehen Kulturen und mit den Kulturen auch eine uralte ethnische, religiöse und sprachliche Vielfalt unter, die sich anders als in Europa noch bis ins 21. Jahrhundert einigermaßen bewahrt hatte – aber wir versammeln uns und stehen erst auf, wenn eine der Bomben dieses Krieges uns selbst trifft wie am 7. und 8. Januar in Paris, oder wenn die Menschen, die vor diesem Krieg fliehen, an unsere Tore klopfen.

Es ist gut, dass unsere Gesellschaften, anders als nach dem 11. September 2001, dem Terror unsere Freiheit entgegengehalten haben. Es ist beglückend zu sehen, wie viele Menschen in Europa und besonders auch in Deutschland sich für Flüchtlinge einsetzen. Aber dieser Protest und diese Solidarität, sie bleiben noch zu oft unpolitisch. Wir führen keine breite gesellschaftliche Debatte über die Ursachen des Terrors und der Fluchtbewegung und inwiefern unsere eigene Politik vielleicht sogar die Katastrophe befördert, die sich vor unseren Grenzen abspielt. Wir fragen nicht, warum unser engster Partner im Nahen Osten ausgerechnet Saudi-Arabien ist. Wir lernen nicht aus unseren Fehlern, wenn wir einem Diktator wie General Sissi den roten Teppich ausrollen. Oder wir lernen die falschen Lektionen, wenn wir aus den desaströsen Kriegen im Irak oder in Libyen den Schluss ziehen, uns auch bei Völkermord besser herauszuhalten. Nichts ist uns eingefallen, um den Mord zu verhindern, den das syrische Regime seit vier Jahren am eigenen Volk verübt. Und ebenso haben wir uns abgefunden mit der Existenz eines neuen, religiösen Faschismus, dessen Staatsgebiet etwa so groß ist wie Großbritannien und von den Grenzen Irans bis fast ans Mittelmeer reicht. Nicht, dass es einfache Antworten darauf gäbe, wie eine Millionenstadt wie Mossul befreit werden könnte – aber wir stellen uns nicht einmal ernsthaft die Frage. Eine Organisation wie der „Islamische Staat“ mit hochgerechnet 30.000 Kämpfern ist für die Weltgemeinschaft nicht unbesiegbar – sie darf es nicht sein. „Heute sind sie bei uns“, sagte der katholische Bischof von Mossul, Yohanna Petros Mouche, als er den Westen und die Weltmächte um Hilfe bat, um den IS aus dem Irak zu vertreiben. „Heute sind sie bei uns. Morgen werden sie bei euch sein.“

Ich möchte mir nicht vorstellen, was noch geschehen muss, damit wir dem Bischof von Mossul rechtgeben. Denn es gehört zur propagandistischen Logik des „Islamischen Staates“, daß er mit seinen Bildern eine immer höhere Stufe des Horrors zündet, um in unser Bewusstsein zu dringen. Als wir uns nicht mehr über einzelne christliche Geiseln erregten, die den Rosenkranz beten, bevor sie geköpft werden, fing der IS an, ganze Gruppen von Christen zu enthaupten. Als wir die Enthauptungen von unseren Bildschirmen verbannten, fackelte der IS die Bilder aus dem Nationalmuseum von Mossul ab. Als wir uns an zertrümmerte Statuen gewöhnt hatten, begann der IS, ganze Ruinenstädte wie Nimrod und Ninive zu planieren. Als wir uns nicht mehr mit der Vertreibung der Yeziden beschäftigten, rüttelten uns kurz die Nachrichten von Massenvergewaltigungen wach. Als wir glaubten, der Schrecken beschränke sich auf den Irak und Syrien, erreichten uns die Snuffvideos aus Libyen und Ägypten. Als wir uns an die Enthauptungen und die Kreuzigungen gewöhnt hatten, wurden die Opfer erst enthauptet und dann gekreuzigt, wie zuletzt in Libyen. Palmyra wird nicht auf einmal, vielmehr Bauwerk und Bauwerk gesprengt, im

Abstand von Wochen, um jedes Mal ein neue Nachricht zu produzieren. Das wird nicht aufhören. Der IS wird den Horror so lange steigern, bis wir in unserem europäischen Alltag sehen, hören und fühlen, dass dieser Horror nicht von selbst aufhören wird. Paris wird nur der Anfang gewesen sein, und Lyon nicht die letzte Enthauptung bleiben. Und je länger wir warten, desto weniger Möglichkeiten bleiben uns. Anders gesagt, ist es schon viel zu spät.

Darf ein Friedenspreisträger zum Krieg aufrufen? Ich rufe nicht zum Krieg auf. Ich weise lediglich darauf hin, dass es einen Krieg gibt – und dass auch wir, als seine nächsten Nachbarn, uns dazu verhalten müssen, womöglich militärisch, ja, aber vor allem sehr viel entschlossener als bisher diplomatisch und ebenso zivilgesellschaftlich. Denn dieser Krieg kann nicht mehr allein in Syrien und im Irak beendet werden. Er kann nur von den Mächten beendet werden, die hinter den befeindeten Armeen und Milizen stehen, Iran, die Türkei, die Golfstaaten, Russland und auch der Westen. Und erst wenn unsere Gesellschaften den Irrsinn nicht länger akzeptieren, werden sich auch die Regierungen bewegen. Wahrscheinlich werden wir Fehler machen, was immer wir jetzt noch tun. Aber den größten Fehler begehen wir, wenn wir weiterhin nichts oder so wenig gegen den Massenmord vor unserer europäischen Haustür tun, den des „Islamischen Staates" und den des Assad-Regimes.

„Soeben komme ich aus Aleppo zurück", fuhr Pater Jacques in der Email fort, die er wenige Tage vor seiner Entführung am 21. Mai schrieb, „dieser Stadt, die am Fluss des Stolzes schläft, die im Zentrum des Orients liegt. Sie ist jetzt wie eine Frau, die von Krebs aufgefressen ist. Alle fliehen aus Aleppo, vor allem die armen Christen. Dabei treffen diese Massaker nicht nur die Christen, sondern das gesamte syrische Volk. Unsere Bestimmung ist schwer umzusetzen, vor allem in diesen Tagen, an denen Pater Paolo verschwunden ist, der Lehrer und Begründer des Dialogs im 21. Jahrhundert. In diesen Tagen leben wir den Dialog als ein gemeinschaftliches, gemeinsames Leiden. Wir sind traurig in dieser ungerechten Welt, die einen Teil der Verantwortung für die Opfer des Krieges trägt, dieser Welt des Dollars und des Euros, die nur nach ihren eigenen Völkern, ihrem eigenen Wohlstand, ihrer eigenen Sicherheit sieht, während der Rest der Welt hungers stirbt und an Krankheiten und am Krieg. Es scheint, dass ihr einziges Ziel ist, Gegenden zu finden, wo sie Kriege führen und den Handel mit Waffen, mit Flugzeugen noch steigern können. Wie rechtfertigen sich diese Regierungen, die die Massaker beenden könnten, aber nichts tun, nichts. Ich bange nicht um meinen Glauben, aber ich bange um die Welt. Die Frage, die wir uns stellen, ist die folgende: Haben wir das Recht zu leben oder nicht? Die Antwort ist schon da, denn dieser Krieg ist eine klare Antwort, so klar wie das Licht der Sonne. Also ist der wahre Dialog, den wir heute leben, der Dialog der Barmherzigkeit. Mut, meine Liebe, ich bin bei Dir und umarme dich fest, Jacques."

Zwei Monate nach der Entführung von Pater Jacques, am 28. Juli 2015, hat der „Islamische Staat" die Kleinstadt Qaryatein eingenommen. Die meisten Bewohner konnten im letzten Augenblick fliehen, aber zweihundert Christen wurden vom IS entführt. Einen weiteren Monat später, am 21. August, wurde das Kloster Mar Elian mit Bulldozern zerstört. Auf den Bildern, die der IS ins Internet gestellt hat, ist zu sehen, dass kein einziger der tausendsiebenhundert Jahre alten Steine auf dem anderen geblieben ist. Weitere zwei Wochen später, am 3. September, tauchten auf einer Website des Islamischen Staates Fotos auf, die einige der Christen aus Qaryatein in den ersten Stuhlreihen einer Schulaula oder einer Festhalle zeigen, kahlgeschoren, manche bis auf die Knochen abgemagert, ihre Blicke leer, sie alle von der Geiselhaft gezeichnet. Auch Pater Jacques ist auf den Photos zu erkennen, in ziviler Kleidung, ebenfalls kahlgeschoren und abgezehrt, deutlich wahrnehmbar die Erschütterung in seinem Blick. Er hält sich die Hand vor den Mund, als wolle er nicht wahrhaben, was er sieht. Auf der Bühne der Aula sitzt ein breitschultriger, langbärtiger Mann in Kampfuniform, der einen Vertrag unterzeichnet. Es ist ein sogenannter Dhimmi-Vertrag, der die Christen der Herrschaft der Muslime unterwirft. Sie dürfen keine Kirche und keine Klöster bauen, kein Kreuz und ebensowenig eine Bibel mit sich führen. Ihre Priester dürfen keine Priesterkleidung tragen. Die Muslime dürfen die Gebete der Christen nicht hören, ihre Schriften nicht lesen und ihre Kirchen nicht betreten. Die Christen dürfen keine Waffen tragen und müssen bedingungslos den Anweisungen des „Islamischen Staats“ gehorchen. Sie müssen sich ducken, müssen klaglos jede Ungerechtigkeit ertragen und außerdem eine Kopfsteuer zahlen, die Dschizya, damit sie leben dürfen. Es wird einem schlecht, wenn man diesen Vertrag liest. Er teilt die Geschöpfe Gottes ganz offensichtlich in Menschen erster und zweiter Klasse auf und lässt keinen Zweifel, dass es außerdem Menschen dritter Klasse gibt, deren Leben noch weniger gilt.

Es ist ein ruhiger, aber ganz und gar deprimierter, hilfloser Blick, den uns Pater Jacques auf dem Foto zuwirft, während er die Hand vor den Mund hält. Mit dem eigenen Martyrium hatte er gerechnet. Aber dass seine Gemeinde in Gefangenschaft geriet, die Kinder, die er getauft, die Liebenden, die er miteinander vermählt, die Alten, denen er die letzte Ölung versprochen hat, das muss ihn um den Verstand bringen, selbst den bedächtigen, innerlich so starken, gottergebenen Pater Jacques um den Verstand. Seinetwegen waren die Entführten schließlich in Qaryatein geblieben, statt wie so viele andere Christen aus Syrien zu fliehen. Pater Jacques wird denken, dass er Schuld auf sich geladen hat. Aber Gott, das weiß ich, Gott wird anders über ihn urteilen.

Gibt es Hoffnung? Ja, es gibt Hoffnung, es gibt immer Hoffnung. Ich hatte diese Rede bereits geschrieben, als mich vor fünf Tagen, am Dienstag, die Nachricht erreichte: Pater Jacques Mourad ist frei. Bewohner des Städtchens Qaryatein haben ihm zur Flucht aus seiner Zelle verholfen, sie haben ihn verkleidet und mit Hilfe von Beduinen aus dem Gebiet des „Islamischen Staates“ geschafft. Inzwischen ist er zu seinen Brüdern und Schwestern der Gemeinschaft von Mar Musa zurückgekehrt. Offenbar waren zahlreiche Menschen an der Befreiung beteiligt, sie alle Muslime, und jeder einzelne von ihnen hat sein Leben für einen christlichen Priester riskiert. Die Liebe hat über die Grenzen der Religionen, Ethnien und Kulturen hinaus gewirkt. So herrlich, ja, im Wortsinn wunderbar diese Nachricht ist, so überwiegt dennoch die Sorge, am brennendsten bei Pater Jacques selbst. Denn das Leben der zweihundert anderen Christen von Qaryatein dürfte nach seiner Befreiung erst recht in Gefahr sein. Und auch von seinem Lehrer Pater Paolo, dem Gründer der christlichen Gemeinschaft, die den Islam liebt, fehlt weiterhin jede Spur. Es gibt bis zum letzten Atemzug Hoffnung.

Ein Friedenspreisträger soll nicht zum Krieg aufrufen. Doch darf er zum Gebet aufrufen. Meine Damen und Herren, ich möchte Sie um etwas Ungewöhnliches bitten – obwohl es so ungewöhnlich in einer Kirche dann auch wieder nicht ist. Ich möchte Sie bitten, zum Schluss meiner Rede nicht zu applaudieren, sondern für Pater Paolo und die zweihundert entführten Christen von Qaryatein zu beten, den Kindern, die Pater Jacques getauft, die Liebenden, die er miteinander vermählt, den Alten, denen er die Letzte Ölung versprochen hat. Und wenn Sie nicht religiös sind, dann seien Sie doch mit Ihren Wünschen bei den Entführten und auch bei Pater Jacques, der mit sich hadert, weil nur er befreit worden ist. Was sind denn Gebete anderes als Wünsche, die an Gott gerichtet sind? Ich glaube an Wünsche und dass sie mit oder ohne Gott in unserer Welt wirken. Ohne Wünsche hätte die Menschheit keinen der Steine auf den anderen gelegt, die sie in Kriegen so leichtfertig zertrümmert. Und so bitte ich Sie, meine Damen und Herren, beten Sie für Jacques Mourad, beten Sie für Paolo Dall'Oglio, beten Sie für die Christen von Qaryatein, beten Sie oder wünschen Sie sich die Befreiung aller Geiseln und die Freiheit Syriens und des Iraks. Gern können Sie sich dafür auch erheben, damit wir den Snuffvideos der Terroristen ein Bild unserer Brüderlichkeit entgegenhalten.

Ich danke Ihnen.

Ralf Konersmann

Lektionen der Unruhe

Über das Bekannte, das unbekannt geblieben ist

Wir alle haben die Lektionen der Unruhe gelernt. Sie sind uns in Fleisch und Blut übergegangen, ohne dass wir uns dafür hätten anstrengen müssen. Um sie zu verinnerlichen, hat es vollkommen ausgereicht, sich ihnen nicht zu widersetzen.

Die Alltagsregeln, mit denen wir uns zur Ordnung rufen, die zahllosen Selbstermutigungen, die uns durch den Tag helfen, sprechen eine deutliche Sprache. Sie versichern uns, dass noch nicht aller Tage Abend ist und jeder es schaffen kann; dass wir nicht zurückbleiben und aus jeder Krise gestärkt hervorgehen; dass es so nicht bleiben kann und dass das Bessere der Feind des Guten ist. Sie ermahnen uns, dass wir den Mut nicht sinken lassen, dass wir nichts versäumen, nicht trödeln und nicht zögern dürfen; dass wir mithalten müssen und den Anschluss nicht verlieren dürfen; dass man etwas aus sich machen, dass man vorankommen, durchstarten und öfter mal was Neues anfangen muss; dass wir uns immer wieder neu erfinden; dass wir die Hände nicht in den Schoß legen; dass wir mit der Zeit gehen und am Ball bleiben; dass wir immer wieder aufstehen und niemals aufgeben; dass wir Schritt halten, dass wir uns nicht festlegen dürfen, nicht einrosten, kein Moos ansetzen und nicht schlappmachen …

Gemeinsam mit den Refrains aus den Charts („Keep On Moving"), den Filmtiteln („Run All Night") und den Werbejingles („Always In Motion") fügen sich die Gemeinplätze der alltäglichen Mobilmachung, ohne sonderlich tiefschürfend zu sein, zu einem Konsens der fortgesetzten Selbstüberbietung. In diesen Konsens einzuwilligen fällt uns umso leichter, als wir des allgemeinen Einvernehmens sicher sein dürfen. Mal um Mal erneuern diese Selbstermahnungen das Bekenntnis zu dem, was durch das Meinungssystem, was durch Sitte und Gewohnheit schon im Vorhinein als fraglos beglaubigt ist.

Ontologisches Gefälle

Wie aber sind wir dahin gekommen? Woher die verbreitete Sorge, nicht voranzukommen und auf der Stelle zu treten? Was ist das für eine Gedankenordnung, in der Stillstand als Rückschritt gilt und Abwarten als Lähmung? Wie konnte es geschehen, dass wir die Sehnsucht nach Ruhe und Frieden, die einmal die Namen des Glücks gewesen sind, gegen das Versprechen der Unruhe eingetauscht haben? Und wer ist, von all diesen Überzeugungsroutinen einmal abgesehen, dieses Wir? Wer sind die Propagandisten der Unruhe?

Die eingangs zitierten Faustregeln deuten darauf hin, dass wir es weniger mit einer natürlichen Veranlagung zu tun haben, mit dem arttypischen Verhalten des Homo sapiens sapiens, als mit einer kulturellen Konvention, die darüber entscheidet, was für uns das Normale ist. Basis dieser Grundeinstellung ist die verbreitete Gewissheit, dass die Welt nicht ist, wie sie sein soll, dass sie also ihren eigenen Idealwert fortwährend verfehlt. Diese Ausgangslage, dieses ontologische Gefälle und die Überzeugung, dass ein richtiges Leben im falschen undenkbar sei, lässt nur einen Schluss zu: dass die Welt so, wie sie ist, nicht bleiben kann, und in einer permanenten, niemals nachlassenden Veränderungsbewegung zurechtgerückt werden muss.

Und doch bleibt erstaunlich, wie ein solcher Kulturkonsens hat entstehen können, wie er für die gleiche Kultur, die über Hast und Ruhelosigkeit, über Nervosität, Stress und neuerdings auch über Burnout laut und vernehmlich Klage führt, verbindlich werden konnte. Noch einmal also die Frage, wie, auf welchen Wegen dieser Grundsatz des ontologischen Gefälles die Menschen überzeugt hat. Wie sind wir dahin gekommen, der wirklichen Welt, die wir haben, die möglichen Welten vorzuziehen, die wir nicht haben und vielleicht niemals haben werden?

Die kulturelle Selbstbefragung, die Frage nach der Herkunft dieses Denk- und Verhaltensschemas der Unruhe, führt zurück zu den mythischen Quellgebieten der westlichen Kultur. Nach Auskunft dieser ältesten Erzählungen ist nicht die Unruhe ursprünglich, sondern die Ruhe. Nach dem Verstoß gegen das göttliche Gebot ging diese Ruhe jedoch verloren und musste der Unruhe weichen. Die Unruhe, das ist die Lehre namentlich der alttestamentarischen Ursprungserzählung, ist etwas Sekundäres und schon nicht mehr der Ursprung, sie ist ein Mal und ein Makel.

Alles, was den Menschen seither widerfuhr, stellt der religiöse Mythos in den Horizont des uranfänglichen Verstoßenseins und des strafenden Entzugs der Ruhe. So stiftet die Urgeschichte des Mythos einen Weltentwurf, in dem auch er selbst, seine eigene Besinnungsleistung, ihren Ort hat: als erzählerische Vergewisserung einer zunächst bloß bewusstlos gelebten und dann, eben durch den Mythos, mit sich selbst bekanntgemachten Situation. Im Zuge dieser Vergewisserung, dieser Verdeutlichung der Unruhesituation, hat der Mythos die Unruhe als Zeichen verständlich gemacht, das den Nachgeborenen aller Zeiten vor Augen führt, was sie seither sind: Wesen in Unruhe.

Herkunft aus dem Mythos

Rund zweitausend Jahre hat es gedauert, bis diese Erzählung, ohne dass ihre Sinnstruktur gelitten hätte, neuen und freieren Lesarten Raum bot. Aus der Unruhe, die einmal das Verhängnis gewesen war, wurde plötzlich das nicht weniger glaubwürdige Versprechen, entweder zu jenem

Ursprung der Ruhe zurückzukehren oder etwas ihm Ebenbürtiges vollkommen neu zu erschaffen.

Entscheidend ist, dass im Zuge dieser Übernahmen und Fortentwicklungen des Mythos der zentrale Gedanke, der Gedanke der nachparadiesischen und deshalb unvollkommenen Welt, erhalten blieb. Allerdings trat an die Stelle der Vorsehung der Mensch, der nun zu der Überzeugung kam, dass ihm mit der Unruhe das Werkzeug seines Weltbemächtigungsverlangens immer schon an die Hand gegeben war. Die frühneuzeitlichen Philosophen haben den Mythos, der vom Verstoßensein in die Unruhe gesprochen hatte, neu gelesen und als die bereits in grauester Vorzeit ausgegebene Lizenz verstanden, die doch offenbar gottgewollte Situation der Unruhe als offenen Raum ungeahnter Möglichkeiten zu erkennen und bereitwillig anzunehmen.

In dieser Lesart ist es nicht der Logos, der die Herrschaft des Mythos beendete, sondern der Mythos selbst, der sich mit der Erzählung von der Verstoßung des Menschen aus der Ruhe des Ursprungs die Basis seines Glaubwürdigkeitsversprechens ungewollt und doch folgerichtig selbst entzog. Seit den Tagen dieser Umwertung ist die Unruhe der Modus eines unabsehbaren Geschehens, das alles bisher Bekannte und im Augenblick Sagbare überschreitet. Was in uns schafft, heißt es einmal bei Paul Valéry, trägt keinen Namen. Und dennoch ist uns die Unruhe nur allzu vertraut. Sie ist das Bekannte, das unbekannt geblieben ist.

Angesichts dieser Vorgeschichte halte ich die verbreitete Vorstellung, die Unruhe sei in Gestalt der Beschleunigung oder der Gier in die eben noch intakte Welt eingebrochen, in die Welt des Ursprungs und der natürlichen Geborgenheit, für verfehlt. Solche Darstellungen bleiben in der Spur des Mythos und klammern sich an sein zentrales Motiv: den Verlust des Paradieses.

Die Unruhe ist jedoch etwas anderes; sie ist weder ein ruckartiger, von anonymen Mächten erzwungener Tempowechsel noch das Zeichen der Entfremdung. Sie ist, im Gegenteil, genau das, was die europäische Zivilisationsgeschichte ausmacht und worauf diese Kultur, nachdem der vermeintliche Verlust erst einmal als Generator ungeahnter Möglichkeiten verstanden war, von Anfang an gesetzt hat. Nicht die Unruhe ist das Neue der Neuzeit, sondern ihre fraglose Anerkennung, ihre totale Entgrenzung und überwältigende Normalität.

Die Freisetzung der Unruhe geschah zulasten der Ruhe. Mit einer Entschlossenheit, deren Bildprogramm die polemische Abhängigkeit von jenen ältesten Erzählungen gar nicht erst leugnet, hat die westliche Kultur die Ruhe als Lethargie, als Lähmung und Stillstand unter Verdacht gestellt: als das zusehends unbegreifliche, strategisch abwegige und auch moralisch bedenkliche Außerhalb der Schritt für Schritt ins Recht gesetzten Inquietät.

Normalisierung der Unruhe

Die Unruhe ist also weder ein Defekt noch eine pathologische Verirrung. Sie ist eine Normalität, die dem inneren Kreis jener Übereinkünfte zugehört, über die wir nicht zu reden brauchen, weil ihre Anerkennung fraglos ist.

Bis heute entfaltet sich das Regime der Unruhe auf der Ebene eines stillschweigenden Konsenses, der, noch bevor wir uns besinnen, unseren Entscheidungen vorgegriffen und uns seine Schemabildungen auferlegt hat. Dass wir die Dinge nicht auf sich beruhen lassen, ist ausgemacht, und eben diese Ausgemachtheit, ihre Geräuschlosigkeit, bildet den negativen und gerade als diese Negativität zur Absolutheit fähigen Konsens der Moderne.

Die neuzeitlich bewegte Wissenschaft hat den Auffassungswandel maßgeblich mitgetragen. Mit ihrer Gründergestalt Francis Bacon war die Wissenschaft unter den ersten (und unter den ersten die Entschlossenste), die aus der Unruhe, die einmal ein Zeichen der Sündhaftigkeit gewesen war, ein Versprechen gemacht hat. „Man ruht nicht", mit diesen Worten wirbt Bacon im Jahr 1620 für die „Erneuerung der Wissenschaft", „sondern stellt fest, dass man weiter suchen muss." In äußerster Verknappung resümiert dieser Satz die Revolution der Einstellungen, den Wechsel vom kontemplativen, vom staunenden Weltverhältnis der Theorie zu den ruhelosen Suchbewegungen der Forschung. Weiterungen wie diese vermitteln aber auch eine Vorstellung davon, wie weit uns das Glücksversprechen der Ruhe in diesem historischen Augenblick des Überschreitens der Schwelle entrückt ist.

Wir leben in einer inquietären Kultur. Es wäre deshalb zu kurz gegriffen, die Unruhe, wie es derzeit mit der Gier oder der Beschleunigung geschieht, als fremd und unzugehörig zu stigmatisieren und an den Pranger der Kulturkritik zu stellen. Erwartungen wie die, man könne kulturelle Selbstverständlichkeiten wechseln wie Kleider und müsse nun schleunigst „den Schalter umlegen", entspringen ihrerseits den Denkschablonen der Unruhekultur. Dabei ist nicht mal die Unruhe selbst das Problem, sondern die Tendenz, es sich in einer Art Quietismus der Unruhe aufs Neue bequem zu machen.

Wir wissen jetzt, was die Nicht-Ruhe ist. Aber besitzen wir auch nur eine Vorstellung davon, was jenseits von Wellness und Chillout, mit denen wir uns abspeisen lassen, die Ruhe ist? Davon, was heute, inmitten der Kultur der Unruhe, die Ruhe für uns sein könnte? Die Rekonstruktionen der Unruhe, ihrer Tragweite und Unwiderstehlichkeit, laufen auf genau diese Frage zu.

Stephan Leibfried

TTIP: Von Gewinnern und Verlierern

Über kaum ein politisches Projekt wird diesseits und jenseits des Atlantiks so viel gestritten wie über das geplante Transatlantische Handels- und Investitionsabkommen TTIP. Worum geht es – und warum?

Das Transatlantische Handels- und Investitionsabkommen (TTIP) zwischen den Vereinigten Staaten und der Europäischen Union bewegt die politische Diskussion. Für ein Freihandelsabkommen ist es äußerst umstritten: In Europa haben zwei Millionen Bürger eine Anti-TTIP-Petition unterschrieben, das Europäische Parlament unterstützte erst am 8. Juli mit einer unverbindlichen Resolution die Verhandlungen der Europäischen Kommission mit den Vereinigten Staaten und will die EU-Position gegen Hormone in der Rinderzucht, gegen gentechnisch veränderte Pflanzen und für die Genehmigung von Chemikalien absolut geschützt wissen, aber nicht etwa ganze Felder wie die Klima- und Umweltpolitik vom TTIP ausnehmen. Umso mehr muss man genau hinschauen und Fakten von Meinungen trennen, um das Für und Wider von TTIP und seine Reichweite vernünftig einzuschätzen.

TTIP lässt sich nur als Teil der Verhandlungen über Handelspolitik weltweit verstehen. Nach dem Zweiten Weltkrieg standen das Allgemeine Zoll- und Handelsabkommen GATT aus dem Jahr 1948 sowie sein Nachfolger, die Welthandelsorganisation (WTO, seit 1995), im Zeichen ständiger Verhandlungen und Neuerungen. Vor allem in der Kennedy-Runde (1964-67), der Tokio-Runde (1973-79) und der Uruguay-Runde (1986-94) wurden zahlreiche neue Veränderungen beschlossen.

Handelsbeschränkende Quotenregelungen wurden abgebaut, die Zolltarife von durchschnittlich etwa 50 Prozent des Warenwertes in den 1950er Jahren auf etwa vier Prozent nach 1995 gesenkt sowie viele sogenannte nichttarifäre Handelshemmnisse eingehegt, allen voran Exportsubventionen, nationale Anti-Dumping-Maßnahmen sowie diskriminierende innerstaatliche Normen.

In die WTO-Regeln einbezogen wurden auch der Handel mit Dienstleistungen sowie der Schutz geistigen Eigentums, nicht zu vergessen der Handel mit Agrar- und Textilprodukten, was sich unter anderem mäßigend auf die Agrarsubventionen auswirkte. Gestärkt wurden die multilaterale globale Handelspolitik und ihre Regeln nicht zuletzt dadurch, dass Schiedsgerichte geschaffen wurden, um Streitigkeiten beizulegen.

Insgesamt galten diese Entwicklungen als Erfolg, obwohl schon während der Uruguay-Runde kritisiert wurde, dass die Vereinigten Staaten und die EU die Verhandlungen dominierten und Lösungen zu Lasten der Länder des globalen Südens sowie der „Schwellenländer" vereinbarten. Entsprechend schwierig gestalten sich seit dem Jahr 2001 die Verhandlungen der Doha-Runde. Die Interessen der Entwicklungs-, der Schwellen- und der Industrieländer haben sich auf vielen Feldern als unvereinbar erwiesen.

Gleichwohl sind weitere Reformen der Regeln des Welthandels dringend erforderlich, etwa des nach wie vor stark protektionistisch beschränkten Agrarhandels. Nach wie vor ist es Entwicklungsländern unmöglich, gezielt Nahrungsmittelüberschüsse anzustreben und sie auf dem Weltmarkt zu verkaufen. Erstrebenswert ist aber auch eine Reform des Handels zwischen Industriestaaten. Wirtschaftswissenschaftler glauben, ein vollständiger Abbau der Zölle werde innerhalb von zehn Jahren dreistellige Milliardenbeträge an zusätzlichem Handel und bis zu fünf Prozent zusätzliches Wirtschaftswachstum freisetzen – so Schätzungen aus dem Umkreis des Münchener Ifo Instituts.

Hier setzt TTIP an. Die Vereinbarung soll für den transatlantischen Handel mit Waren- und Dienstleistungen praktisch alle Zölle beseitigen und – über die WTO-Regeln hinaus – nichttarifäre Handelshemmnisse abbauen. Bei Letzteren handelt es sich im Wesentlichen um Subventionen, in der Luftfahrtindustrie etwa für Airbus und Boeing, und um technische Regeln und Standards. Als Handelshemmnisse gelten aber auch einzelne Bestimmungen auf dem Feld des Sozial-, Umwelt- und Verbraucherschutzes.

TTIP soll zudem ein Investitionsschutzabkommen enthalten, das ausländische Investoren vor Diskriminierung und willkürlicher Enteignung schützt. Unterworfen werden soll dieser Investorenschutz im Wesentlichen einer internationalen Schiedsgerichtsbarkeit, etwa dem International Centre for Settlement of Investment Disputes (ICSID), einem Teil der Weltbank in Washington, D.C.

Das Verhandlungsmandat der Europäischen Kommission, das der EU-Ministerrat gebilligt hat, ist inzwischen veröffentlicht. Es verlangt unter anderem, Daseinsvorsorge (etwa die Wasserversorgung) und kulturelle Vielfalt zu schützen, entsprechende Rechte der Mitgliedstaaten zu wahren sowie insgesamt den Bestand an kulturellen Regelungen, etwa die Buchpreisbindung in Deutschland oder audio-visuelle Dienstleistungen – Stichwort „Hollywood" -, auszunehmen. Das scheint keine „Negativliste" zu sein, die bestimmte Sektoren generell von den Verhandlungen ausschließt. Es geht eher um Bestandsschutz.

Unter den Befürwortern eines solchen Abkommens ragen vor allem Ökonomen heraus, und das aus drei Gründen: Erstens erwarten sie ein erhebliches Wachstum des transatlantischen Handels, sollten die EU und die Vereinigten Staaten tatsächlich Zölle und nichttarifäre Handelshemmnisse in großem Umfang beseitigen. Die Größenordnungen dieses Wachstums unterscheiden sich indes je nach Prämissen und Zeithorizont. Je 100 Milliarden Euro mehr Handelsvolumen binnen zehn Jahren gelten für die EU wie für die Vereinigten Staaten gemeinhin als wahrscheinlich. Diese Summe ist angesichts der latenten Wachstumsschwäche beiderseits des Atlantiks nicht zu verachten.

Die Befürworter von TTIP erwarten, zweitens, mehr Rechtssicherheit im transatlantischen Handel. Die Beseitigung oder Verringerung von Handelshemmnissen käme auch mittelständischen Unternehmen zugute, weil sie gemäß heimischen Regeln und Standards ohne weiteren juristischen und bürokratischen Aufwand in den Vereinigten Staaten aktiv werden könnten, argumentierte im vergangenen Jahr Stormy-Annika Mildner von der Berliner Stiftung Wissenschaft und Politik (SWP). Heute ist sie Leiterin der Außenhandelsabteilung des Bundesverbands der Deutschen Industrie (BDI).

Schließlich, drittens, sorgt TTIP für einen einheitlichen Markt mit mehr als 800 Millionen Konsumenten und einem Bruttoinlandsprodukt in Höhe von etwa 26 000 Milliarden Dollar. Was auf diesem Markt als Produktnorm etabliert ist, dürfte selbst dann für lange Zeit weltweit Standard sein, sollte China sein Gewicht in der Weltwirtschaft noch vergrößern. Mit rund 10 000 Milliarden Dollar Inlandsprodukt ist China im Begriff, die EU zu überholen und damit selbst zu einem Markt zu werden, der weltweit die Produktstandards setzen kann. Das aber gilt nicht zuletzt für den Umwelt- und Verbraucherschutz als nicht wünschenswert.

Die Kritiker von TTIP bringen einen ganzen Strauß an Argumenten gegen den Vertrag vor. Näher betrachtet, lassen sich fünf eng miteinander verwobene Argumentationsstränge ausmachen.

Die von den Ökonomen unterstellte Steigerung des Handelsvolumens und des Wirtschaftswachstums wird erstens als überzogen, auf falschen Prämissen beruhend oder über den zugrundegelegten Zeitraum von zehn Jahren als volkswirtschaftlich vernachlässigbar bezeichnet. Jedenfalls wögen die Einbußen an Autonomie und politischer Handlungsfähigkeit, eben an Souveränität, die Vorteile nicht auf. Zudem käme TTIP im Wesentlichen den transnationalen Großkonzernen zugute, während die breite Masse der Bevölkerung Einbußen an lokaler Vielfalt und Autonomie hinnehmen müsse, so 2014 der Ökonom und finanzpolitische Sprecher der Bundestagsfraktion von Bündnis 90/Die Grünen, Gerhard Schick.

Zweitens wird die Befürchtung geäußert, dass die Beseitigung nichttarifärer Handelshemmnisse auch gesellschaftliche Bereiche erfasse, die bislang nicht globalem Wettbewerbsdruck ausgesetzt waren. TTIP unterwerfe sie kapitalistischer Wachstums- und Ausbeutungslogik mit allen damit verbundenen Problemen: Strukturwandel, Ausrichtung des Angebots auf vermarktbare Produkte und Zerstörung lokaler oder regionaler Nischen, so 2014 die Kasseler Politikwissenschaftler und Politökonomen Stefan Beck und Christoph Scherrer. Als Beispiel oft genannt werden die deutschen Volkshochschulen: So könne TTIP privaten amerikanischen Bildungsanbietern die Möglichkeit eröffnen, deutsche Kommunen wegen ihrer Subventionen für Volkshochschulen vor internationale Schiedsgerichte zu zerren.

Damit verbunden biete TTIP, drittens, die Grundlage, auf dem Umweg über die Beseitigung angeblich nichttarifärer Handelshemmnisse sowie über den Investorenschutz durch Schiedsgerichte auch legitime nationale Standards im Umwelt- und Verbraucherschutz sowie in der Sozialpolitik zu beseitigen. Diese könnten als Protektionismus oder Schädigung ausländischer Investoren gebrandmarkt werden – so Ende 2014 die frühere SPD-Justizministerin Herta Däubler-Gmelin. Als Beispiel dient die Klage des schwedischen Energieunternehmens Vattenfall vor dem Washingtoner ICSID, in der von der Bundesregierung 4,7 Milliarden Euro Schadenersatz plus Zinsen für den plötzlichen deutschen Ausstieg aus der Atomenergie nach der Fukushima-Katastrophe im März 2011 verlangt wird. TTIP öffne Tür und Tor für derlei Klagen, die hart erkämpfte europäische Regelungen in Gefahr brächten, den politischen Handlungsspielraum europäischer Regierungen massiv verringerten und Europa zum neuen Spielfeld amerikanischer „ambulance chasers“ machten, also von klage- und gebührenwütigen Anwaltskanzleien.

Zudem seien, viertens, Verhandlungen hinter verschlossenen Türen nicht nur intransparent und undemokratisch. Sie verlagerten die politische Gestaltungsverantwortung auch von der Bürgerschaft zu demokratisch nicht legitimierten Räten, internationalen Verhandlungsrunden und demokratisch kaum verantwortlichen Verwaltungs- und Schiedsgerichtsinstanzen, so Beck und Scherrer 2014. Selbst wenn man die eigentlichen Ziele von TTIP gutheiße, zeigten die Erfahrungen mit der WTO oder der EU, dass internationale Schiedsgerichte Auftrag und Zuständigkeiten der internationalen Institutionen weit auslegten beziehungsweise nach und nach ausdehnten. Der „mission creep“, die Kompetenzwucherungen, konfrontierten die Mitgliedstaaten bald mit Entscheidungen, denen sie in offenen Verhandlungen nie zugestimmt hätten.

Fünftens schließlich stellen nicht wenige Kritiker den Ausgangspunkt von TTIP als solchen in Frage: Der multilaterale Ansatz in der globalen Handelspolitik sei alles in allem erfolgreich und dürfe durch ein separates Abkommen zwischen den Vereinigten Staaten und der Europäischen Union nicht untergraben werden, so 2015 der Schweizer Außenhandelsökonom Richard Senti. TTIP schade letztlich dem gesamten Welthandel: 20 Prozent weniger Protektionismus weltweit führten zu mehr Wachstum und Wohlfahrt als hundert Prozent weniger Protektionismus beiderseits des Atlantiks. Auch sei es illusorisch, eine große regionale Freihandelszone ohne China und Schwellenländer wie den BRICS-Staaten durchzusetzen, so 2015 Heribert Dieter von der Forschungsgruppe Globale Fragen der SWP. Das werde den Machtverhältnissen im Welthandel nicht gerecht und schaffe zusätzliche Hürden, die später umso schwerer zu beseitigen seien.

Begleitet werden die TTIP-Verhandlungen in den Vereinigten Staaten wie in Europa von einem historischen Schattenboxen: In Europa entlädt sich am TTIP ein wachsendes Unbehagen an dem europäischen Integrationsprozess und seiner „Überdehnung“. In den Vereinigten Staaten steht TTIP hingegen im Schatten zunehmender Kritik an dem Nafta-Prozess, dem nordamerikanischen, primär mexikanischen, inzwischen aber asiatisch massiv verstärkten „giant sucking sound“. Dieses Unbehagen suchte schon seit 1994 nach einem Ventil.

Angesichts der oft emotionalen Diskussion ist es schwierig, zu einem abgewogenen Urteil zu kommen. Dafür dürften fünf Aspekte zentral sein: Greift man, erstens, zurück auf die Erfahrungen mit den wirtschaftswissenschaftlichen Vorhersagen etwa über den Europäischen Binnenmarkt aus dem Jahr 1988 oder über die Europäische Wirtschafts- und Währungsunion aus dem Jahr 1990, dann darf auch für TTIP mit Fug und Recht behauptet werden: Die vorliegenden Prognosen sind gleichermaßen falsch wie richtungsweisend. Obwohl die heutigen ökonometrischen Modelle viel besser als ihre Vorgänger sind, bilden sie dennoch nach wie vor („national“-) ökonomische – dem Nationalstaat als geschlossenem Container verhaftete – Transaktionen ab, die regelmäßig der Realität nicht standhalten. Insofern dürfte die Annahme nicht allzu belastbar sein, das Handelsvolumen werde bis zum Jahr 2027 auf beiden Seiten um je hundert Millionen Dollar wachsen. Unbestreitbar ist aber: Gerade Deutschland hat von dem europäischen Binnenmarkt und der Währungsunion enorm profitiert. Das dürfte in Anbetracht der starken bundesdeutschen Exportindustrie unter TTIP nicht anders sein.

Zweitens: Die Verteilungsfrage ist – auch das zeigt die europäische Einigung – die Achillesferse aller ökonomischen Argumente. Die in liberaler Perspektive gern prognostizierten „Trickle-down-Effekte“ erreichen vielleicht die Mittelschicht, aber auch sie nur selten und schon gar nicht als Sturzbach. Nicht in ihren Genuss kommen definitiv jene, die es am nötigsten hätten, wie die Langzeitarbeitslosen oder die marginalisierten Gruppen, die als strukturell arbeitslos und nichtbeschäftigbar gelten, also die „Globalisierungsverlierer". Das würde beim TTIP nicht anders sein. Insofern wäre das Abkommen zunächst vornehmlich ein Geschäft der Großunternehmen. Zwar behauptet die Prognose des Londoner Centre for Economic Policy Research (CEPS), TTIP werde höchstens 0,5 Prozent strukturellen Arbeitsplatzverlust bewirken. Aber das Abkommen dürfte auch jenen Strukturwandel beschleunigen, der traditionelle Arbeitsplätze gefährdet.

Gleichwohl wird die europäische Wirtschaft nicht dadurch automatisch besser, dass man Strukturwandel verhindert oder Großfirmen keine Geschäfte mehr machen, worauf 2014 der SPD-Bundestagsabgeordnete Hubertus Heil hinwies. Außerdem sind alle Bürger auch Konsumenten und profitieren so von Handelsliberalisierung.

An der bald hundert Jahre alten Öffnung der Vereinigten Staaten für den Freihandel kann man ferner ablesen: Wenn man politisch nachhaltigen Erfolg mit Freihandel haben will, dann lohnt es sich, frühzeitig über begleitende, den ganzen Kontinent ergreifende Sozialschutzprogramme nachzudenken. In den Vereinigten Staaten nahm der Sozialschutz die Form einer Zusatzarbeitslosenversicherung für Arbeitsplatzverluste durch Globalisierung an, was besondere Programme „aktiver Arbeitsmarktpolitik" einschloss – darauf wollte auch Präsident Obama mit der Beantragung von „Trade Adjustment Assistance" (TAA) im Paket mit dem von ihm begehrten „fast track mandate", seinem „Überholspur"-Verhandlungsmandat, aufbauen. Am 12. Juni 2015 verweigerte das Repräsentantenhaus die Zustimmung zu TAA, hat sie aber kurz darauf dennoch erteilen müssen. In den Vereinigten Staaten waren solche Programme wichtig, weil die Arbeitslosenversicherung nicht gerade auskömmlich ausgestaltet ist.

In Europa müsste man sich zur Verhinderung unerwünschter Effekte auf dem Arbeitsmarkt etwas anderes einfallen lassen, etwa eine EU-weite Rückversicherung nationaler Programme gegen Arbeitslosigkeit. Über dieses Thema wird in Brüssel seit einigen Jahren diskutiert – ohne dass irgendjemand die Verbindung mit TTIP hergestellt hätte. Auch eine bildungspolitische Offensive für das untere PISA-Fünftel, die zukünftigen Verlierer, wäre eine Option. Ohne wirksame „soziale Puffer" ist in Europa alles nichts.

Drittens ist der vehement kritisierte Investitionsschutz nicht zuletzt eine deutsche Erfindung aus der Mitte des 20. Jahrhunderts. Nachdem Deutschland in zwei Weltkriegen jeweils alle Auslandsinvestitionen verloren hatte, befürwortete die Bundesrepublik seit den fünfziger Jahren massiv Investitionsschutzabkommen. Knapp 150 wurden seither geschlossen, von denen gut 130 noch heute gültig sind, so 2014 der Göttinger Völkerrechtler Frank Schorkopf (EU-weit sind es 1400 Abkommen, weltweit etwa 3000). Warum dieser Weg heute zwischen EU und den Vereinigten Staaten schlecht sein soll, ist schwer zu begreifen.

Viertens, die internationalen Schiedsgerichte, vor denen Investoren gegen Staaten vorgehen können, ohne auf ihren Heimatstaat angewiesen zu sein, tendieren dazu, eigenständige Rechtsordnungen „jenseits des Nationalstaats" zu schaffen, was Bremer Wirtschaftsrechtler um Gralf-Peter Calliess im Jahr 2008 bei privaten Schiedsgerichten als „Transformation des Handelsrechts" kennzeichneten. Neutrale „gesetzliche" Richter stehen aber nicht vorher fest, es wird nicht öffentlich verhandelt, und Urteile sind nicht grundsätzlich öffentlich zugänglich. Angesichts der beiderseits des Atlantiks vorhandenen Gerichtssysteme, die man nur ins Internationale „verlängern" brauchte, ist nicht recht einzusehen, weshalb ausschließlich auf internationale Schiedsgerichte zurückgegriffen werden soll.

Dieses Thema bewegt offensichtlich auch die Europäische Kommission. Handelskommissarin Cecilia Malmström hatte im Mai 2015 ein Konzept vorgelegt, das auf mittlere Sicht auf einen globalen, multilateralen „Handelsgerichtshof" hinausläuft, und im Oktober 2015 einen entsprechenden Vorschlag vorgelegt. Der Ausschuss für internationalen Handel des Europäischen Parlaments verlangte damals mit einer fragilen Mehrheit aus Konservativen, Sozialdemokraten und Liberalen immerhin, die vorhandenen Schiedsgerichte zu „modernisieren", und das Europäische Parlament will nun auch ein „neues System". Schiedsgerichte sind seitens der EU damit nicht vom Tisch. Aber Alternativen oder „Modernisierungen" werden greifbar.

Eine Internationalisierung der europäischen Gerichtsbarkeitstradition, also eine allgemeine, umfassende, obligatorische, erschwinglichere, öffentlich verhandelnde internationale Gerichtsbarkeit, deren Urteile veröffentlicht werden, stünde TTIP gut an. Der Rechtsstaat, eine deutsche Erfindung des 19. Jahrhunderts, und sein europäischer Export als internationale, entscheidungseffiziente, englischsprachige öffentliche Gerichtsbarkeit könnte so zum Fortschritt des 21. Jahrhunderts werden. Käme noch ein modernisiertes, ausgewogenes Investitionsschutzrecht hinzu, könnten Europa und Amerika noch einmal neue Standards setzen, für ihre weiteren bilateralen Investitionsschutzabkommen sowie für den Rest der Welt.

Fünftens: Ein Mangel an Transparenz und an demokratischer Legitimation ist ein Manko jedes Regierens auf mehreren Ebenen. Das gilt schon immer für föderale Systeme wie die Bundesrepublik, was der Politikwissenschaftler Fritz Scharpf seit 1985 als „Politikverflechtungsfalle" kennzeichnet. Erst recht gilt das für inter- und transnationale Mehrebenen-Systeme, beispielsweise die Kaskade WTO-EU-Mitgliedstaaten-Regionen. Je höher und vielfältiger die Kaskaden, desto komplexer die Verhandlungen. Zudem wäre es kaum sinnvoll, bei Verhandlungen vorher das Mandat öffentlich zu erörtern – man würde so nicht nur für die eigene Bevölkerung völlig transparent, sondern auch für die andere, sich weiter durch Intransparenz schützende Verhandlungsseite. Wenn, dann müssten beide Seiten gleichzeitig ihre Karten auf dem Tisch legen.

Grundsätzlich stellen sich Fragen der Legitimation und der Transparenz umso dringlicher, je mehr über Themen verhandelt wird, die nicht an der Grenze und damit an der „Außenhülle" des Staats geregelt werden können, also über Zolltarife und Ähnliches, sondern die wie die nichttarifären Hemmnisse direkt auf die Innenpolitik der Staaten durchschlagen. Noch schwieriger wird es bei „gemischten Zuständigkeiten", wenn also nicht nur das Europäische Parlament, sondern alle nationalen Parlamente der EU einem neuen Vertrag zustimmen müssen – eine 28er „Kriechspur" im Ratifikationsverfahren. Gerade dort, wo es wie beim TTIP fast zwangsläufig Gewinner und Verlierer gibt, führt kein Weg an möglichst vielfältiger Information der Bevölkerung vorbei.

Selbst innerhalb der westlichen Staaten ist es nicht einfach, Weltinnenpolitik zu machen und gleichzeitig den Binnenrechenschaftspflichten der Einzelstaaten Rechnung zu tragen – und das bei Regelungen, die nicht von allen gesellschaftlichen Schichten als pareto-optimal, da allseitig begünstigend, empfunden werden können. Die Verteilungsfrage lässt sich nicht durch Bypässe erledigen. Die EU muss sie direkt angehen und darf sie nicht wie bislang ignorieren. Das gilt erst recht für (West-)Europa und die Eurozone, die sich auch verteilungspolitisch massiv von den Vereinigten Staaten unterscheiden.

Letztlich wird es aufs Detail ankommen. Man kann bestimmte Bereiche ausklammern (Negativlisten), andere freigeben (Positivlisten). Eine vollständige Beseitigung aller nichttarifären Handelshemmnisse wird es nicht geben: Man wird umso eher scheitern, je umfassender man sie beseitigen will. Die CEPS-Studie geht von 25 Prozent Reduktion bei technischen Standards und

Normen und 50 Prozent bei öffentlichen Ausschreibungen aus. Das könnte eine vernünftige Annahme sein.

Vernünftig ist auch der Investitionsschutz. Er sollte aber mit effizienten internationalen Gerichten und staatlicher, besser noch europäischer Rechtsordnung kombiniert werden, so Mitte 2014 der Kieler Ökonom Henning Kloth. Das Schweizer Vorbild, auf dem EU-Binnenmarkt mitzumachen, ohne sich politisch zu beteiligen, um die nationale demokratische Legitimation zu erhalten, ist weder für die EU noch für Deutschland gangbar. Dafür sind beide zu groß, und es steht für beide zu viel auf dem Spiel. Auch in der Schweiz hat das Vorgehen politisch keine Wunder gewirkt.

Nicht unterschätzt werden sollten schließlich zwei politische Aspekte: Zum einen ist es richtig, dass ohne China heute im Welthandel wenig auszurichten ist. Aber nicht nur aus europäischer Sicht wäre es fatal, wenn das auch bedeutete, dass chinesische Produktstandards weltweit vorherrschten. Hier mag TTIP die Reform der WTO nicht erleichtern, aber womöglich entscheidend dazu beitragen, vergleichsweise hohe Sozial-, Verbraucher- und Umweltschutzstandards zu sichern.

Zum anderen hing historisch das Gelingen derartiger großer internationaler Vereinbarungen immer auch vom Führungswillen der politischen Spitzen ab. Das wiederum lässt für TTIP nichts Gutes erwarten: Präsident Obama wurde mit den für seine Partei verlorenen Kongresswahlen 2014 vorzeitig zur politischen „lame duck", zur lahmen Ente. Zudem verfolgt er in der parallel laufenden „Trans-Pacific Partnership" (TTP) eher pazifische, China disziplinierende Interessen. Den Kampf um sein „fast track mandate" für TTIP/TTP hat er am 24. Juni 2015 mit starker Unterstützung der Republikaner gewonnen und den Vertrag über TTP am 5. Oktober 2015 abgeschlossen, so dass jetzt der Kampf um die Ratifizierung des TTP die politische Auseinandersetzung in den USA bestimmt. Auf europäischer Seite scheint der Begriff „Führung" so verwässert zu sein, dass 2012 gleich drei Führungsfiguren der EU nach Oslo fahren mussten, um den Friedensnobelpreis für die EU in Empfang zu nehmen.

Neil MacGregor

Idyll mit deutschen Hunden

Eine Queen's Lecture in Anwesenheit der Queen: Was symbolisiert die britische Nation? Die Liebe zu Hunden und Gärten. Sie hat auch die Deutschen immer schon erfreut. Und in dieser Zuneigung steckt auch noch eine starke politische Botschaft.

In der kürzlich im Britischen Museum gezeigten Ausstellung „Germany: Memories of a Nation" haben wir versucht, für ein britisches Publikum eine Reihe von Objekten und Bauwerken auszuwählen, die für die gemeinsamen Erinnerungen aller Deutschen stehen. Heute möchte ich einen Blick in die entgegengesetzte Richtung werfen: auf ein paar Dinge, die einem deutschen Publikum als Zusammenfassung von Aspekten des britischen Lebens erscheinen könnten. Ich hatte daran gedacht, mit der traditionellen Tasse Tee zu beginnen, hielt es angesichts mancher Kommentare deutscher Besucher über unser Land dann allerdings für klüger, das Thema Essen und Trinken gänzlich zu umgehen. Im Jahre 1782 schrieb der junge Deutsche Karl Philipp Moritz: „Wer in England Kaffee trinken will, dem rate ich allemal vorherzusagen, wie viel Tassen man ihm von einem Lot machen soll, sonst wird er eine ungeheure Menge braunes Wasser erhalten."

Ich will mich auf etwas anderes und eindeutig Substantielleres konzentrieren. Die Erzählung unserer Deutschland-Ausstellung im British Museum kulminierte in einem Modell des brillant restaurierten Reichstags. Der von Norman Foster neugestaltete Bau ist ein glückliches Symbol deutsch-britischer Zusammenarbeit und unseres gemeinsamen Einsatzes für demokratische Werte. Die britische Erzählung möchte ich nun mit einer Idee beginnen: der Krone im Parlament. Sie bildet in jeglicher Hinsicht den Mittelpunkt unseres nationalen Lebens. Und deshalb möchte ich diese Queen's Lecture mit der Queen's Speech beginnen.

Jedes Jahr fährt die Queen in der Staatskarosse zum House of Parliament, um dort im House of Lords die Rede zu verlesen, in der das Regierungsprogramm ihrer Regierung dargelegt wird. Um sie herum die Peers, die Abgeordneten und die Richter des Supreme Court. Es ist eine Zeremonie, die den Kern unserer konstitutionellen Legitimität bildet. Alle Macht im Land hat hier ihre Quelle. Es gibt nur wenige Symbole für unser Land und die Art, wie wir uns selbst zu regieren beschlossen haben, die noch aussagekräftiger wären als die alljährlich erneuerte Bestätigung der zentralen Rolle der Krone im Parlament.

Es ist eine feierliche, geschichtsträchtige Zeremonie, die mit ausgesuchter Höflichkeit zelebriert wird. In dieser Hinsicht ist sie vielleicht nicht typisch für das parlamentarische Leben Großbritanniens, vor allem im House of Commons, dessen Debatten berüchtigt für ihre Grobheit sind. 1782 besuchte derselbe junge Deutsche, der am englischen Kaffee verzweifelte, Karl Philipp Moritz, das House of Commons und war entsetzt. Er schrieb: „Sehr auffallend waren mir die offenbaren Beleidigungen und Grobheiten, welche sich oft die Parlamentsglieder einander sagten ... Niemals aber sagt, der Einrichtung gemäß, jemand dem andern ins Gesicht, daß er z. B. einfältig gesprochen habe, sondern er wendet sich, wie gewöhnlich, zu dem Sprecher, und sagt, indem er diesen anredet, der right honourable Gentleman habe sehr einfältig gesprochen. ... Oft verirret sich der Gang der Debatten in einen Privatwortwechsel und Mißverständnisse untereinander, wenn dies zu lange dauert, und man zu sehr von der Hauptsache abkömmt, so wird man endlich des Dings überdrüssig, und es entstehet ein allgemeines Rufen: The question! The question! Dies muß zuweilen öfter wiederholt werden, weil immer einer gegen den andern noch gern das letzte Wort haben will."

Ist aber die Queen zugegen, so hat sie sowohl das erste als auch das letzte Wort. Die Houses of Parliament sind indessen nur ein Pol unseres politischen Lebens. Schließlich muss die Krone im Parlament von einer Person getragen werden. Wenn Ihre (streng apolitische) Majestät wegfährt, nachdem sie die Queen's Speech gehalten hat, kehrt sie in den Buckingham Palace zurück. Es waren König Georg III. und seine Frau Charlotte von Mecklenburg-Strelitz, die kurz nach ihrer Hochzeit 1761 Buckingham House kauften und zum Wohnsitz ihrer Familie machten. Es waren König Georg und Queen Charlotte, die im Kern die Idee der Royal Family erfanden und das Vorbild für einen Großteil unseres nationalen Lebens damals wie heute setzten. Sie waren begeisterte Bewunderer des großen britischen Komponisten George Frederick Handel, der durch einen glücklichen Zufall zugleich der große deutsche Komponist Georg Friedrich Händel ist. Und im Buckingham Palace wie auch in ihrem Haus in Kew begründeten sie die nationale Mode eines ernsthaften Interesses an Landwirtschaft, an Pflanzen und vor allem an Tieren.

Diesem Vorbild folgte in weiten Teilen auch ein anderes britisch-deutsches Paar, Victoria und Albert, die Georgs und Charlottes Engagement für Gartenbau und Tiere fortführten. Der anrührendste Beweis für die Liebe, die Victoria und Albert miteinander verband, lässt sich, wie ich glaube, nicht in herkömmlichen Liebesbeweisen finden, sondern in den Haustieren und deren Porträts, die sie einander schenkten.

Zu Weihnachten 1841 schenkte Victoria ihrem Gatten Albert Landseers Porträt seines Lieblingswindhunds Eos, den er aus Coburg mitgebracht hatte, als er 1840 zur Hochzeit nach London kam. Man hat sogleich das Gefühl, hier eine sehr starke Persönlichkeit von größter Eleganz vor sich zu haben – Albert beschreibt Eos als zuweilen herablassend, aber „sehr freundlich, wenn ein Plumcake im Raum ist". Ein weiteres, aus Deutschland stammendes Geschenk war der anhängliche Dachshund Daeckel, den Queen Victoria 1845 erhielt. Es ist unmöglich, in diesen Hunden keine realen und geliebten Individuen zu sehen. Und es ist keine Überraschung, dass nach der Geburt ihres ersten Kindes das Geburtstagsgeschenk der Queen für Prinz Albert Landseers Porträt sowohl der kleinen Tochter als auch des – fast ebenso angebeteten – Eos war. Zwei

Objekte der Aufmerksamkeit und Zuneigung. Das Kind, dessen Füße dort respektvoll beschnüffelt werden, war Prinzessin Victoria, die spätere deutsche Kaiserin.

Es wäre leicht, Landseer als den Künstler abzutun, der in seinen Bildern mehr als alle anderen eine sentimentale britische Obsession für die eigenen Tiere einfängt. Aber ich denke, er tut noch mehr. Da er Tiere mit einem Respekt behandelt, der normalerweise Menschen vorbehalten ist, vermag er durch die Tiere, die er malt, die menschliche Gesellschaft – unsere Gesellschaft – und unsere Politik zu erkunden. 1831 stellte er zwei Hundegemälde aus, aber nicht unter den Namen, welche die Besitzer ihren Hunden gegeben hatten, sondern unter den Titeln „High Life“ und „Low Life“ – zwei Porträts, welche die politische Welt Großbritanniens am Vorabend der Great Reform Bill einfingen. High Life ist ein prachtvoller, wenn auch ziemlich nachdenklicher Hirschhund, der in einem Schloss sitzt und seinen vornehmen Blick wählerisch vom aufdringlichen Betrachter – also von uns – abwendet. Low Life ist ein robuster, plebejischer Terrier, der ohne Zweifel schon in zahlreiche Straßenkämpfe verwickelt war, ruhig neben seinem Bierkrug samt Pfeife sitzt und uns unverwandt ansieht. Ein Bild wie dieses macht deutlich, dass der englische Ausdruck underdog weit mehr ist als eine Metapher. Als Landseers Gemälde gezeigt wurden, war das ganze Land in Unruhe wegen der Frage, welche Wahlrechtsänderungen erforderlich waren, damit der Terrier den ihm zustehenden Platz im Parlament neben dem Hirschhund einnehmen konnte. Kontinentaleuropa hatte die großen politischen Revolutionen von 1830. Wir hatten Hundeporträts.

Hunde können nicht nur zeigen, wie wir leben. Sie können auch – weitaus wichtiger – zeigen, wie wir uns verhalten sollten. Ein gutes Beispiel dafür ist Bob. Nachdem er zweimal einen Schiffbruch überlebt hatte, ließ er sich in den Londoner Docklands nieder und entwickelte die Gewohnheit, Menschen aus dem Wasser zu retten. Über einen Zeitraum von vierzehn Jahren rettete er mehr als 23 Menschen vor dem Ertrinken. 1831 machte man ihn zum herausragenden Mitglied der Royal Humane Society, verlieh ihm eine Goldmedaille und gewährte ihm eine lebenslange Pension in Gestalt von Futter. Landseers Porträt feiert einen Nationalhelden, der zufällig ein Hund ist.

Tieren menschliche Eigenschaften zuzuschreiben ist eine britische Eigenart, über die man sich in aller Welt gern lustig macht, die aber weit mehr als bloße Rührseligkeit ist. Großbritannien war das erste Land der Welt, in dem anerkannt wurde, dass Tiere – wie Menschen – Rechte haben. Dass sie Anspruch auf Schutz haben, und zwar um ihrer selbst willen und nicht, weil sie jemandem gehören. 1821 verabschiedete das Parlament ein Gesetz zum Schutz von Tieren vor Grausamkeit. Der Abgeordnete, der es vorgeschlagen hatte, Richard Martin, stellte fest, dass eine Strafverfolgung auf diesem Gebiet schwierig war. Deshalb brachte er selbst einen Prozess gegen einen Obsthändler wegen Misshandlung seines Esels in Gang, und zur Verwunderung der Jury führte er den verletzten Esel im Gerichtssaal als Beweisstück vor. Das war großes Theater. Es funktionierte, und die Jury befand den Obsthändler der Grausamkeit für schuldig.

Einige Jahre später nahm Queen Victoria die Society for the Prevention of Cruelty to Animals unter ihre persönliche Schirmherrschaft – was angesichts der obenerwähnten Porträts ihrer eigenen Hunde kaum verwundern dürfte. Und dieser Schirmherrschaft erfreut sich die RSPCA bis heute. Der Tierschutz ist generell ein königliches Anliegen geblieben. Prince Philip war viele Jahre Präsident des World Wildlife Fund. 2004 enthüllte die Princess Royal in der Londoner Innenstadt das Kriegerdenkmal für Tiere im Krieg, und Prinz William setzt sich energisch für den Schutz von Elefanten und Nashörnern in aller Welt ein.

Mit der Tierliebe geht seit Georg III. und Queen Charlotte stets auch eine Liebe für Gärten einher. Für Fürst Pückler-Muskau, der das Land in den späten zwanziger Jahren des neunzehnten Jahrhunderts besuchte, machten erst die Gärten den Besuch zum lohnenden Unterfangen. Sie entschädigten für mancherlei Unannehmlichkeiten: „Wenn die Leute in England so oft an Erkältungen und Schwindsucht sterben, so liegt es noch mehr an ihren Gewohnheiten als an dem Clima. Spaziergänge auf dem nassen Rasen sind die beliebtesten, und in jedem öffentlichen Zimmer sind beständig mehrere Fenster offen, so daß man es vor Zug kaum aushalten kann. Auch wenn sie zugemacht sind, pfeift der Wind doch hindurch."

Doch Pückler-Muskau wurde, wie er selbst sagte, zu einem Parkomanen, einem besessenen Liebhaber englischer Gärten und Parks, fasziniert von den Welten gelehrsamer Phantasie und ästhetischen Vergnügens in diesem feuchten und zugigen Klima. Englische Gärten – wie der in Stourhead – waren Mitte des achtzehnten Jahrhunderts zum Vorbild für ganz Europa geworden. Dort konnte der Besucher sich auf eine Grand Tour begeben und auf antike Bauwerke stoßen, die an künstlichen, von Bäumen aus aller Welt umgebenen Seen lagen. Darin zeigte sich eine neue Art des Denkens nicht nur über die Natur, sondern auch über die menschliche Gesellschaft. Der englische Garten verzichtet auf die streng geometrische Anordnung der Wege und Alleen und erlaubt den Besuchern, ganz nach ihrem Belieben darin umherzuwandern, eine noch unbekannte Welt in einer Weise zu erkunden und zu entdecken, die nicht vollständig von seinem Besitzer vorausbestimmt ist.

Diese Gärten sind Embleme einer bestimmten Art von politischer Freiheit. Dort hindurchzuspazieren heißt betrachten, wie verschiedene Gesellschaften über die Jahrhunderte neue Wege gefunden haben, sich selbst gut zu regieren. Es ist eine Ideenlandschaft. Wer durch die Gartenanlagen in Stowe wandert, findet auf der einen Seite des Flusses den Tempel der Antiken Tugend, der an das moralische Vorbild Griechenlands und Roms erinnert, und auf der anderen Seite den Tempel der Britischen Helden, der die großen Gestalten unserer eigenen nationalen Vergangenheit zeigt, die uns zu einer freien und tugendhaften Zukunft inspirieren können.

Im Mittelpunkt von alledem standen in Großbritannien König Georg und Queen Charlotte, die viel Zeit mit ihren dreizehn Kindern verbrachten und die Gärten in der Umgebung ihres Hauses in Kew weiterentwickelten. Dort konnte man nicht nur nach Griechenland und Rom, sondern um die ganze Welt wandern. Die chinesische Pagode wurde 1762 errichtet, und bald gesellte sich ihr eine ebenso exotische Moschee hinzu. Aus aller Welt holte man Pflanzen dorthin, vielfach auf Schiffen der Royal Navy, und der gesamte Garten wurde der Öffentlichkeit 1759 zugänglich gemacht, in dem Jahr, als auch das Britische Museum für Objekte aus der ganzen Welt seine Tore für das Publikum öffnete.

Queen Charlotte war selbst eine eifrige Botanikerin, und wenn neuentdeckte Pflanzen nach Europa gebracht wurden, bemühte sie sich eifrig, auch Exemplare für Kew zu beschaffen. Botaniker dankten ihr für solche Ermunterung, und die prachtvoll extravagante Paradiesvogelblume aus Südamerika erhielt ihr zu Ehren den Namen Strelitzia reginae. Die 1762 in Kew erbaute Pagode steht heute noch. Die von Queen Charlotte begründete Tradition wurde fortgeführt, und in Kew befindet sich heute die umfangreichste Pflanzensammlung der Welt. Wie bei den Tieren liegt der Schwerpunkt inzwischen auf der Erhaltung. Die Royal Botanical Gardens haben eine Millennium Seed Bank geschaffen, in der inzwischen mehr als eine Milliarde Samen aus aller Welt gleichsam als Versicherung gegen deren Aussterben gelagert werden – der Milliardste war ein afrikanischer Bambus.

Diese beiden Beispiele, Gärten und Tiere, zeigen die erstaunliche Kontinuität britischen Lebens über die turbulenten Veränderungen der letzten 250 Jahre hinweg und das stetige königliche Engagement für alle Aspekte dieses Lebens. Ich denke, wir dürfen sicher sein, dass König Georg und Queen Charlotte zufrieden wären. Und sie wären ganz sicher höchst erfreut darüber, dass in Buckingham House, das sie zu ihrem Wohnsitz machten, heute abermals ein Georg und eine Charlotte leben.

1953 konnte die Welt Großbritannien in zweierlei Weise begegnen. Es war natürlich das Jahr der Krönung von Elisabeth II., einer Zeremonie, die Jahrhunderte der Geschichte verkörperte, eine Weihe und eine erneuerte Verpflichtung auf eine Reihe beständiger Werte und Prinzipien. Hunderte Millionen Menschen in aller Welt sahen die Krönungsfeier, die erstmals im Fernsehen übertragen wurde. Für alle Briten, die alt genug sind, sich daran zu erinnern, bleibt das ein prägendes Erlebnis.

Im selben Jahr wurde einem begeisterten weltweiten Publikum ein gänzlich neues Bild Großbritanniens präsentiert. Und angesichts dieser radikal anderen Selbstdefinition unseres Landes mag es verwundern, dass auch hier die Krone im Mittelpunkt stand. Ian Fleming veröffentlichte „Casino Royale“, den ersten James-Bond-Roman. Bond, einfallsreich und mutig, mit den schnellsten Autos und der neuesten Technologie ausgestattet, schlagkräftig, aber zugleich auch auf sehr erfolgreiche Weise zärtlich, unglaublich gut aussehend und verwegen, aber stets im Auftrag des Geheimdienstes Ihrer Majestät unterwegs, war genau das, was jeder Brite sein wollte. Seine Missionen waren scheinbar unmöglich und streng geheim, doch keine war wohl so geheim und so scheinbar gänzlich unmöglich wie seine Herausforderung in London 2012, als er die Queen zur Eröffnungsfeier der Olympischen Spiele abholte. Typisch, dass bei einem so großen nationalen und internationalen Fest, in einem zugleich feierlichen und fröhlichen Augenblick, das zentrale und beständige Element in der Person der Queen lag.

Es kommt nicht oft vor, dass Sprachlehren uns eine Lebensanleitung bieten. Aber falls Sie im Duden, dem großen orthographischen Wörterbuch der deutschen Sprache, kürzlich das Wort „Queen“ nachgeschlagen haben sollten, hätten sie dort zunächst eine Definition gefunden: „britische Königin“. Es folgt ein Beispiel für den Gebrauch des Wortes, das an Prophetie grenzt: „Die Queen kommt zu einem Staatsbesuch nach Berlin.“ Und schließlich findet sich dort noch ein Kommentar, der alles sagt, was gesagt werden muss: Es gibt keinen Plural.

Aus dem Englischen von Michael Bischoff.

Jürgen Mittelstraß

Leibniz oder: die Handschrift der Zukunft

1. Vorbemerkung

Leibniz ist der Gründer der Sozietät der Wissenschaften, der späteren Preußischen und der heutigen Berlin-Brandenburgischen Akademie der Wissenschaften, weshalb wir ihn mit Blick auf seinen 300. Todestag feiern wollen, aber taugt er bzw. taugt das, was sich nach Wahrheit und Konzeption mit seinem Namen verbindet, auch für die Zukunft? Nicht nur die Zukunft einer Akademie, sondern auch die der Wissenschaft, des Denkens allgemein und der Gesellschaft? Müssen wir uns seiner erinnern, um uns besser zurechtzufinden? Ein Versuch.

Leibnizens Werk zu diesem Zweck eigens und im einzelnen darzustellen, ist müßig. Der Fleiß der Philosophie- und Wissenschaftshistoriker hat alle Ecken seines Werkes ausgeleuchtet und erinnerungsgerecht aufgearbeitet. Es fehlt vielleicht noch Leibniz als Spaziergänger; auch hier könnte man fündig werden. Ein entsprechender Versuch führte in die Gärten von Herrenhausen und Lützenburg, dem heutigen Charlottenburg, und in die Gespräche mit Sophie Charlotte, der philosophischen Königin. Immerhin geht es um so bedeutende Themen wie die Theodizee, die Verteidigung Gottes gegenüber dem Vorwurf, seine Arbeit schlecht gemacht zu haben, die Erkenntnistheorie, speziell um die Frage nach Begriff und Existenz nicht-empirischer Wahrheiten, und den Ununterscheidbarkeitssatz oder Identitätssatz, d.h. die Bestimmung definitorischer Äquivalenz. Manchmal auch um eher Triviales: „Was Sie zu kommen zwingt", schreibt Sophie Charlotte am 15. März 1702 an Leibniz, „ist ein Werk der Nächstenliebe. Die Pöllnitz [eine Hofdame] hat sich ein Buch gekauft, aus dem man Mathematik lernen kann, welche sie gern studieren will. Die Begriffe und ihre Bedeutung sind aber so schwierig, dass ihr ganz schwindlig werden wird, wenn Sie ihr nicht zu Hilfe kommen." Leibniz antwortet mit der Übersendung seiner

Dyadik, der Grundlage der späteren Digitaltechnologie (am 22. April) – was die mathematische Situation in Lützenburg nicht ganz so hoffnungslos erscheinen lässt.

Bei alledem erweist sich Leibniz – der Mathematiker, Naturwissenschaftler, Ingenieur, Logiker, Philosoph, Jurist, Historiker, Wissenschaftsorganisator – wohl als der letzte wirkliche Universalist, dem es noch gelingt, in seinem Kopf das Wissen seiner Zeit und gleichzeitig das Wissen einer kommenden Zeit, nämlich mit seinem Wissen zu vereinigen, als einer, der die Welt noch als eine dachte und sie in seinem Denken zusammenhielt – in allen ihren Aspekten: wissenschaftlichen, technischen, philosophischen, ethischen und organisatorischen Aspekten. Und alles, was Leibniz dachte, tat und zu Papier brachte, oft nur skizzenhaft – in unserem Wahn einer quantitativen Vermessung der Wissenschaft wäre er wohl durchgefallen –, trägt die Handschrift der Zukunft. Davon zeugt sein gesamtes wissenschaftliches und philosophisches Werk.

2. Die Leibniz-Welt

In der Wissenschaft geht es Leibniz nicht nur um (in seinem Falle bahnbrechende) Forschung im üblichen Sinne – erwähnt seien stellvertretend nur seine der Newtonschen Konzeption ebenbürtige Mechanik der Planetenbewegungen, die Entwicklung der Differential- und Integralrechnung, die erwähnte Dyadik und die Determinantentheorie sowie sein erfolgreiches Kalkülisierungsprogramm, mit dem er der Logik ihren Weg in die Moderne weist –, sondern auch um die Idee einer *Einheit der Wissenschaft*, die sich nicht im Instrumentellen erschöpft, auch wenn sich Leibniz gerade auf diesem Felde versuchte. Seine als *Leibnizprogramm* bezeichnete Konzeption einer Universalsprache *(lingua universalis oder characteristica universalis)*, die sowohl logische Schluss- und Entscheidungsverfahren (ars iudicandi) als auch inhaltliche Begriffsbestimmungen auf der Basis einer Definitionstheorie (ars inveniendi) einschließen soll, ferner einer universalen Enzyklopädie und eines ‚Alphabets des Denkens' *(alphabetum cogitationum humanarum)* sollten einer in seinen Augen bereits erkennbaren fachlichen und disziplinären Partikularisierung Einhalt gebieten und es zugleich der Wissenschaft, der Theorie, ermöglichen, praktisch zu werden. Diese (in Teilen bereits ausgearbeitete) Idee sollte wiederum nicht mit dem verwechselt werden, was später, im Wiener Kreis, als Einheitswissenschaft entworfen wurde, nämlich im Sinne eines einheitlichen Aufbaus aller Wissenschaften, orientiert am Aufbau der Physik. Leibniz hat vielmehr die *Einheit der Rationalität* im Auge, die zugleich Ausdruck der *Einheit der Vernunft*, der Verbindung alles Theoretischen und Normativen sein sollte, ferner die Vorstellung, dass sich die Wissenschaft als ein handelndes und sich selbst organisierendes Subjekt versteht.

Letzteres, ein Subjektverständnis der Wissenschaft, ist heute angesichts eines immer unübersichtlicher werdenden Wissenschaftssystems und einer beschleunigten Partikularisierung seiner Fächer und Disziplinen, desgleichen angesichts des Umstandes, dass Wissenschaft kaum mehr ein reflektiertes und selbst verantwortetes Verhältnis zu sich selbst hat, eine sich immer dringlicher stellende Aufgabe, ohne deren Lösung ausgerechnet die Wissenschaft, d.h. eine Institution aufgeklärter, reflexiver Rationalität, zu einem weitgehend anonymen Prozess und damit strenggenommen zu etwas Undurchschautem wird, einem Prozess, der sich den Wissenschaftler und schließlich uns alle aneignet. Gegen eine so verstandene *Leonardo-Welt*, d.h. gegen die Aneignung des Menschen durch die von ihm angeeignete Welt, steht hier mit der Leibnizschen Konzeption eine andere Welt, eine *Leibniz-Welt*, d.h. eine Welt, mit der der Mensch, hier der Wissenschaftler, über seine Deutungen, repräsentiert durch seine Werke, damit auch durch die Entdeckung der *Perspektivität des Wissens*, verbunden ist. Mit anderen Worten: Ein bisschen mehr Leibniz täte auch an dieser Stelle gut.

Die Leibniz-Welt ist dabei nicht, worauf die Rede von Deutungen deuten könnte, etwa nur die Welt der Philosophie und der Geisteswissenschaften, eine Welt, in der der denkende und der hermeneutische Wille herrschen, sondern die Welt aller Wissenschaften, wenn diese ihre empirischen Naivitäten abgelegt und das Erkennen, eben auch das wissenschaftliche Erkennen, als etwas begriffen haben, das nicht einfach nur die Welt, wie sie vermeintlich ist, spiegelt, sondern ihr allererst zu einem theoretischen Bewusstsein verhilft. Deswegen geht es in Begründungszusammenhängen auch nicht so sehr um die Welt selbst – diese bedarf keiner Begründung, sie ist einfach da –, sondern, um unsere Theorien und eben darin um eine Leibniz-Welt. Das musste übrigens auch die Wissenschaftstheorie erst lernen – in der holprigen Rede von der ‚Theoriebeladenheit' allen Wissens, der Abhängigkeit von Beobachtungen und Erfahrungen von theoretischen Annahmen. Nun selbst wissenschaftstheoretisch formuliert: Wissenschaftliche Theorien sind oft in dem Sinne nicht eindeutig, dass der Empirie durch verschiedene theoretische Ansätze in gleicher Weise Rechnung getragen werden kann und sich auch ein und derselbe theoretische Ansatz unterschiedlich deuten lässt. So unterscheidet sich z.B. die Deutung der Quantenmechanik oder der Gravitation in dieser Hinsicht nicht wesentlich von einer Deutung der Theorie von Raum und Zeit Kants, die als eine sehr philosophische Theorie gilt.

Das wiederum bedeutet, dass die Abhängigkeit des Wissens von seinen perspektivischen Formen auch vor der Wissenschaft nicht halt macht, ohne im übrigen deren Rationalitätsform zu gefährden. Zum einen kann das Wissen unter unterschiedliche Darstellungsformen treten – unterschiedliche theoretische Ansätze, die dasselbe erklären –, zum anderen läßt sich ein theoretischer Ansatz unterschiedlich deuten. Die Welt, die wir mit unseren Theorien zu erklären suchen, ist auch hier eine Leibniz-Welt. Genauer: Wissenschaftliche Theorien sind als Darstellungen Konstruktionen, in die wir aufnehmen, was wir von der Welt wissen, und in die wir unsere wissenschaftlichen Vorstellungen über einen geordneten Aufbau der Welt und unseres Wissens uber die Welt stecken. Erst in diesen Konstruktionen wird die Welt zur erklärten Welt. Das läßt sich auch auf eine Hegelsche Weise ausdrücken: Wie wir die Welt ansehen, so sieht sie uns an. Eine einfache Vernunft der Tatsachen, mit der wir uns an unseren wissenschaftlichen Darstellungen vorbeidenken könnten, gibt es nicht. Oder erkenntnistheoretisch formuliert: In einer Leibniz-Welt bildet das Gegenüber des Wissens keine ‚objektive' Welt und das Gegenüber der Welt kein ‚objektives' Wissen. Die Dinge sind vielmehr, wie wir sie sehen und darstellen – durch unsere alltäglichen, lebensweltlichen Erfahrungen und durch unsere wissenschaftlichen Theorien. Während eine wissenschaftliche Theorie in der Regel durch Geltungskriterien eindeutig ausgezeichnet ist, gilt dies für ihre Deutungen nicht. So interpretierte die mechanistische Tradition des 19. Jahrhunderts das elektromagnetische Feld als Zustand eines mechanischen Äthers; Einstein fasst es als eine eigenständige Größe auf. Dabei handelt es sich um verschiedene (mögliche) Deutungen derselben Maxwellschen Theorie der Elektrodynamik. Deutungen – auch die wissenschaftlichen – sind nicht eindeutig. Und doch lösen sie die Welt der Geltungen nicht auf. Denn wie sich die Dinge nicht an die Stelle von Erfahrungen und Theorien setzen können, so auch Erfahrungen und Theorien nicht an die Stelle der Dinge.

Das ist zugleich eine Formel, die die Leibniz-Welt und ihr Begreifen vor einem falschen Relativismus bewahrt. Dass eine Theorie ihre Deutung in der Regel nicht festlegt, bedeutet nicht, dass jede Deutung gleich gut, also beliebig wäre. Gegen einen derartigen Relativismus, vor dem alle Einsichten grau sind, steht nicht nur die gebotene Unterscheidung zwischen wissenschaftlichen bzw. wissenschaftstheoretischen Geltungskriterien auf der einen Seite und Deutungen einer Theorie auf der anderen, sondern auch die Einsicht, dass in der Formel von der Aneignung des Gegenstandes durch seine Deutung bzw. seine Darstellung das konstruktive Wesen jeder Orientierung, der wissenschaftlichen wie der lebensweltlichen, zum Ausdruck kommt. ‚Sich orientieren' bedeutet eben weder, nur dem Gegebenen folgen, noch, sich in seinen Kopf zurückziehen. Orientierungen verbinden vielmehr die Welt mit dem Kopf, die Dinge mit ihrer Darstellung, das, was vor Augen liegt, mit einer Leibniz-Welt. Die Perspektivität des Wissens wird zur *Perspektivität der Welt.*

Damit ist auch die *Einheit der Welt,* die sich in der gesuchten Einheit der Wissenschaft, eben als Leibniz-Welt, zum Ausdruck bringt, eine Konstruktion, für die nunmehr nach Leibniz der philosophische Verstand zuständig ist. Und dieser Verstand führt bei Leibniz in eine auf den ersten Blick sehr seltsame Welt, nämlich in die Welt der *Monaden*, und damit in eine Theorie, die so genannte Monadenlehre, die seither als ein besonders spekulatives, und daher wenig anschlussfähiges, Lehrstück gilt. Doch sie ist es nicht, ohne dass dies hier näher dargelegt werden könnte und sollte. Im Kern geht es neben der Perspektivität des Wissens und der Welt um das Problem einer Einheit in der Vielheit, das auch heute noch in unterschiedlichen disziplinären Kontexten ein Problem ist. Leibniz sucht hier eine Ordnung der Welt über eine Ordnung einfacher Substanzen, deren symbolische Repräsentationen die Dinge sind, und beantwortet die Frage nach der Existenz *elementarer Einheiten* über die Bestimmung *begrifflicher Einheiten*, ab 1696 bezeichnet als ‚Monaden'. Zugleich dient Leibniz der Begriff der Monade zur Zusammenführung unterschiedlicher disziplinärer Ansätze, in denen es ebenfalls um den Begriff der elementaren Einheit geht, so in der Physik mit dem Begriff der Kraft und des Massenpunktes, in der Mathematik mit dem Begriff der unendlich kleinen Größe und einem Kontinuitätsprinzip und in der Metaphysik mit dem Begriff, ‚den ich von mir selbst habe', d.h. dem Ich. Entsprechend macht der Monadenbegriff Karriere auch in anderen disziplinären Umgebungen, so z.B. in der Non-Standard-Analysis, wenn es heißt, dass jede reelle Zahl von einer Monade aus unendlich vielen ‚hyperreellen' Zahlen umgeben ist, oder in der Theorie des funktionalen Programmierens. Monaden lassen sich eben auch – ganz im Sinne Leibnizens, der sich selbst mit der Konstruktion von Rechen- und Verschlüsselungs- bzw. Dechiffriermaschinen beschäftigte und die für die späteren Digitalrechner wichtige, schon genannte Dyadik begründete – als rechnende Maschinen auffassen.

Leibniz vermag eben auch das Gegensätzliche, das Philosophen so lieben und das eine Grundstruktur unserer Welt zu sein scheint – in diesem Falle rechnende Maschinen und atmendes Leben – , als Einheit zu denken, spekulativ und logisch zugleich. Das Gegensätzliche ist für ihn nicht als Substanz, sondern als Erscheinung gegeben, auch wenn es die philosophische Tradition, und die wissenschaftliche häufig auch, gern umgekehrt sieht. Mehr noch: Leibniz hat den Gegensatz zwischen Sein und Erscheinung, lange vor Hegel und klarer als Hegel, aufgehoben, insofern von ihm beides als Erscheinungsform von etwas nicht-materiellem Zugrundeliegendem begriffen wird. Nach Leibniz ist dieses Zugrundeliegende nicht etwas Konkretes, sondern etwas Begriffliches, das Konkrete die symbolische Repräsentanz des Begrifflichen, der Monade.

Doch das ist hier kein philosophisches Seminar und kein begriffliches Exerzitium. Noch etwas anderes, weniger Philosophisches als vielmehr Praktisches, ist wichtig: Zu dem Ganzen und Einen, in dem Leibniz so unterschiedliche Dinge wie das Natürliche und das Artifizielle, das

Konkrete und das Abstrakte, das Anschauliche und das Begriffliche, das Maschinenhafte und das Lebendige, das Rechnende und das Atmende zusammenzufassen sucht, gehört nicht nur die Einheit der Wissenschaft und die Einheit der Welt, einer Leibniz-Welt, sondern auch die Einheit von Denken und Handeln, Theorie und Praxis.

2. *Theoria cum praxi*

Die berühmte Formel, in der Leibniz die Einheit von Denken und Handeln zu fassen sucht, *theoria cum praxi*, besagt: „Wenn wir die Disziplinen an und für sich betrachten, sind sie alle theoretisch; wenn wir sie unter dem Gesichtspunkt der Anwendung betrachten, sind sie alle praktisch." Und sie besagt ferner, dass man die Disziplinen, die Wissenschaften praktisch, d.h. anwendungsbezogen, zu machen habe. Theorie und Praxis sind einander nicht fremd, Wissenschaft und Leben sind keine verschiedenen Welten. Niemand hat das deutlicher gemacht und zum Postulat einer verantworteten Forschung gemacht als Leibniz; er verbindet diesen praktischen Aspekt mit seinen Akademieplänen und sieht so auch die zukünftige Rolle von Akademien: „Ich hätte gern etwas mit der Zeit, davon ein realer Nutz und nicht bloße Curiositäten zu erwarten." Das heißt, Wissenschaft soll nach Leibniz ihre Leistungsfähigkeit nicht nur gegenüber einem theoretischen Interesse, sondern auch gegenüber einem praktischen Interesse unter Beweis stellen. Es geht nicht nur um die Lösung von Problemen, die sich die Wissenschaft selbst stellt, sondern auch um die Lösung von Problemen, die die Welt stellt; ausdrücklich werden von Leibniz in diesem Zusammenhang Versorgungsprobleme im Nahrungsmittel- und Gesundheitsbereich genannt. Mit diesen stehen wiederum seine Bemühungen um das Versicherungswesen in Verbindung. Und deshalb auch sein Interesse an der Lösung technischer Probleme und der Konstruktion von Maschinen. Ob man dabei wieder an seine Konstruktion einer Rechenmaschine oder an seine Kolben- und Pumpenkonstruktionen, darunter die Konstruktion einer Drehschieberpumpe für den Harzbergbau, denkt oder an die (mathematische) Lösung mechanischer Probleme wie die Berechnung des elastischen Widerstands eines beschwerten Balkens, die eine technische Relevanz hat, stets geht es darum, die Welt nicht nur (mit theoretischen Mitteln) zu beschreiben, sondern auch darum, sie (mit technischen Mitteln) zu verändern, zum Besseren zu verändern.

Mit anderen Worten: *theoria cum praxi*, das ist nicht nur die Mahnung an die erkenntnisorientierte Forschung, Anwendungen nicht aus dem Auge zu verlieren – die abgedroschenen modernen Worte dafür sind ‚Wissenstransfer', ‚Technologietransfer' und ‚Innovation' – , sondern eine Formel, die die Wissenschaft daran erinnern soll, dass es zu ihrem Geschäft gehört, sich, wörtlich, *ins Werk zu setzen*, d.h. einen Werkcharakter anzunehmen. Das ist der tiefere Sinn dieser Formel. ‚Realer Nutz' nach Leibniz ist nicht eine nachgelagerte Aufgabe der Wissenschaft, wenn diese ihr eigentliches Geschäft beendet hat, sondern Teil dieses Geschäfts. Erst in ihrem Werkcharakter oder mit diesem gelangt die Wissenschaft, gelangt das Denken zu seinem Wesen. Das unterscheidet im übrigen die Wissenschaft z.B. von der Engellehre, die ohne Werke bleibt, und von der reinen Spekulation, die schon das Denken selbst folgenlos macht.

Man mag zugleich die in der Formel theoria cum praxi postulierte Verbindung von Denken und Handeln, Theorie und Praxis, als eine Warnung davor nehmen, Leibniz zu akademisieren. Nicht etwa, weil Leibniz, abgesehen von seinem Studium in Leipzig und Jena, nie Mitglied einer Universität war, sondern weil er auch als Wissenschaftler und Philosoph der Welt, wie sie ist, der handwerklichen wie der gesellschaftlichen und politischen Welt, näher stand als der akademischen Welt der Schulen, die damals eher Hochburgen der Konservierung des Wissens als Hochburgen der Forschung glichen. Wo aber schon die Gegenwart ein Teil der Vergangenheit ist, da ist auch keine Zukunft. Um eben die aber ging es Leibniz – als Vision, als konkrete Utopie.

Die beste aller möglichen Welten

Das Zuhause der Vision, der Antizipation des Zukünftigen, in der Philosophie ist die Utopie. Die wiederum hat es von jeher schwer. Sie wird zusammen mit ihrem Geschwister, der Vision im allgemeinen, auch pathologischen Sinne, in die Psychologieecke gesteckt und mit Weltfluchtvorwürfen gestraft. Dabei können Utopien vielfältige Bedeutungen haben: sie sind Programme und Konzepte, aus Strategie- und anderen Gründen ins Nirgendwo verlegt, Instrumente der Kritik am Bestehenden und Träume von einer Gegenwelt. Sie können konkret sein wie Platons Staat, der seine Vernunft in einem wissenschaftlichen und philosophischen Bildungsprogramm findet, messianisch wie Campanellas Sonnenstaat, der eine religiöse Erneuerung unter kurialer Herrschaft und spanischer Administration vorsieht, oder aus einer negativen Anthropologie geboren sein wie heute die Vorstellungen der so genannten Post- und Transhumanisten, die die Zukunft des Menschen im Nicht-Menschen, in der technischen Optimierung des Menschen bis hin zu einem Punkt, an dem dieser seine eigene Spezies verlässt und, ansetzend an der Gehirn-Computer-Schnittstelle, in Form digitaler Speicher ‚hochgeladen', Unsterblichkeit in einem virtuellen Nirgendwo findet (seit den Griechen und dem Neuen Testament hat man sich Unsterblichkeit irgendwie anders vorgestellt) – eine Utopie zum Abgewöhnen.

Im Gegensatz dazu können Utopien gelegentlich unserer Gegenwart sehr nahe kommen, so Francis Bacons Neu-Atlantis (1627), die Darstellung eines glücklichen Inselvölkchens, in dem das politische Regiment, für Platon noch durch Philosophenkönige vertreten, vollständig durch den wissenschaftlich-technischen Sachverstand ersetzt wird. Im Pantheon von Neu-Atlantis stehen keine Politiker und keine Militärs, auch keine Philosophen, sondern Wissenschaftler und Ingenieure. Wenn man hier Statuen durch gesellschaftliche Anerkennung ersetzt, ist das heute nicht wesentlich anders. Bacons Utopie begründet in gewisser Weise den neuzeitlichen Begriff des Fortschritts und den einer technischen Kultur. Maßgebend für beide Begriffe sind ein stetig wachsendes wissenschaftliches Wissen und dessen technische Nutzung, ferner die Annahme, dass eine freie Entwicklung des Intellekts und eine Steigerung des wissenschaftlich-technischen Könnens nahezu zwangsläufig zu einer Humanisierung der Gesellschaft führen. Nach Bacon und manchen seiner modernen Jünger unter den Gesellschaftstheoretikern ist eine Gesellschaft human, wenn sie als weitgehend entpolitisierte Gesellschaft der technokratisch ermöglichten Befriedigung geordneter Bedürfnisse nachgeht. Hier herrscht der Sachverstand über den politischen – oder (Platon) philosophischen – Verstand, wobei das eigentliche Problem in der Identifikation einer ‚Logik der Verhältnisse', in der sich der Sachverstand auskennt, mit einer ‚Vernunft der Verhältnisse', an der sich der Sachverstand orientieren sollte, liegt. Bacons Vertrauen in den wissenschaftlich-technischen Verstand führt zu einer Überforderung dieses Verstandes in Orientierungsdingen bzw. zum Begriff einer gesellschaftlichen Maschine, die selbst keine vernünftigen Orientierungen mehr auszubilden vermag. Das wiederum ist mehr als Bacons Nirgendwo: Die moderne Welt sieht sich an.

Leibnizens Vorstellungen stehen irgendwo zwischen Platon und Bacon, jedenfalls nicht in der Nähe negativer Anthropologien, auch wenn Leibniz Platons epistemischen Idealismus und Bacons naiven Szientismus nicht teilt. Wo die Vernunft sich selbst überfordert (Platon) und der Fortschritt sein eigener Zweck wird (Bacon), schlägt die Stunde der Urteilskraft und, für Leibniz, die der Philosophie. Das Resultat ist allerdings überraschend: Leibniz erklärt seine Welt, die Leibniz-Welt, zur besten aller möglichen Welten und empfiehlt ihre weitere Entwicklung. Die beste aller möglichen Welten, die von Leibniz unter anderem unter Hinweis auf die Geltung von Extremalprinzipien in der Physik – also Sätzen, die physikalische Systeme beschreiben, in denen ein Parameter einen Extremwert, meist ein Minimum wie im Falle des so genannten ‚Prinzips der kleinsten Wirkung', annimmt – als schon realisiert angesehen wird, soll auch in der Praxis, d.h. in den weltlichen Verhältnissen, verwirklicht werden. Dabei holt Leibniz weit aus. In seinen philosophischen Reflexionen beruht die Vernunft der Welt nicht nur in der (verborgenen) Vernunft der Tatsachen, unter diesen wiederum physikalische Tatsachen, sondern auch in der Vernunft Gottes. In einer Art Theologie des Wissens verbindet sich die Rede vom physikalischen Wesen der Welt und vom epistemischen Wesen des Menschen mit der Rede von Gott. Wissenschaft wird zu einem theologisch fundierten Unterfangen. Wissenschaftliche Rationalität hat nach Leibniz ihren Grund in einer göttlichen Subjektivität, dem göttlichen Intellekt. Die Einheit der Welt wird in dieser frommen Metaphorik als Einheit der Welt mit Gott und den erkennenden Subjekten beschrieben, womit, Leibniz als früher Hegel, Gott gleich auch noch zu einem Selbstbewusstsein gebracht wird. Außerdem zieht Leibniz aus dieser Beschreibung den Schluss, dass auch die Moral mit der Metaphysik verbunden werden müsse – nicht nur die Erkenntnissubjekte, auch die moralischen Subjekte sind in diese ‚prästabilierte Harmonie' zwischen Gott und Welt und in diese nach innen gekehrte Einheit von Theorie und Praxis einbezogen.

Das konnte philosophisch schon damals nicht gutgehen. Leibnizens noch immer der frommen Naturphilosophie der frühen Neuzeit nahestehende Konzeption trifft in Verbindung mit dem von ihm formulierten Prinzip des (zureichenden) Grundes, d.h. einem Kausal- wie Finalprinzip, unter den Zeitgenossen auf Ironie und beißenden Spott. Erfahrung, in diesem Falle eine sehr lebenskluge Erfahrung, tritt gegen philosophische Konstruktionen an. Am eindrucksvollsten in den Erfahrungen von Voltaires Candide, dessen Hauslehrer Pangloss (‚Schwätzer') auf einem westfälischen Schloss ein überzeugter Leibnizianer ist. Pangloss vermochte, so eine hübsche Kurzfassung des Anfangs dieser misslichen Erfahrungen (W. Hübener 1978), „in trefflicher Manier nachzuweisen, dass es keine Wirkung ohne Ursache gebe, dass in dieser besten aller Welten das Schloß des Herrn Baron das schönste aller Schlösser und die Frau Baronin die beste aller Baroninnen sei. Um das Prinzip des zureichenden Grundes auch mit der Tat zu erproben, treibt er mit der Kammerzofe im Gebüsch etwas, was Voltaire als Unterricht in der Experimentalphysik umschreibt. Die Tochter des Barons, Cunégonde, belauscht ihn dabei, erkennt die Ursachen und die Wirkungen und ihre Verknüpfung und möchte nun ebenfalls in dieser Form unterrichtet werden. Sie erwählt sich für diesen Zweck den jungen Candide, denn sie ist der Meinung, sie könne sehr wohl für ihn und er wiederum für sie der zureichende Grund werden." Mit misslichen Folgen. Der Baron entdeckt das Experiment und jagt Candide aus dem Haus. Auch Cunégonde und Pangloss geht es nach einem Überfall auf das Schloß nicht besser. Nach entbehrungsreichen Irrfahrten treffen sich alle auf einem kleinen Landgut am Marmara-Meer wieder. Man ist Leibnizianer geblieben, trotz allem – auch wenn die Devise jetzt heißt: ‚Arbeiten wir, ohne viel zu grübeln'.

Kein Zweifel, es fällt schwer, in der Welt des Philosophen die eigene Welt wiederzuerkennen. Und doch ist hier kein Nirgendwo im Spiel, ist die Leibnizsche Vorstellung nicht einfach utopisch. Dazu muss man sich klarmachen, dass die These von der besten aller *möglichen* Welten – wohlgemerkt: nicht der *besten* Welt, wie Leibniz gerne, auch von Voltaire, missverstanden wird – nicht nur etwas mit theoretischer Vernunft, etwa im Sinne physikalischer Aussagen, sondern auch etwas mit praktischer Vernunft, der Art, wie wir uns in der Welt handelnd an ethischen Maßstäben orientieren, zu tun hat. In diesem Falle stünde nicht die *Beschreibung* einer vernünftigen Welt, die zugleich unsere Welt wäre, auf der philosophischen Tagesordnung, sondern die *Herstellung* einer solchen Welt, die unsere Welt werden könnte. Vernunft wäre hier nicht als theoretische Struktur der Welt verstanden, sondern als praktische Aufgabe, als das Prinzip des sittlich Guten, dessen Wirksamkeit die Welt zu einer vernünftigen machen könnte. Der Wille, so heißt es in der „Theodizee" (1710), „ist im allgemeinen auf das Gute gerichtet, er soll auf die uns zustehende Vollkommenheit gehen." Die uns zustehende ‚Vollkommenheit' konstituiert in diesem Falle nichts anderes als eine ‚bestmögliche' Welt. Sie wäre das Maß des moralisch Guten, von dem es an anderer Stelle heißt, dass es die ‚Regel der Vernunft' darstelle. Was ‚mehr Vernunft' auf seiner Seite hat, realisiert auch das Maß des moralisch Guten besser als das, was weniger Vernunft hat. Eine ‚moralische Welt' ist in diesem Sinne eine vernünftige Welt, und diese ist die beste aller möglichen Welten.

Das ist womöglich noch immer Ausdruck eines ungewöhnlichen Vertrauens in die Leistungsfähigkeit der Vernunft und in eine mögliche zukünftige Vernünftigkeit der Welt, aber weder ein naives noch ein bloß spekulatives. Dieses Vertrauen stützt sich auf die Kraft vernünftiger Überzeugungen. Ethik im Leibnizschen Sinne, die sich hier mit der Formel von der besten aller möglichen Welten ein eher fremd anmutendes theoretisches Aussehen verschafft, ist eine Vernunftethik, d.h. eine Ethik, die auf die regulative Kraft von Prinzipien setzt. Eben hierin steckt der eigentliche, der Ironie weit schwerer zugängliche Leibnizsche Vernunftoptimismus. Die Vernünftigkeit der Welt – wenn man denn noch so reden will – liegt in ihrer *argumentativen Struktur*, auch in ethischen Dingen. Das kommt etwa in der folgenden Bemerkung zum Ausdruck: „Je mehr wir mit Vernunft handeln, desto mehr werden wir von den Perfektionen unserer Natur bestimmt, d.h. wir sind frei." Vernunft ist unserer Natur nichts Fremdes, Entgegenstehendes, im Gegenteil: Vernunft ist unsere Natur. Kant wird später das gleiche in der Überzeugung zum Ausdruck bringen, dass der Mensch nur im Vernunftgebrauch seiner Natur verbunden bleibt.

Die Vernünftigkeit der Welt – das ist in erster Linie die Vernünftigkeit der Natur des Menschen. In ihr verschafft sich Ausdruck, was im Rahmen der Leibnizschen Metaphysik auch Ausdruck der Welt selbst, und ihres abbildhaften Verhältnisses zu Gott, ist. Daher gilt aber auch *mutatis mutandis* vom Menschen, was nach Leibniz auf dem Hintergrund der Theodizeeproblematik, von Gott gilt: „Die Macht geht auf das Sein, die Weisheit oder der Verstand auf das Wahre und der Wille auf das Gute." Es sind diese drei Elemente, die nach Leibniz das Maß einer Leibniz-Welt bestimmen, in der sich nicht nur das rationale Wesen Gottes, so der fromme Leibniz, sondern auch das rationale Wesen des Menschen, nicht zuletzt in Form der Wissenschaft, entfalten soll.

Schlussbemerkung

Soweit der Versuch, Leibniz in unsere Wirklichkeit zu holen. Natürlich habe ich dabei ein wenig übertrieben. Wer in die Geschichte greift, legt sie sich zurecht. Wer große Köpfe preist, macht sie noch größer. Wer die Zukunft will, landet schnell in Utopien. Doch das alles ist keine Untugend. Die Wirklichkeit liegt nicht herum, sie wird gemacht, nicht nur im Wirken der Gegenwart, sondern auch im rekonstruierenden Blick in die Vergangenheit. Objekte und Subjekte sind nur die beiden Seiten einer Wirklichkeit, wenn sie sich ihrer selbst bewusst wird – im reflektierten Tun und in der tätigen Reflexion, wo immer sie ihren Geschäften nachgeht, im ‚handanlegenden Tun' (Husserl) wie in der Erinnerung, das heißt: in der Aneignung der Vergangenheit durch ihre Darstellung, der Gegenwart durch ihre Veränderung, der Zukunft durch ihre Realisierung. Und: Jedes große Werk ist ein Versprechen auf die Zukunft. Das gilt im Denken und seinen Werken ebenso wie in der Handlungswelt und ihren Werken. Und eben das gilt auch von Leibniz und seinem Werk. Dabei liegt das eigentlich Utopische in diesem Werk, wie zuletzt dargestellt, nicht im Irgendwo-Nirgendwo, sondern unmittelbar vor uns, nämlich als Zukunft, die gedacht, gemacht, getan werden sollte. Dass es dazu auch weit vorauseilender Gedanken bedarf, ist klar, aber diese Klarheit sollte in ihrer immanenten Vernünftigkeit, nicht in einer transzendenten Beliebigkeit liegen. Die Handschrift der Zukunft ist keine Magie, und sie schreibt sich nicht selbst. Sie schreibt sich vielmehr in unserem vernünftigen Handeln, und nur in diesem, fort. Es ist auch Leibnizens Handschrift.

Rosemarie Nave-Herz

Familie im Spiegel der Wissenschaft:

Die Sicht einer Soziologin

In der Soziologie ist forschungsmäßig die „Familie" immer miteinbezogen worden, und zwar von ihren Anfängen an, also seit Mitte des 19. Jahrhunderts. Fast alle, die wir heute als Klassiker der Soziologie bezeichnen, haben familiensoziologische Beiträge verfasst bzw. sind in ihren Analysen von der Familie ausgegangen, um Themen des sozialen Wandels, der sozialen Integration, der Entstehung und Kontinuität von Klassenstrukturen u.a.m. zu behandeln (Engels, Simmel, Weber usw.). Dieser Sachverhalt ist dadurch bedingt, dass die Familie als Teil der Gesellschaft nicht nur durch diese geprägt ist, sondern dass die Familie ihrerseits wesentlich dazu beiträgt, die Gesellschaft zu erhalten oder zu verändern.

In den letzten Jahren hat in Deutschland in der Soziologie die Forschung über familiale Themen stark zugenommen, insbesondere aufgrund der nunmehr verfügbaren und z.Zt. fortgeführten großen Datensätze (z.B. des DJI-Familien- und des Kinderpanels, des Soep-Datensatzes, des Beziehungs- und Familienpanels u.a.m.).

Eine der Aufgaben der Soziologie ist es, die verursachenden Bedingungen für gegebene oder veränderte Sachverhalte und auch statistische Daten durch theoretisch-empirische Untersuchungen zu erfassen und damit evtl. gleichzeitig Alltagsdeutungen im Hinblick auf statistische Veränderungen zu prüfen.

So wird z.B. in der Öffentlichkeit häufig behauptet, dass die demographischen Entwicklungen zu einer dramatischen Abnahme der Zwei-Eltern-Familie zugunsten anderer Lebensformen geführt hätten, und in dieser öffentlichen Diskussion werden viel zu häufig falsche oder undifferenzierte Interpretationen über den strukturellen zeitgeschichtlichen Wandel von Familie abgeleitet, deshalb habe ich mich zur Konzentration auf dieses Thema entschlossen.

Dazu ist es zunächst notwendig, auf den Begriff der Familie einzugehen, da von ihm Ausmaß und Richtung des familialen Wandels abhängt

1. Zur Begriffsproblematik von „Familie"

In der Soziologie gibt es keine allgemein anerkannte Definition von Familie, was durch die Favorisierung unterschiedlicher wissenschaftstheoretischer Ansätze der Autoren bzw. Autorinnen bedingt ist.

Parsons Definition von Familie – eines weltweit anerkannten Soziologen in den 1960er und 1970er Jahren – ist vielfach heute noch gebräuchlich. Für ihn waren Kennzeichen von Familie: erstens das Zusammenleben von verheirateten Eltern mit ihrem Kind bzw. mit ihren Kindern, zweitens die Aufgabentrennung zwischen den Ehepartnern und drittens spezifische innerfamiliale Interaktionsmuster: die Mutter-Rolle ist nach Parsons mit einem „expressiven Verhalten" verknüpft, die Vater-Rolle mit einem „instrumentellen".

Konnte man nach dem Zweiten Weltkrieg noch bis in die 1970er Jahre hinein von der Gültigkeit dieser Definition von Familie ausgehen – zumindest in den Industriegesellschaften –, so gäbe es derzeit– infolge vielfältiger gesellschaftlicher Veränderungsprozesse – unter Zugrundelegung dieser Definition kaum noch Familien. Denn die mütterliche Erwerbstätigkeit ist in den letzten dreißig Jahren enorm angestiegen, Väter zeigen ebenso wie Mütter expressives Verhalten ihren Kindern gegenüber u.a.m.

Manche Autoren gehen – wie bereits erwähnt – auch heute noch von diesem Familienbegriff aus und sprechen deshalb von der De-Institutionalisierung oder gar vom Untergang der Familie, obwohl es sich eigentlich nur um den Untergang eines bestimmten Familienmodells handelt.

Vor allem für die Analyse von familialem Wandel sollte man darauf achten, den Familienbegriff nicht auf einen zeitlich begrenzten Familientyp zu beschränken, um der Gefahr einer chronozentristischen, d.h. die Gegenwart überbewertenden, oder einer ethnozentristischen Sichtweise zu entgehen.

Ferner gilt: Greift man auf eine solch enge Definition von Familie zurück, läuft man Gefahr, durch den gewählten Begriff genau das auszublenden, was man eigentlich untersuchen will, weil man durch seine Begrifflichkeit bestimmte Veränderungen, u.U. sogar neu entstandene Familienformen, von vornherein ausklammert.

Im Folgenden soll deshalb mit Hilfe des hermeneutischen Verfahrens gefragt werden, durch welche essentiellen Kriterien sich „Familie" von anderen Lebensformen abgrenzen lässt. Es gibt drei konstitutive Merkmale, die gemeinsam nur für Familien gelten, nicht für andere Lebensformen, und zwar in allen Kulturen und zu allen Zeiten.

Das sind:

1. die biologisch-soziale Doppelnatur, d.h. die Übernahme der Reproduktions- und Sozialisationsfunktion neben anderen, die kulturell variabel sind,
2. die Generationsdifferenzierung (Eltern oder Mutter bzw. Vater / Kind(er) / evtl. Großeltern oder auch Urgroßeltern),
3. das zwischen ihren Mitgliedern bestehende spezifische Kooperations- und Solidaritätsverhältnis, aus dem heraus alle Rollendefinitionen festgelegt sind.

Im Rahmen dieser grundlegenden Merkmale von Familie, auch als „Universalien“ oder „Grundmuster“ bezeichnet, sind in der Alltagspraxis – trotz ihres gemeinsamen Kerns – starke kulturabhängige Variationen und Begründungen gegeben.

Z.B. wird das Kooperations- und Solidaritätsprinzip in den einzelnen Gesellschaften unterschiedlich legitimiert. Es kann z.B. auf Traditionen, auf speziellen Verträgen, auf Gesetzen und/oder auf einer gegenseitigen emotionalen Zuneigung beruhen. So gilt z.B. in der islamischen Religion oder in der konfuzianischen Ethik mit deren Ahnenverehrung die gegenseitige Unterstützung innerhalb der Mehrgenerationenfamilie als religiöse Pflicht; oder umgekehrt formuliert: Eine Unterlassung solchen Verhaltens bedeutet eine religiöse Pflichtverletzung. In einigen – vor allem afrikanischen Kulturen – hat das familiale Solidaritätsprinzip einen so hohen Stellenwert, dass das – was bei uns den Tatbestand der Korruption erfüllen würde – dort die Einlösung der sozialen familialen Solidaritätsnorm bedeutet.

Gibt es aber noch das familiale Solidaritätsprinzip in unseren säkularisierten Staaten? Die Antwort lautet: ja! Die Familiensolidarität ist weiterhin eine soziale Norm, ein traditionales Verhalten im Sinne Max Webers. Denn – im Gegensatz zu allen Unkenrufen über die Auflösung der Familie – zeigen sehr viele empirische Untersuchungen, dass – unabhängig von den gesetzlichen Bestimmungen – im hohen Maße materielle und immaterielle Unterstützungsleistungen zwischen den familialen Generationen fließen, zwar nicht immer mit positiven Grundeinstellungen, aber dennoch sehr real!

2. Die quantitative Verteilung von Familien im Vergleich zu anderen Lebensformen

Die Familienhaushalte in Deutschland sind in den letzten 40 Jahren – wie in vielen europäischen Staaten – gegenüber anderen Lebensformen in eine Minoritätenstellung gerutscht. Nur noch ca. ein Drittel aller Haushalte sind Familienhaushalte.

Dieser Trend ist – statistisch gesehen – zunächst eine Folge des quantitativen Anstiegs älterer und jüngerer Alleinlebender und der sehr stark gestiegenen Zahl von Nicht-ehelichen Lebensgemeinschaften ohne Kinder. Begründet werden diese statistischen Entwicklungstrends von Soziologen und Soziologinnen mit der Individualisierungsthese, dem zugenommenen Traditionsverlust, mit den Opportunitätskosten (also der höheren Erwerbsquote von Frauen), den längeren Ausbildungswegen, mit Partnerwahlproblemen u.a.m..

Ferner ist der statistische Rückgang der Familienhaushalte – querschnittsmäßig gemessen – bedingt durch den stark gestiegenen Anstieg von Eltern in der nachelterlichen Phase, deren Kinder das Elternhaus verlassen haben.

Denn die eigentliche Familienphase, d.h. die Zeit der Pflege und Versorgung von Kindern, hat sich – trotz des längeren Verbleibens von Jugendlichen im Elternhaus – verkürzt.

Die Verkürzung ist auf die Reduktion der Kinderzahl in der Familie und auf die höhere Lebenswahrscheinlichkeit der Menschen zurückzuführen.

Diese familiale Zeitspanne – das Zusammenleben von Eltern und Kindern – macht heute nur noch ein Viertel der gesamten Lebenszeit aus. Vor 100 Jahren umfasste diese die doppelte Zeit. Dieser Sachverhalt hat vor allem das Leben der Frauen verändert. Eine normative Festschreibung der Frauen auf ihre Mutterrolle würde heutzutage bedeuten, dass sie während des ersten Viertels ihres Lebens auf das vermeintlich „eigentliche" Leben (= Familienphase) warten, dann ein weiteres Viertel in dieser Familienphase leben, aber anschließend ca. zwei Viertel ihrer Lebenszeit im Bewusstsein verbringen müssten, dass das „eigentliche Leben" vorbei sei.

Die längste zeitliche Lebensphase ist heute die nachelterliche. Noch nie in unserer Geschichte haben so viele Ehepaare ihre Goldene Hochzeit, sogar ihre Gnadenhochzeit feiern können wie heutzutage – trotz aller Scheidungsraten. Denn wenn auch ca. ein Drittel aller Ehen heutzutage geschieden wird, kann man diesen Sachverhalt auch umgekehrt formulieren: Zwei Drittel aller Ehen bleiben bestehen, bis dass der Tod sie scheidet.

Selbstverständlich sagt die Stabilität einer Ehe und Familie nichts über die Qualität ihrer Beziehungen aus.

Geht man nicht von Haushalten und Querschnittsdaten aus, sondern von Lebensverlaufs- und Längsschnittdaten, ergibt sich in Bezug auf die Ehe- und Familiengründung ein anderes Bild: Denn Lebenslaufanalysen zeigen, dass ca. 85 Prozent der deutschen Bevölkerung bis zu ihrem 55 Lebensjahr mindestens einmal heiraten, manche sogar zweimal oder sogar dreimal. Und 78 Prozent gründen während ihres Lebens eine Familie.

Die Familiengründung wurde aber in ein höheres Lebensalter verlegt. Die Eltern sind heute weit älter als noch vor 40 Jahren, älter als ihre Eltern bei ihrer Geburt. In Deutschland beträgt das Durchschnittsalter der Mütter bei der Geburt ihres ersten Kindes heute 29 Jahre, vor 40 Jahren waren sie durchschnittlich 23 Jahre alt.

Als Gründe für den Aufschub der Familiengründung werden forschungsmäßig genannt: die längeren Ausbildungswege, die spätere wirtschaftliche Selbständigkeit und die sichere Planbarkeit von Kindern, Partnerschaftsprobleme, zuweilen auch eine ambivalente Haltung wegen fehlender Nutzeneindeutigkeit von Kindern in Abwägung zu ihren physischen, zeitlichen und materiellen Kosten.

In der Öffentlichkeit und in den Massenkommunikationsmitteln wird häufig der Rückgang der Familiengründung in Zusammenhang mit dem Anstieg der Nicht-ehelichenLebensgemeinschaften gebracht, was auch eine gestiegene Kinderlosigkeit bewirkt hätte. In Deutschland sind durchschnittlich 22 Prozent einer Frauengeneration Zeit ihres Lebens kinderlos.

Doch viele empirische Untersuchungen, durchgeführt in den verschiedensten europäischen Staaten, belegen, dass die Nicht-eheliche Lebensgemeinschaft die Ehe und Familie nicht obsolet hat werden lassen.

In einer repräsentativen Erhebung über Nicht-eheliche Lebensgemeinschaften in Deutschland wurde gefragt, ob die Befragten ihren Lebenspartner später heiraten wollten: 33 Prozent wollten ihren Partner später heiraten, 38 Prozent waren sich darüber noch unklar, 28 Prozent wollten zwar auch heiraten, aber nicht den Partner, mit dem sie zusammen leben. Nur zwei Prozent waren echte Ehegegner; hier handelte es sich aber überwiegend um Ältere und Geschiedene.

Gesamtgesellschaftliche Veränderungen (sowohl ökonomische als auch normative) haben dazu geführt, dass seit den 1970er Jahren die emotionalen Beziehungen zwischen zwei Partnern keiner öffentlich bekundeten Legitimation mehr durch eine Eheschließung bedürfen.

Die informelle Partnerbeziehung wird heute – wie viele empirische Untersuchungen zeigen, auch eine gerade veröffentlichte Forsa-Umfrage – in die legalisierte Form überführt, sobald ein Kind erwartet bzw. gewünscht wird oder nach seiner Geburt. D.h.: Im Hinblick auf das Kind wird heute überwiegend die Ehe mit ihrem gegenseitigen Verpflichtungscharakter gewählt. Erst an zweiter Stelle wird das Erb-, an dritter Stelle das Steuerrecht genannt.

Die Eheschließung wird im Übrigen weiterhin rituell in Form der Hochzeit außeralltäglich gefeiert. Der Nicht-ehelichen Lebensgemeinschaft fehlt eine Gründungszeremonie. Der Beginn eines gemeinsamen Lebens wird bisher nicht mit anderen gefeiert, höchstens die Einweihung der neuen Wohnung. Aber Rituale dürfen für die Verfestigung von Beziehungen insofern nicht unterschätzt werden, da ihr Sinn gerade auch darin liegt, dem neuen System innerhalb des gesamten Sozialsystems seine Position zuzuweisen. Damit werden Grenzen neu gezogen und soziale Rollen neu definiert. Durch die Eheschließung wird aus einer Mutter nunmehr auch eine Schwiegermutter, aus dem Bruder ein Schwager usw., jeweils mit genau vorgeschriebenen Rechten und Pflichten, d.h. mit gesellschaftlich festgelegten Rollenerwartungen.

Die Hochzeit stellt aber heute zumeist keinen *rite de passage* mehr dar, d.h. einen Übergangsritus zu einer neuen Lebensform, sondern ist für die Mehrzahl der Paare, weil sie bereits zuvor zusammen lebten, ein *rite de confirmation* – eine öffentliche Bestätigung, die Paarbeziehung dem Anspruch nach auf Dauer erhalten zu wollen.

3. Die quantitative Verteilung der unterschiedlichen Familienformen in Deutschland

Auf quantitativer Ebene hat die biologische Zwei-Eltern-Familie im Vergleich zu anderen Familienformen zeitgeschichtlich abgenommen, weswegen sie in Massenkommunikationsmitteln häufig als „Auslaufmodell" bezeichnet wird.

Dagegen ist die Zahl der Ein-Eltern- und der Stieffamilien, der Patchwork-Familien sowie der homosexuellen Paare mit Kindern in den letzten Jahrzehnten gestiegen. Dieser Tatbestand gilt für alle europäischen Staaten. Dennoch beträgt auch heute noch der Anteil der Elternfamilien in West-Deutschland 76 Prozent von allen Familienformen. Etwas niedrigere Werte weisen die neuen Bundesländer auf.

Zu betonen ist aber, dass diese familienstatistischen Trendverläufe von den 1960er Jahren aus gemessen werden. In jener Zeit waren überall in Westeuropa und in den USA so viele Personen wie noch nie zuvor in unserem Kulturkreis verheiratet, waren die Ehescheidungsquoten sehr gering. Ferner war die Kinderzahl in der Familie damals noch relativ hoch (im Durchschnitt drei bis vier). Dieses Jahrzehnt wird in der Familiensoziologie zu Recht als „golden age of marriages" bezeichnet.

Zuvor – und vor allem in der vorindustriellen Zeit – waren die Familienformen weitaus vielfältiger.

Selbst die Patchwork-Familie ist kein neuartiges Phänomen, nur ihre Bezeichnung ist neu.

In den letzten 40 Jahren haben zudem bestimmte Familienformen sogar abgenommen: die Alleinerziehenden aufgrund von Verwitwung, die Adoptiv- und Pflegefamilien und die Mehrkinderfamilien. In Bezug auf die letztgenannte Familienform ist sogar eine „Uniformierung" von Familienformen gegeben, weil heutzutage die Zwei- Kind-Familien mit 47 Prozent, gefolgt von der 1-Kind-Familie (26 Prozent) dominierend sind.

Zu erwähnen ist im Übrigen noch ein – historisch völlig neuartiges – Phänomen: der Anstieg des Umfangs an Drei- und Vier-Generationen-Familien, eine Folge der höheren Lebenserwartung heute. In der Familiensoziologie spricht man von dem neuen Phänomen der „Multi-lokalen-Mehrgenerationen-Familie".

Wie eingangs betont, haben viele empirische Untersuchungen die materiellen und immateriellen Transferleistungen zwischen den familialen Generationen, das noch geltende familiale Solidaritätsprinzip – auch bei getrenntem Wohnen – nachgewiesen. In einer Solidargemeinschaft gibt es selbstverständlich nicht nur gegenseitige positive Gefühle, sondern häufig Gefühlsambivalenzen und Konflikte, die aber bislang selten in unserer Gesellschaft zur völligen Auflösung des Familienverbandes führen.

4. Die heutige subjektive Bedeutung der Familie

Die Zwei-Eltern-Familie ist in Deutschland nicht nur quantitativ die dominante Familienform, sondern ihr wird auch eine hohe subjektive Wertschätzung in der Bevölkerung zuteil, wie aus zahlreichen demoskopischen Umfragen und empirischen Untersuchungen hervorgeht. Ebenso für die Kinder belegen die vielen neuen Kinderstudien deren weit überwiegend positive Einschätzung zur Familie.

Die Kernfamilie gilt als Ideal. Selbst diejenigen, die in anderen Lebensformen leben, würden überwiegend das Leben in einer Eltern-Familie bevorzugen, und die Mehrzahl von ihnen hat die jetzige Lebensform nicht als bewusste alternative Lebensform zur „traditionellen" Eltern-Familie gewählt. Zu fragen wäre: Warum genießt die Eltern-Familie diese hohe Wertschätzung?

Die Antwort lautet: Kinder geben dem Leben einen Sinn. – Ferner verspricht die Familie dem Einzelnen eine Kompensation zur Arbeitswelt, ebenso zum Bildungs- und Ausbildungssystem, die mit ihren zunehmenden Großorganisationsformen, ihrer gestiegenen Anonymität, Zweckrationalität u.a.m. beim Einzelnen das Bedürfnis nach Kleingemeinschaften wecken, in denen er sich nicht als Rollenträger definiert, die eine ganzheitliche Lebenswelt, Überschaubarkeit, ein personales Angenommensein versprechen. In der Familiensoziologie wird diese Leistungserwartung an die Familie mit „Spannungsausgleichsfunktion" bezeichnet.

Mit der familialen „Spannungsausgleichsfunktion", mit dieser Sehnsuchtserwartung an die Ehe und Familie, darf aber nicht die Vorstellung von Familie als eine Art „Sozialidylle" verbunden werden, und zwar nicht nur deshalb, weil nicht jede Spannung durch die Familiensolidarität aufgefangen wird und aufgefangen werden kann, sondern weil Ehe und Familie auch selbstproduzierende Konfliktpotenziale besitzen (z.B. in Form von Geschlechter- und Generationen- sowie Rollen- und Autoritätskonflikten). Erwähnt sei in diesem Zusammenhang, dass – rein kriminalitätsstatistisch gesehen – die Familie als der gefährlichste Ort in unserer Gesellschaft angesehen werden müsste: Überwiegend werden Mord, Totschlag, sexueller Missbrauch von Familienangehörigen gegenüber anderen Familienangehörigen begangen.

Weisen aber nicht die gestiegenen und derzeitig hohen Scheidungszahlen auf einen Bedeutungsverlust von Ehe und Familie hin?

Statistische Daten stellen jedoch keine Motivanalysen dar, und so zeigen die Ergebnisse empirischer Untersuchungen über die verursachenden Bedingungen für Ehescheidungen, dass die Instabilität der Ehe – wenn auch nicht allein – gerade wegen ihrer hohen subjektiven Bedeutung für den Einzelnen zugenommen und dadurch die Belastbarkeit für unharmonische Partnerbeziehungen abgenommen hat. Die hohe Scheidungszahl ist also kein Indikator für ein Infragestellen der Ehe als Lebensform, sondern – umgekehrt – für ihre hohe subjektive Bedeutung. Aus empirischen Untersuchungen geht ferner hervor, dass Geschiedene die Ehe nicht allgemein infrage stellen, sondern nur ihre eigene und zumeist auf eine neue harmonische Partnerbeziehung hoffen.

Gleichzeitig hat sich die soziale Norm verstärkt durchgesetzt, Ehen nicht mehr allein, z.B. aufgrund der ökonomischen Lage, des sozialen Ansehens, vor allem für die Ehefrauen u.a.m., aufrecht zu erhalten.

Im Übrigen muss in diesem Zusammenhang betont werden, dass Ehescheidungen nur eine „Vertragskündigung" an den Ehepartner bedeuten. Von wenigen Ausnahmen abgesehen, bleibt die Familie, wenn auch in veränderter Form, erhalten.

Damit wird eine weitere familiale Veränderungsdimension angesprochen:

In Bezug auf die Familie ist eine Gegenläufigkeit zum allgemeinen Modernisierungsprozess gegeben. Wenn nämlich als ein Charakteristikum des Modernisierungsprozesses die Zunahme der Revisionsmöglichkeit von individuellen Entscheidungen genannt wird (so kann ich z.B. jederzeit die Berufswahl verändern, was für die Vergangenheit nicht galt, den Wohnsitz usw.), dann gilt dies zwar im Hinblick auf die Ehe (hier ist – wie betont – eine Vertrags*kündigung* gegenüber dem Partner möglich), aber die Verbindung zum Kind kann von einem Elternteil zwar durch die Scheidung gelockert, jedoch kaum gekündigt werden. Die Entscheidung zum Kind (vor allem für Mütter) wurde so gut wie irreversibel. Noch bis Anfang des vorigen Jahrhunderts hätte, z. B. die Weggabe von Kindern an vermögende kinderlose Verwandte oder an die Kirche, keine Verletzung einer sozialen Norm bedeutet; die Pensions- und Internatserziehung genoss Prestige u.a.m.

Durch diese – historisch neue – Unkündbarkeit der Eltern-Kind-Beziehung und weiterhin durch die Verlängerung des Verbleibens der Jugendlichen im Elternhaus (wie nie zuvor in der Geschichte unseres Kulturbereichs) ist – entgegen der These vom Bedeutungsverlust der Familie – eine verstärkte Familisierung zu konstatieren. Der Gesetzgeber hat diese Entwicklung mit dem neuen Sorgerecht unterstützt.

Strukturelle familiale Veränderungen – bedingt durch andere gesellschaftliche Wandlungsprozesse (ökonomische, normative, technische und medizinische) – sind also zu konstatieren.

Strukturwandel bedeutet aber nicht Zerfall, nicht Untergang, nicht das Verschwinden von Familie. Die strukturellen Veränderungen haben jedoch das Leben in der Familie, die innerfamilialen Beziehungen beeinflusst. Vor allem sind die Ansprüche an die Familie in unserer Gesellschaft gestiegen, obwohl sie im Zuge des Modernisierungsprozesses – wie bekannt – viele ihrer Aufgaben an spezialisierte Institutionen abgegeben hat (an Krankenhäuser, Bildungsinstitutionen usw.).

5. Die gestiegenen Leistungserwartungen an die Eltern

Unter strukturell-funktionalem Aspekt – also makroperspektivisch – wird dieser familiale Wandel in der Soziologie vielfach als Funktionsreduktion beschrieben.

Verblieben sind der Ehe und Familie die Funktionen:

- der Nachwuchssicherung (Geburt, Pflege und Erziehung von Kindern) und
- die psychische und physische Regeneration und Stabilisierung aller ihrer Mitglieder (jung bis alt).

Diese familialen Leistungen wurden im 5. Familienbericht mit „Bildung und Erhaltung von Humanvermögen" benannt. Diese Kennzeichnung mag zunächst befremdlich erscheinen, weil heutzutage im Alltag Ehe und Familie durch das romantische Liebesideal und die emotionale Eltern-Kind-Beziehung dem Anspruch nach gerade als zweckfrei definiert werden und – mit Habermas formuliert – den „Schein intensivierter Privatheit" erwecken. Dennoch: unter funktional-differenzierendem Aspekt hat sich das System Familie im Laufe der Jahrhunderte auf diese Funktion, „Bildung und Erhaltung von Humanvermögen", spezialisiert, auf die – das sei ausdrücklich betont – alle übrigen gesellschaftlichen Systeme angewiesen sind.

In der Literatur wird – zu Recht – die Abhängigkeit der Familie vom Erwerbsarbeitsbereich betont. Übersehen wird aber oft, dass dieser ebenfalls von den Leistungen abhängig ist, die im Familienbereich erbracht werden. Denn die Produktivität einer Volkswirtschaft wird durch die Qualität des Arbeitsvermögens der Produzierenden mitbestimmt, die man nicht nur durch die formalen Bildungssysteme erwirbt. Die Leistungen, welche im Familienbereich erbracht werden, sind deshalb unverzichtbar für den Erwerbsarbeitsbereich und damit für die Gesamtgesellschaft.

Die – zuvor erwähnte – Auslagerung von früheren familialen Aufgaben hat aber zu keiner Entlastung der Eltern geführt. Im Gegenteil: die Leistungserwartungen an die Eltern sind in den letzten Jahrzehnten enorm angestiegen, gleichgültig ob von außen gefordert oder von ihnen selbst gewählt. Auf diesen Aspekt kann ich – der Vortragszeit wegen – nur in Stichworten eingehen. Z.B:

- durch den Wandel der Erziehungsmethoden, nämlich durch die Versprachlichung der Erziehung,
- durch die Rückverlagerung von schulischen Funktionen an die Familie (in Form der Hausaufgabenbetreuung),
- durch die neuen Informations- und Kommunikationsmittel,
- durch die ökonomische Belastung vieler Familien,
- durch die allgemeine Beschleunigungsdynamik der modernen Gesellschaft,
- durch die heutzutage notwendig gewordene Synchronisierung der Zeitstrukturen aller Mitglieder.

6. Ausblick

Familie zu leben, ist schwieriger geworden.

Da es eine der Aufgaben der Soziologie ist, als Frühwarnsystem zu fungieren, d.h. auf zukünftige mögliche gesellschaftliche Entwicklungen und Konflikte hinzuweisen, muss vor weiteren Leistungserwartungen an das familiale System gewarnt werden, weil dann die Gefahr besteht, dass diese in Leistungsüberforderungen „umkippen". Das könnte nicht nur den Sozialisationsprozess der Kinder gefährden, sondern auch die Leistungserfüllung anderer gesellschaftlicher Systeme, vor allem die des Erwerbsarbeitssystems.

Julian Nida-Rümelin

Respect.

Ein Plädoyer für die gleiche Anerkennung unterschiedlicher Wissenschaftskulturen

Die Geisteswissenschaften befinden sich gegenwärtig auf einer abschüssigen Bahn, an deren Ende ihre weitgehende Marginalisierung stehen könnte. So wie das 19. Jahrhundert die Zeit der Geburt und der Reifung der geisteswissenschaftlichen Fächerkultur war, so könnte das 21. Jahrhundert zum Zeitalter ihres Niedergangs werden. Die Ursachen für diesen sich abzeichnenden Niedergang sind zahlreich, aber auch in Kombination nicht mächtig genug, um ihn heute als unumkehrbar erscheinen zu lassen. Ich will die wichtigsten Ursachen benennen, um mich dann auf die am wenigsten auffällige und am wenigsten diskutierte, aber möglicherweise gerade diejenige mit dem größten Zerstörungspotenzial zu konzentrieren.

Ökonomisierung

Zu den Ursachen gehört zweifellos die Ökonomisierung akademischer Bildung, auch im Zuge des Bologna-Prozesses in Europa. Anders als weithin in Europa angenommen, sind die US-amerikanischen vierjährigen Bachelor-Studiengänge gerade nicht von ökonomischen Erwartungen, ja nicht einmal von employability geprägt. Vielmehr wurden die BA-Angebote ursprünglich eingeführt, um – eine schöne Ironie der Bildungsgeschichte – das Qualitätsgefälle des US-amerikanischen High-School-Diploms zum deutschen Abitur zu überbrücken und die Fähigkeit für ein wissenschaftliches Studium, das erst mit dem Master-Programm beginnt, zu sichern. Die Ironie besteht darin, dass Deutschland von dem Ziel der Hochschulreife abgegangen ist und sie durch eine bloße Hochschulzugangsberechtigung ersetzt hat. Damit ist in der Tat eine analoge Zwischenphase bis zur Aufnahme eines wissenschaftlichen Studiums für einen wachsenden Anteil derjenigen erforderlich geworden, die formal als studierfähig gelten.

Diese Zwischenphase ist aber in ihrer aktuellen Bologna-Form missglückt. So wurden auch in den Geistes-, Sozial- und Kulturwissenschaften BA-Studiengänge eingeführt, die fachlich verengt sind, sich oft nur auf eine einzige Disziplin beschränken (anders als zuvor im Magisterstudiengang, der ein Hauptfach mit zwei Nebenfächern kombinierte). In ihrer Schmalspurigkeit und mit ihrer jedenfalls in den Geisteswissenschaften albernen Berufsorientierung wird mit einem solchen Bachelor oftmals nicht einmal die Befähigung zu einem wissenschaftlichen Studium erworben. Dass dies unter dem Rubrum der Herstellung internationaler Konkurrenzfähigkeit insbesondere gegenüber der transatlantischen Bildungskultur vollzogen wurde, könnte man für einen Treppenwitz halten, wenn dieser Vorgang nicht so tiefgreifend wäre und so weitreichende Folgen hätte.

Vom ersten Anbeginn der Geisteswissenschaften im 19. Jahrhundert gehörte es zum Ethos der in diesen Disziplinen Lehrenden, dass sie den Studierenden ihre eigenen Forschungsergebnisse präsentieren. Da die wissenschaftliche Lehre in Deutschland frei ist, das heißt alle entsprechend Qualifizierten (in der Regel durch Habilitation) als Professoren oder Privatdozenten selbst entscheiden können, welche Lehre sie anbieten, gehört die Bereitschaft mit den Kolleginnen und Kollegen hinsichtlich des Lehrangebots so zu kooperieren, dass alle Bereiche hinlänglich abgedeckt sind, zum traditionellen Wissenschafts-Ethos. Damit ergibt sich ein Spannungsverhältnis zwischen den Erfordernissen des jeweiligen Lehrprogramms eines Studiengangs einerseits und der Verkoppelung eigener Forschung mit den Inhalten eigener Lehre andererseits. Beides gehört zum Ethos geisteswissenschaftlicher Praxis an den Universitäten. Dass dieses Ethos auch in der Vergangenheit nicht immer friktionsfrei umgesetzt wurde, liegt auf der Hand. Aber eines dieser beiden Elemente aufzugeben hieße, die spezifische Kultur geisteswissenschaftlicher Praxis an den Universitäten zu beerdigen. Wenn Professorinnen und Professoren über Jahre hinaus gezwungen sind, die jeweiligen Modulverpflichtungen zu erfüllen, ohne dass ihnen der Spielraum bleibt, eigene Forschung in ihre Lehre einfließen zu lassen, wird der Identitätskern der geisteswissenschaftlichen Fächerkultur beschädigt. Die Relevanz geisteswissenschaftlicher Forschung zeigt sich auch daran, ob sie für die universitäre Lehre bedeutsam ist. Diese für die Geisteswissenschaften konstitutive Verkoppelung von Forschung und Lehre sichert zugleich das breitere bildungsorientierte Publikum in Gestalt einer Leserschaft, die sich für die in Buchform präsentierte Auseinandersetzung mit bestimmten geisteswissenschaftlichen Forschungsgegenständen oder auch der Präsentation ganzer kultureller Wissensgebiete befasst. Ohne dieses breitere, geistes- und kulturwissenschaftlich interessierte Publikum bliebe den Geisteswissenschaften nur der Rückzug in die innerakademische Auseinandersetzung mit entsprechend trostlosen Folgen für die Entwicklung des jeweiligen Fachs. Der Vorlesungsraum muss als Brücke zwischen allgemein interessierter, Bücher und Feuilletonbeiträge lesender Öffentlichkeit und innerwissenschaftlicher Auseinandersetzung erhalten bleiben. Hier müssen sich Argumente in einer verständlichen Form bewähren, oder es ist zu erwarten, dass sie in einem breiteren, nicht-akademischen Resonanzraum scheitern werden.

In Ländern mit einer hohen Dichte kultureller Einrichtungen, wie sie besonders für Mitteleuropa charakteristisch ist, wirken geisteswissenschaftliche Publikationen auch in die Theater-, Museums- und Musikpraxis hinein. Nicht nur, weil ein Teil des künstlerischen und nicht-künstlerischen Personals an diesen Institutionen der Hohen Künste und des kulturellen Gedächtnisses ein geisteswissenschaftliches Studium absolviert hat, sondern auch, weil die Fortschritte der jeweiligen Disziplin Implikationen für die jeweilige künstlerische und kulturelle Praxis haben.

Keiner der genannten Aspekte hat ein direktes Analogon in den Naturwissenschaften. Physikalische Forschung ist auf einen Resonanzraum öffentlicher Erörterung, ist auf ein physikalisch gebildetes außerakademisches Publikum nicht angewiesen, so wichtig die gelegentliche Präsentation physikalischer Forschungsergebnisse in populärwissenschaftlichen Schriften auch ist. Auch die Präsentation eigener Forschungsergebnisse in der physikalischen Lehre ist allenfalls in einem Seminar am Ende des Studiums denkbar, aber nicht in der laufenden Standardvorlesung zur Theoretischen oder Angewandten Physik. Die Vorlesungsinhalte sind weitgehend genormt, und der Wechsel der Dozenten bringt eher eine Veränderung des persönlichen Stils als eine Veränderung der Inhalte mit sich.

An diesem Beispiel sieht man, dass die Umstrukturierung des Studiums im Zuge der Bologna-Reform, anders als oft behauptet, nicht lediglich Äußerlichkeiten betrifft, wie die neue Messzahl des ECTS-Punktes (ein Punkt entspricht einem durchschnittlichen Arbeitsaufwand von 25-30 Stunden), die Normierung auf einen ersten Abschluss nach sechs Semestern Regelstudienzeit oder die Einteilung in Module, die kontinuierlich abgeprüft werden. In Bologna-Studiengängen sollen die Lehrinhalte in den eigenen Modulen (zusammengefasst im Modulhandbuch) genau beschrieben werden, unter Einbeziehung der notwendigen begleitenden Lektüre und der Kompetenzen, die in einer Klausur oder in einer anderen Prüfungsform abgefragt werden. Diese harmlose Vorschrift zerstört aber, wenn man sie konsequent umsetzt, ein wichtiges Charakteristikum der geisteswissenschaftlichen Fächerkultur, nämlich die Verbindung eigener Forschung mit eigener Lehre. Was in einem Studium der Physik unproblematisch ist, entwickelt eine zerstörerische Kraft in den Geisteswissenschaften. Es ist den Kolleginnen und Kollegen nicht zu verdenken, wenn sie den Kampf um dieses Identitätsmerkmal der Geisteswissenschaften aufgeben und sich in ihre Rolle als bloße Vermittler vorgegebener Inhalte fügen. Die Freiheit der Forschung und der Lehre ist anstrengend, sie verlangt im traditionellen Ethos der Geisteswissenschaften, mindestens jede zweite Vorlesung über eigene Forschungsleistung zu erschließen, Neues zu präsentieren und damit neue Publikationen vorzubereiten. Da die Arbeitsbelastung gerade in den Geisteswissenschaften explodiert ist – dort sind die Betreuungsrelationen vielfach besonders ungünstig (so stieg die Zahl der von einem Professor bzw. einer Professorin betreuten Studierenden in den Geisteswissenschaften seit dem Jahr 2000 von durchschnittlich 75 auf über 100 an) – minimiert die ständige Wiederholung des gleichen, in der Kollegenschaft weithin normierten Stoffes und die Bezugnahme auf denselben Korpus von Standardliteratur, oft genug ausschließlich Sekundärliteratur, den Arbeitsaufwand beträchtlich. Diejenigen, die in der Verbindung von Forschung und Lehre immer noch ein Identitätsmerkmal geisteswissenschaftlicher Praxis sehen, geraten dagegen in Konflikt mit den Studiengangbeauftragten, im ungünstigen Fall auch mit Ministerialen oder der Rechtsabteilung der jeweiligen Universität, die sich um die Gerichtsfestigkeit des Lehrangebots und der Prüfungspraxis sorgt. Was jahrzehntelang Praxis war, gilt unterdessen als rechtlich unzulässig, und in der Tat hat die Neigung von Studierenden, die das Studium als Recht auf eine möglichst rasche und glatte Berufsausbildung missverstehen, zugenommen, sich in Module, in Zulassungen und Abschlüsse hinein zu klagen. Während früher an den meisten führenden Universitäten die selbstgewisse, aber nonchalante Einstellung dominierte, dass man sich die freien Gestaltungsmöglichkeiten der Lehre nicht dadurch nehmen lassen wolle, dass klagende Studenten in der Regel vor Gericht wegen dem einen oder anderen Formfehler, der der Universität unterlaufen ist, obsiegen, gilt jetzt die entgegengesetzte von den Juristen aus der Verwaltung und den Ministerien diktierte Regel, die Lehr- und Prüfungspraxis auf den worst case des klagenden Studierenden auszurichten, was entsprechende Standards der Vergleichbarkeit und Gleichwertigkeit, der Explizitheit und der Kontrolle etabliert.

Die Habilitation

Die möglicherweise verheerendste Auswirkung auf die geisteswissenschaftliche Fächerkultur hat die Orientierung der Wissenschaftspolitik an der Naturwissenschaft. In der Gründungsphase der modernen Wissenschaftsdisziplinen im 19. Jahrhundert hatten die Philosophie und die aus ihr früh hervorgegangenen Geisteswissenschaften eine normierende Kraft, zum Nachteil der Naturwissenschaften. Die Habilitationsleistung sollte in der Erarbeitung einer größeren Studie bestehen, die dann der jeweiligen Wissenschaftsgemeinschaft als Buch zu präsentieren ist, das die Befähigung zur universitären Lehre zweifelsfrei belegt. Es galt, große Bereiche geisteswissenschaftlicher Forschung in kohärenter Weise und mit eigenen Überlegungen angereichert zu präsentieren, also die Bewältigung einer gewaltigen Stofffülle verbunden mit eigener Forschungsleistung unter Beweis zu stellen.

Der Fächerkultur der Naturwissenschaft, oder nehmen wir speziell die Physik, ist das fremd. Die Präsentation von Forschungsleistungen bestimmter Fachgebiete erfolgt in Gestalt von Lehrbüchern, deren Erstellung aber keine eigene Forschungsleistung darstellt. Zwar sind die berühmtesten Lehrbücher der Physik von führenden Forschern, z.B. Gerald Feinberg, geschrieben worden, aber niemand käme auf die Idee, die Erarbeitung dieser Lehrbücher selbst für eine Forschungsleistung in der Physik zu halten. Eine Habilitationsschrift in den Geisteswissenschaften ist kein Lehrbuch, sondern sie stellt traditionell die Auseinandersetzung des jungen Wissenschaftlers mit einem Stoffgebiet vor, aus der die eigene Positionierung deutlich werden soll. Die Vielfalt der Paradigmen, der Theorieansätze, der Grundlagenstreitigkeiten, die für die Geisteswissenschaften charakteristisch ist, gibt es so in der Physik und in den Naturwissenschaften generell nicht oder nur in ganz spezifischen Teilbereichen. Das, was für die Kultur der Geisteswissenschaften charakteristisch ist, nämlich die von tiefgreifenden Meinungsverschiedenheiten über Methode und Begrifflichkeit durchzogene intellektuelle Auseinandersetzung, ist den Naturwissenschaften fremd.

Nun vertreten manche – offen oder eher versteckt – die These, dass dieses in der Tat auffällige Merkmal der Geisteswissenschaften eher ein Krisensymptom sei als ein wesentliches Merkmal der geisteswissenschaftlichen Fächerkultur. Da dieses allerdings von Anbeginn die Geisteswissenschaften begleitete, kommen manche Kritiker zum Ergebnis, dass die Geisteswissenschaften streng genommen gar keine Wissenschaften seien, da sie sich der Vereinheitlichung der Begriffe und Methoden verweigern. Solche Debatten sind durchaus legitim, und es hat in der allgemeinen Wissenschaftstheorie immer wieder Versuche gegeben, die geisteswissenschaftliche Forschungspraxis neu auszurichten, sie zu kritisieren und zu normieren – mit äußerst bescheidenem Erfolg. Heute ist die allgemeine Wissenschaftstheorie bescheidener geworden und nimmt die jeweils etablierten Praktiken in den Disziplinen ernster. Kaum jemand vertritt heute noch die Idee, die physikalische Methode als Ideal auch in der Germanistik zu etablieren.

Verschiedene Publikationskulturen

Umso merkwürdiger ist, dass die Forschungssteuerung durch Wissenschaftspolitik und Hochschulleitungen zunehmend in diese Richtung tendiert, meist ohne sich dessen bewusst zu sein. Wer zum Beispiel fordert, dass auch die geisteswissenschaftliche Forschung in englischsprachigen Paperpublikationen führender amerikanischer und britischer Journals erfolgen sollte, versucht die in den Natur- und Lebenswissenschaften etablierte Forschungspraxis auf die Geistes- und Kulturwissenschaften zu übertragen – entgegen dem Selbstverständnis dieser Disziplinen und entgegen einer jahrhundertealten bewährten Tradition.

In allen Disziplinen wurden in den vergangenen Jahren die Rankings und Ratings internationaler wissenschaftlicher Journale wichtiger. Das, was früher eher zufällig erfolgte, nämlich die Publikation in einem A-Journal, wird nun oft zu einem entscheidenden Kriterium der Berufbarkeit. Es hat schon Berufungsverfahren gegeben, in denen der hoffnungsvollen Kandidatin gesagt wurde, dass sie grundsätzlich berufen sei, dass man aber noch die Publikation ihres ersten Papers in einem A-Journal abwarten wolle. Ökonomen haben Algorithmen entwickelt, wie man die eigene wissenschaftliche Publikationspraxis über das Ranking von Journals und angesichts der unterschiedlichen Ablehnungsquoten optimieren kann. Kaum diskutiert wird jedoch, dass allein schon das Ranking von Zeitschriften unvereinbar ist mit der geisteswissenschaftlichen Forschungskultur. Die einzelnen Zeitschriften sind in der Regel von mehr oder weniger bedeutenden Repräsentanten einer bestimmten Richtung, eines etablierten Paradigmas geisteswissenschaftlicher Forschung gegründet worden und repräsentieren ein bestimmtes fachliches Verständnis. Es ist gerade der Streit darüber, was gute Fachlichkeit in der jeweiligen Disziplin oder im jeweiligen Forschungsgebiet ist, der die geisteswissenschaftlichen Debatten vorantreibt. Ein Ranking von Zeitschriften legt diesen Streit implizit bei oder setzt die Beilegung dieses Streites vielmehr voraus. Ein Phänomenologe und ein Analytiker in der Philosophie verstehen unter einem guten philosophischen Argument etwas grundlegend anderes. Anhänger von Heidegger und Anhänger von Russell können sich nicht einigen, was sie unter Logik verstehen. Selbst das stilistische Verständnis eines guten geisteswissenschaftlichen Textes variiert erheblich zwischen denjenigen, die Derrida oder Deleuze als Inspirationsquelle nutzen, und denjenigen, die beide als wissenschaftlich irrelevant erachten. Konflikte dieser Art werden im günstigsten Fall durch Argumente, im ungünstigeren durch Gefolgschaften, Schulbildungen, Kongressorganisationen und intellektuelle Polemiken ausgetragen. Wer sie, und sei es nur mit dem harmlosen Mittel der Forschungsevaluation, unterbindet, der zerstört – vermutlich ohne Absicht, aber dafür umso wirksamer – ein wesentliches Merkmal geisteswissenschaftlicher Forschungspraxis. Mit anderen Worten: Wo das Bewertungsmaß umstritten ist, ja wo dieser Streit um die angemessene Form eines geisteswissenschaftlichen Arguments für die Forschungspraxis konstitutiv ist, bedroht jede Normierung, und sei es nur in der harmlos erscheinenden Form der Forschungsevaluation, die Identität der entsprechenden Disziplin. Man mag sich wünschen, dass die Beurteilung von Forschungsleistungen auch in den Geisteswissenschaften kohärenter ausfiele, als dies gemeinhin der Fall ist, aber man kann diese Kohärenz nicht von außen, durch einen politischen Octroi, erzwingen, ohne einen gewaltigen Flurschaden anzurichten und am Ende die Geisteswissenschaften als Ganze zu beschädigen.

Was tun? Es mag manche verwundern, dass ein Philosoph analytischer Provenienz ein solches Plädoyer für die Eigengesetzlichkeit der Geisteswissenschaften formuliert. War es nicht gerade die analytische Philosophie, die durch ihre an der Modellwissenschaft Physik orientierten Normvorstellungen die gefährlichen Beurteilungsmaßstäbe erst in die Wissenschaftspraxis hineingetragen hat? In der Tat haben sich die Philosophy Departments in den USA, ganz überwiegend geprägt von der analytischen Tradition, von den Humanities (der US-amerikanischen Entsprechung zu den Geisteswissenschaften, wenn auch mit deutlichen Differenzen) abgesetzt. Philosophie in Amerika versteht sich in der Regel nicht als eine Geisteswissenschaft. Die von mir vertretene undogmatische, ja gegenüber dem internationalen analytischen Mainstream dissidente philosophische Position beinhaltet den Respekt gegenüber der Vielfalt von Kulturen generell und der der Wissenschaftskulturen speziell. Die intellektuelle Arroganz, sich aus der etablierten Praxis des Gründegebens und Gründenehmens herauszulösen und mit erhobenem Zeigefinger vorzuschreiben, wie diese auszusehen habe, hat die Philosophie – nicht nur die analytische, sondern auch die rationalistische der europäischen Aufklärung – in Sackgassen manövriert. Aber auch unabhängig von diesem innerphilosophischen Dissens sollte der Respekt, die gleiche Anerkennung auch für diejenigen Leitschnur sein, die ein anderes Wissenschaftsideal vertreten. Auch der Elementarteilchenphysiker mit wenig Interesse an Feuilletondebatten und der Lektüre umfangreicher historischer Studien mag sich für den Erhalt der Museumskultur und der Geisteswissenschaften aussprechen. Differenz ist nicht der Feind des Respekts, sondern mangelnder Respekt ist das Ende von Differenz.

Widerstand gegen die Nivellierung

Also, was tun? Ich empfehle, sich den Normierungs- und Nivellierungstendenzen einer mehr oder weniger zentralisierten Forschungsevaluation in den Geisteswissenschaften zu widersetzen. Ich selbst habe als Präsident der Deutschen Gesellschaft für Philosophie dagegen votiert, sich an dem Versuch der Europäischen Kommission zu beteiligen, die philosophischen Zeitschriften in der EU einem solchen Rankingprozess zu unterwerfen. Natürlich heißt Verweigerung immer auch, dass man Einflussmöglichkeiten aufgibt. Das beinhaltet im Einzelfall eine schwierige Abwägung. Aber die Eigendynamik einer an der Praxis der Naturwissenschaften orientierten Forschungsevaluation, die damit einhergehende Kolonialisierung – Kolonialisierung im Sinne von Forschungspraktiken, die sich woanders bewährt haben, aber in den Geisteswissenschaften die Identität der Disziplinen bedrohen – verlangt dringend nach einer mutigen und konsequenten Widerständigkeit, die an vorderer Stelle von den etablierten Größen der jeweiligen geisteswissenschaftlichen Disziplinen ausgehen muss, da der wissenschaftliche Nachwuchs und der Mittelbau für Pressionen naturgemäß anfälliger sind. Die Praxis der Anbiederung hat uns eine Bologna-Reform beschert, hinter der kaum noch jemand an den Universitäten steht – weder in den Natur- und Ingenieurwissenschaften noch in den Geisteswissenschaften. Dieses Zerstörungswerk darf sich nun nicht auf der zweiten Ebene der Forschungsevaluation fortsetzen. Keine Abschaffung der Individualpromotion in den Geisteswissenschaften, Aufrechterhaltung der hohen Standards geisteswissenschaftlicher Dissertationen, Rehabilitierung des Buches als geisteswissenschaftliche Forschungspublikation, enge Verbindung eigener Forschungspraxis und eigener Lehre in den geisteswissenschaftlichen Fächern, Multilingualität, differenziert nicht nur nach den jeweiligen Muttersprachen der Forscher und Forscherinnen, sondern auch nach den Gegenständen der Geisteswissenschaften, Rückführung der Normierung von Lehrinhalten auf das unverzichtbare Minimum, Intensivierung der Kooperation mit den nationalen und internationalen Kulturinstitutionen und künstlerischen Praktiken, intensivere Beteiligung der Geisteswissenschaftler an öffentlichen Diskursen, Aufwertung der Feuilletons und der Kultursendungen durch geisteswissenschaftliche Beteiligung und schließlich Bewahrung der geistes- und kulturwissenschaftlichen Inhalte und Methoden an den allgemeinbildenden Schulen, keine Ersetzung durch eine oberflächliche Kompetenzorientierung, Respekt vor der (geisteswissenschaftlichen) Fachlichkeit.

Ulrich Raulff

Eine amerikanische Renaissance: Princeton nach dem Krieg

Keine andere unter Shakespeares Komödien hat neben dem „Sommernachtstraum" so kunstvoll den Geist des Elisabethanischen Zeitalters eingefangen wie „Der Sturm". Das kleine Inselreich um Prospero, den vertriebenen Herrscher von Mailand, und seine schöne Tochter Miranda ist zum Inbegriff der Renaissance geworden: eine Insel blühender Wissenschaften und Künste in einem Meer politischer Umwälzungen und militärischer Konflikte. Wo immer wir eine Künstler- und Gelehrtenrepublik erblicken, die von einem Zauberer und Gelehrten gelenkt wird, meinen wir die Worte Calibans zu hören: „Sei nicht in Angst! Die Insel ist voll Lärm, / Voll Tön' und süßer Lieder, die ergötzen / Und niemand Schaden tun..."

Das Stück beginnt mit einem Naturschauspiel, dem titelgebenden Sturm. Diejenigen, die ihm auf offenem Meer ausgesetzt sind, erleben ihn als Katastrophe. Derjenige, der ihn auslöst, gebraucht ihn als Fortsetzung des Kriegs mit anderen Mitteln. Prospero, der Magier, benutzt das sturmgepeitschte Meer, den wildesten Teil der Natur, um seine Feinde mit der augenblicklichen Möglichkeit ihrer Vernichtung zu konfrontieren. Der Inselkönig, der Exilant, verfügt über Mittel, die Elemente selbst zu mobilisieren und ins Feld zu führen. Prospero, dieser Doktor Seltsam des 16. Jahrhunderts, ist Inhaber einer neuartigen, unerhörten Geomacht und betritt die Szene als Feldherr in einem Krieg der Elemente. Aber er führt diesen Krieg nicht mit letzter Konsequenz, sondern belässt es bei einer Demonstration seiner Macht. Nur dumme Machthaber rotten ihre Feinde aus, die klugen halten sie in Furcht und Schrecken.

Sturmentstehung, Cyclogenese war eine der beiden Hauptaufgaben des Elektronenrechners, den John von Neumann und sein Team von Mathematikern, Physikern und Technikern seit 1946 in Princeton konstruierte. Übrigens ist, wenn ich hier von „Princeton" spreche, immer das Institute for Advanced Study gemeint, nicht die große Universität und nicht die kleine Stadt, die im

Unabhängigkeitskrieg eine gewisse Rolle spielte. Und zweitens behandele ich nicht die Genealogie des digitalen Rechners und darf deshalb die Pionierleistungen Konrad Zuses und Alan Turings unerwähnt lassen.

Als das Manhattan Project beendet war, im Herbst 1945, kehrte John von Neumann zurück an das Institut in Princeton, dem er seit 1933 angehörte. Beizeiten hatte er sich neuen Aufgaben zugewandt. Was ihren Verwendungszweck anging, waren sie keineswegs friedlicher als der Job in Los Alamos. Nach wie vor stand die Entwicklung thermonuklearer Waffen im Zentrum seiner Bestrebungen. In den folgenden Jahren sollte von Neumann neben Edward Teller zu den entschlossensten und skrupellosesten Entwicklern der Wasserstoffbombe gehören. In den späten Vierzigern sprach er sich offen für einen Präventivkrieg gegen die Sowjetunion aus, und in den letzten Jahren seines Lebens (er starb im Februar 1957 an Krebs) gehörte er zu den fünf Mitgliedern der Atomic Energy Commission, der obersten amerikanischen Atombehörde – demselben Gremium, das Robert Oppenheimer 1954 ausgeschlossen hatte.

Ihrem theoretischen Konzept nach war die H-Bombe eine einfache Sache. Kompliziert wurde es erst, wenn es darum ging, die Reaktionen, die zu ihrer Zündung notwendig waren, zu berechnen. Dazu bedurfte es, wie von Neumann wusste, einer Rechnerkapazität, die auf konventionellem, d.h. elektromechanischem Weg nicht bereitzustellen war. Der neuartige Rechner, den er mit der Unterstützung staatlicher und militärischer Stellen am Institut zu bauen begann, war von vornherein als integraler Teil des fortschreitenden amerikanischen Waffenprogramms konzipiert. Oppenheimer, der im folgenden Jahr, 1947, die Leitung des Instituts übernahm, konnte den Prozess begleiten; zurückdrehen oder stoppen, wenn er es denn gewollt hätte, konnte er ihn nicht.

So war es für alle Beteiligten hilfreich, dass der mit Mitteln von Army und Navy finanzierte Elektronenrechner noch eine zweite, gewissermaßen offizielle Bestimmung hatte: Er sollte Cyclogenesen berechnen, d.h. die Entstehung von Stürmen rechnerisch bewältigen und voraussagbar machen. An Komplexität standen die mathematischen Aufgaben der dynamischen Meteorologie derjenigen der Nuklearphysik in nichts nach: Es war der passende Schwierigkeitsgrad für den Vater der Spieltheorie. John von Neumann wäre nicht das *malin génie* gewesen, das er zweifellos war, hätte er nicht als mögliche Weiterung in der Zukunft den Geo- oder Klimakrieg mitbedacht. Er glaubte, wie es in einer jüngeren Studie von George Dyson heißt, „dass es auf die Dauer... mehr Macht bedeuten würde, das Wetter zu verstehen, als Bombenbau zu verstehen". Prospero hatte einen Zauberlehrling gefunden.

Als der Krieg im August 1945 zu Ende ging, hatte John von Neumann mehr als drei Jahre lang an vorderster Front gekämpft. Zuerst hatte er im Rahmen verschiedener Projekte von Army und Navy, allesamt top secret, gearbeitet und unter anderem Druckwellen hochexplosiver Stoffe berechnet. Seit September 1943 wirkte er als Berater in Los Alamos und an verschiedenen Orten wie Chicago und Oak Ridge, an denen die theoretischen und praktischen Zulieferer des Manhattan Project saßen. Allerdings war von Neumann nicht der einzige Angehörige der *faculty* des Instituts gewesen, der wissenschaftlichen Kriegsdienst geleistet hatte. Der Bericht, den der Direktor des Instituts, Frank Aydelotte, am 19. Oktober 1945 vor den Trustees erstattete, nennt neben von Neumann 14 weitere Kombattanten aus der Fakultät. Die meisten kamen – naturgemäß – aus den Reihen der Mathematiker und Physiker am Institut; selbst Albert Einstein war Berater der Navy gewesen. Der Mathematiker James Alexander hatte in Verbindung mit dem in England stationierten strategischen Bomberkommando daran gearbeitet, die Zielgenauigkeit der

Bombenabwürfe zu verbessern. Marston Morse, ebenfalls Mathematiker, hatte um die 80 technische Gutachten zu Fragen der Ballistik, der Wirkung von Munition und der Verbesserung von Radar verfasst. Oswald Veblen hatte alle drei Truppengattungen in einer Vielzahl von Fragen, darunter ebenfalls Ballistik und Einsatz von U-Booten, beraten. Die Ökonomen am Institut, eine der drei Schulen der Anfangszeit, hatten die Militärs in wirtschaftlichen und finanziellen Fragen beraten und den Wirtschaftskrieg geplant.

Nur einer von ihnen, Edward Mead Earle, hatte während des Krieges eine andere, prominente Rolle gespielt. Earl war am Aufbau der Abteilung für Forschung und Analyse des OSS, gewissermaßen des Gehirns des militärischen Nachrichtendienstes, beteiligt gewesen. Seit 1942 gehörte er zum Committee of Operations Analysts, das in Verbindung mit dem Generalstab der Air Force die Pläne zur Bombardierung Deutschlands und Japans ausarbeitete. Die Mitglieder der School of Humanistic Studies am Institut, unter ihnen Erwin Panofsky, saßen derweil auf der anderen Seite des strategischen Sandkastens: Sie verfassten Handbücher und Karten für die Besatzungen der Bomber, auf denen die *cultural monuments* verzeichnet waren, die Kirchen, Schlösser und Museen Deutschlands, Griechenlands und Italiens, die verschont werden sollten; Charles de Tolnay, ein Schüler Panofskys, saß an einem Handbuch für Paris. Mit anderen Worten, während ein Teil des Instituts Listen von Zielen anlegte, erarbeitete der andere Tabellen der Nicht-Ziele. Als der Krieg vorüber war, saßen alle wieder einträchtig in Princeton beim Tee. Doch der ersehnte Friede erwies sich als brüchig. Wenige Monate später begannen im Keller des Instituts die Vorbereitungen für den Rechner der Superbombe, und im Jahr darauf übernahm Robert Oppenheimer die Leitung des Instituts.

Die politische Weltlage hatte sich nach dem Sieg über Deutschland und Japan nicht entspannt. Schon bald nach Kriegsende war für jeden aufmerksamen Beobachter klar, wo die neuen Konfliktlinien verliefen. Wie stark war Sowjetrussland, wohin strebte das Land, wie dachten die Russen? Das waren die Fragen, die sich jetzt zwingend stellten – auch für die, die zu den Insulanern von Princeton gehörten. Für eine Reihe von Jahren schien es, als interessierte sich die im Institut versammelte Intelligenz nur noch für zwei Völker auf der Welt: die alten Griechen und die Russen der Gegenwart. Selbstverständlich bestand die Welt um 1950 aus mehr als zwei epistemischen Objekten und zwei Katalogen von Fragen. Aber auf diese beiden Völker kam jetzt alles an, die Erfinder der Demokratie und ihre Feinde.

Das Interesse an den Griechen war so alt wie das Institut selbst. Sein Gründer, Abraham Flexner, war Schullehrer für Latein und Griechisch gewesen, bevor er zum scharfen Kritiker und schließlich zum bedeutenden Reformer des amerikanischen Bildungswesens aufstieg. Er blieb seinen Ursprüngen treu, als er in den ersten Jahren der Dreißiger im Auftrag des Kaufhausmagnaten Bamberger und seiner Schwester das Institute for Advanced Study gründete und mit drei Schulen versah. Die dritte Schule – nach Mathematik und Ökonomie – für die er, wie für die beiden anderen, ebenfalls erstklassiges Personal rekrutierte, war die School of Humanistic Studies. Wobei die Antwort auf die Frage, worin denn das Eigentliche der Geisteswissenschaften bestände, für Flexner keinem Zweifel unterliegen konnte: Sie sicherten die Tradition und beantworteten die Wertfragen. Ihrem inneren Wahrheitssinn nach strebten sie in die Gegenrichtung der *sciences*, Mathematik und Naturwissenschaften, die als reine Wissenschaften nichts von Gut und Böse wussten. Die „Last der Geisteswissenschaften", wie Flexner in einem Vortrag von 1928 formulierte, bestand darin, die Tatsachen nicht von den Werten zu trennen und wo nötig moralische Urteile zu fällen

Unter den Geisteswissenschaften genossen die Altertumswissenschaften und speziell die Archäologie besondere Schätzung. Vier Jahrzehnte lang, von Mitte der dreißiger bis in die siebziger Jahre, bis zu der schmerzhaften Implantation der Sozialwissenschaften in den Fächerkanon des Instituts, stand die Archäologie im Zentrum der geisteswissenschaftlichen Aktivitäten des Instituts und bildete die größte Gruppe auf diesem Flügel der Fakultät. Mag sein, dass die Kunsthistoriker um Erwin Panofsky und Millard Meiss, die Historiker um Ernst Kantorowicz und Andreas Alföldi zeitweise, in den fünfziger und sechziger Jahren, mehr Glanz verbreiteten. Aber die Archäologen waren auf Du und Du mit der Alten Welt; vor allem kannten sie die Griechen. Das zählte.

Seit Beginn der Grabungen auf der Agora von Athen im Mai 1931 unter der Regie der American School of Classical Studies gehörten Homer A. Thompson und Benjamin Merritt, beides Mitglieder des Princetoner Instituts, sowie Dorothy Burr Thompson, die Gattin von Homer, zum Team der Ausgräber. Sie gruben die Agora aus, nahmen Abdrucke ihrer Inschriften und rekonstruierten die Stoa des Attalos. 1946, als nach der Unterbrechung durch den Krieg die Grabung wieder aufgenommen wurde, übernahm Homer Thompson die Leitung und übte sie bis 1967 aus. Einer der beiden kleinen Flügelbauten von Fuld Hall, dem Hauptgebäude des Instituts aus den dreißiger Jahren, birgt bis heute sämtliche Abklatsche der Inschriften der Agora – Zentrum und Wiege der politischen Demokratie. Auf der anderen Seite von Fuld Hall entstand unterdessen die Baracke, in der John von Neumann seinen Elektronenrechner baute. Nur wenige Meter trennten damals die beiden Pole von Princeton, die Sammlung der Urschriften der Demokratie und die Rechenmaschine des Dritten Weltkriegs, voneinander.

Die Gruppe der Griechenversteher am Institut erfuhr erhebliche Verstärkung, als der junge Direktor seit 1947, Robert Oppenheimer, den Altphilologen und Philosophen Harold A. Cherniss, Autor bedeutender Studien über Platon, Aristoteles und die ältere Akademie, 1948 an das Institut holte. Cherniss und Oppenheimer kannten und schätzten einander aus gemeinsamen Jahren in Berkeley in den Vierzigern. Schwieriger war es, die Russlandforschung in Princeton zu institutionalisieren. Zu diesem Schachzug musste Oppenheimer seine gesamte Beredsamkeit und seinen nicht geringen Charme aufbieten. Schon als er 1949 vorschlug, George Kennan, den bekannten Russlandexperten und Architekten der Containment-Politik, als Fellow für ein Jahr (1950-51) ans Institut zu holen, wurde Unmut in der Fakultät laut. Kennan habe keinen akademischen Werdegang aufzuweisen, lautete der Haupteinwand. Der Widerstand der Mathematiker am Institut, allen voran Oswald Veblen, nahm an Heftigkeit zu, als Oppenheimer wenige Jahre später daran ging, Kennan zum ständigen Mitglied der neuformierten School of Historical Studies zu machen.

Dabei knüpften Kennans Forschungen durchaus an eine junge Tradition des Instituts an, nämlich die des strategisch-historischen Denkens. Edward Mead Earle hatte sie 1939 mit einem Seminar zur amerikanischen Außenpolitik begründet, aus dem drei Jahre später eine *war study group* hervorging. Gemeinsam mit jungen Historikern, unter ihnen Felix Gilbert und Gordon Craig, erarbeitete er die „Makers of Modern Strategy“, eine Übersicht über die Entwicklung des neuzeitlichen strategischen Denkens von Machiavelli bis Hitler, die 1943 erschien. Gleichzeitig beriet Earle das Oberkommando der Luftwaffe und wurde nach dem Krieg beauftragt, die Geschichte dieser Waffengattung zu schreiben und den Übergang Amerikas von der Seemacht zur Luftmacht zu reflektieren – im Anschluss an Alfred Thayer Mahans berühmtes Werk über den Einfluss der Seemacht auf die Geschichte.

Eine gewisse Fortsetzung fand die Arbeit Earles, der 1954 starb, auch in den Seminaren, die Dean Acheson nach seiner Zeit als Außenminister (1949-1953) am Institut abhielt. Die „Acheson seminars" zur Außen- und Verteidigungspolitik der Vereinigten Staaten versammelten die gesamte, teilweise noch junge Intelligenz der Demokraten, von Mc George Bundy über John McCloy, Dean Rusk und Averell Harriman bis zu Paul Nitze – Männer, die entweder bereits zu den *wise men* der Regierung gehörten oder einige Jahre später die Kennedy-Administration beraten sollten. Ein politischer Think Tank war und wurde das Institut zwar nie, weder zu Lebzeiten Earles noch danach, gleichwohl gingen diese weltlichen Beschäftigungen den Mathematikern der Fakultät, einigen Physikern und Geisteswissenschaftlern gehörig gegen den Strich.

Ähnlich wie die Maschine im Keller und ihre Zwecke, sei es Nuklearphysik, sei es dynamische Meteorologie, widersprachen sie dem, was sie für den Geist des Instituts hielten: die Beschränkung auf „reine Wissenschaft". In einem Haus, das sich der Nützlichkeit des „useless knowledge", wie der Gründer, Abraham Flexner, formuliert hatte, verpflichtet wusste, war kein Platz für Techniker, Ingenieure und Politiker. „Useless" hieß freilich nicht nutzlos im Sinne von unnütz oder wertlos, es hieß: ohne direkte Anwendung. Der Krieg hatte, aus guten oder schlimmen Gründen, die Beschränkung auf reine Wissenschaft außer Kraft gesetzt; der Friede sollte sie wiederbringen.

Die Kluft zweier Kulturen, die nach dem Krieg durch Princeton lief, trennte nicht die Naturwissenschaftler und Mathematiker von den Geisteswissenschaftlern, sondern die reinen von den angewandten Wissenschaften. Erwin Panofsky, der seine beiden in den Naturwissenschaften erfolgreichen Söhne als „die Klempner" bezeichnete, Panofsky war es, der in einem Anfang der fünfziger Jahre geschriebenen Text („Artist, Scientist, Genius. Notes on the ‚Renaissance Dämmerung'") diese Kluft einzuebnen suchte, indem er betonte, dass in der Renaissance Künstler, Wissenschaftler und Ingenieure Hand in Hand gearbeitet und voneinander gelernt hatten. Aber diese praktische Seite der Renaissance sollte in der Gelehrtenrepublik von Princeton nur begrenzten Anklang finden.

Einer der Anfängerfehler, die Oppenheimer, der Mitte Juli 1947 in Princeton eingetroffen war, unterliefen, bestand darin, dass er in einer seiner ersten Verlautbarungen das Institut als „an educational institution", also einen Teil des Bildungs- und Erziehungssystems, beschrieb. Die Erklärung löste sogleich Proteste aus, James Alexander und Albert Einstein erklärten unisono, wenn das zuträfe, wären sie nicht gekommen, es handele sich vielmehr um eine reine Forschungseinrichtung. Reine Forschung vertrug das Gespräch mit anderen, ja, gelegentlich verlangte sie es sogar, im Wesentlichen aber spielte sie sich in heroischer Einsamkeit ab. Auch dies war eine Kluft, welche die Leitfossile des Instituts, gleichgültig welcher „Schule" sie angehörten, von den Technikern und Ingenieuren um von Neumann trennte: Die Forscher am Institut waren nicht bereit, sich als Team, geschweige denn als Teile eines organisierten Großprojekts zu begreifen.

Oppenheimer, der drei Jahre lang das größte und aufwendigste militärisch-industrielle Projekt in der Geschichte der Vereinigten Staaten gemanagt hatte, begriff rasch, dass er jetzt einem Club von Diven und Virtuosen vorstand, die über keine gemeinsame Sprache verfügten. Über Göttingen, wo er 1927 von Max Born promoviert worden war, hatte immerhin noch ein schwacher Abglanz der Goethewelt gelegen und die Idee eines gemeinsamen Kosmos am Leben erhalten. Die Separatsphären oder, mit den Worten von Panofsky, die geistigen *compartments* von Princeton schienen eine Verständigung auszuschließen. Oppenheimer begab sich auf die Suche nach Medien, die so etwas wie einen gemeinsamen Ort oder eine Synthese versprachen. Vertraut mit Dichtung und östlicher Weisheit – er hatte die Bhagavadgita studiert, seit er 1931 nach Berkeley gekommen war – versuchte er es mit Dichtung und Literaturwissenschaft, lud T. S. Eliot für ein Jahr ein, ließ Erich Auerbach und Ernst Robert Curtius für je ein Semester (zwischen 1949 und 1951) ans Institut kommen. Aber die Komparatistik konnte dort nicht Fuß fassen, und Eliot, statt ein weiteres Meisterwerk wie „The Waste Land“ oder die „Four Quartets“ zu schaffen, schrieb die belanglose „Cocktailparty“.

Mit dem erwartungsvollen Blick des inspirierten Dilettanten sah sich Oppenheimer auch unter den geistes- und sozialwissenschaftlichen Diskursen um. Von dem Anthropologen Alfred L. Kroeber, ebenfalls einem Bekannten aus Berkeley, ließ sich der junge Direktor 1948 eine Folge von Tagungen mit Arnold Toynbee aufschwatzen, der damals sehr en vogue war, aber für den Stil der historischen Forschung am Institut folgenlos blieb. Auch Versuche mit der Psychologie, die Oppenheimer seit langem am Herzen lag, führten nicht zu der erhofften Synthese. Der seit 1948 verfolgte Plan, über eine *study group* die Psychologie dauerhaft am Institut zu etablieren, ein Plan, den er unter Einsatz beträchtlicher Mittel aus dem Director's Fund und beraten von einem prominent besetzten Board in den fünfziger Jahren verfolgte, führte zu nichts: 1961 wurde das Projekt sang- und klanglos eingestellt.

Mochten die großformatigen Synthesen zum Scheitern verurteilt sein – an Brückenschlägen zwischen den zwei Kulturen hat es in Princeton in den Jahren nach dem Zweiten Weltkrieg nicht gefehlt. Freilich gingen sie nicht auf pontifikale Maßnahmen des Direktors zurück (obwohl diese für ein günstiges Klima sorgen mochten), sondern auf individuelle Versuche von Geisteswissenschaftlern, mit den Naturwissenschaftlern ins Gespräch zu kommen – und umgekehrt. Die schwierige Ausgangslage hatte Erwin Panofsky in einer Rede zur Feier des Nobelpreises für Wolfgang Pauli 1945 prägnant und gleichsam überzeitlich gültig benannt: „Auf der rein praktischen Ebene kann der Geisteswissenschaftler von seinen naturwissenschaftlichen Freunden nicht viel lernen. Mag sein, dass er gern läse, was sie schreiben, aber er versteht es nicht. Umgekehrt wären die Naturwissenschaftler in der Lage zu verstehen, was der Geisteswissenschaftler schreibt; aber sie wollen es nicht lesen.“

Panofsky wollte nicht nur schwarz malen. Auf einer anderen Ebene könne der Geisteswissenschaftler sehr wohl vom Naturwissenschaftler lernen, vorausgesetzt er fände den rechten Gesprächspartner. Denn „auch der Geisteswissenschaftler steht vor Fragen wie: der jeweiligen Bedeutung räumlicher und zeitlicher Gegebenheiten in unterschiedlichen Bezugssystemen; dem empfindlichen Verhältnis zwischen Phänomen und ‚Instrument' (das im Fall des Geisteswissenschaftlers soviel heißt wie ‚Dokument'); der kontinuierlichen und/oder diskontinuierlichen Struktur der Prozesse, die wir leichtfertig als ‚historische Entwicklung' bezeichnen.“

Es kam eben auf den Gesprächspartner an, wie Panofsky gesagt hatte. Dass er selber Gesprächsangebote nach beiden Seiten machen konnte, bewies er, als er 1945 die Lichtmetaphysik des 12. Jahrhunderts, die er bei Abt Suger, dem Bauherrn des Chorneubaus von Saint-Denis, erkannt hatte, interpretierte: Er stellte sie in einen langen Traditionsbogen des Neoplatonismus, der von der Antike bis zum Lichtblitz der Atombombe reichte. Im Herbst jenes Jahres beschäftigte er sich mit Quantenphysik und fand sie weniger schwierig als seine ehemalige Schulphysik. Durch seinen Sohn Wolfgang, der als Nuklearphysiker die erste Zündung einer Atombombe am 16. Juli 1945 in Neu-Mexiko von Bord eines B29-Bombers beobachtet hatte, war er mit dem Stand der amerikanischen Nukleartechnik einigermaßen vertraut. Panofsky wusste, wer der

Mann war, der zwei Jahre später die Leitung des Instituts übernahm, und worin seine Leistung bestanden hatte.

Der Humanist Panofsky beließ es nicht dabei, in der Schule der Quantenphysik nachzusitzen, um einem Freund wie Wolfgang Pauli einigermaßen folgen zu können. Umgekehrt gelang es ihm auch, wie Horst Bredekamp gezeigt hat, die Mathematiker und Physiker daran zu erinnern, dass die Gründerväter der neuzeitlichen Kosmologie, wie namentlich Kepler, noch aus okkulten Quellen des Wissens geschöpft hatten, von denen die spätere „reine" Wissenschaft nichts mehr wissen wollte. In diese Kerbe schlug Panofsky abermals, als er 1956 Galilei als „Kritiker der Künste" beschrieb.

Gesprächsangebote kamen auch von anderer Seite. Harold Cherniss, der Platon- und Aristoteles-Spezialist, der als Freiwilliger in den Krieg eingetreten und im Nachrichtendienst zum Captain aufgestiegen war, ein Freund Oppenheimers, interpretierte 1951 „Platon als Mathematiker". Jean Piaget kam 1954, eingeladen von der *psychology study group*, ans Institut, nicht um die Entwicklungspsychologie des Kindes zu behandeln, sondern die Psychologie der Zahlen. Überhaupt, die Zahlen! Es schien, als läge in ihnen das Urwort einer neuen, gemeinsamen Sprache beschlossen. Auch die Mathematiker versuchten ihrerseits den Brückenschlag zur Welt der Geisteswissenschaftler: 1952 veröffentlichte Hermann Weyl vier Vorlesungen über „Symmetrie", die sich ausdrücklich nicht nur an Mathematiker, sondern auch an Ideen-, Architektur- und Kunsthistoriker wandten. Es war, als sei Pythagoras wieder in die Schmiede zurückgekehrt. Nur dass es sich diesmal um eine Waffenschmiede handelte.

Mag sein, dass Panofsky, als er die Anfänge des gotischen Stils mit der Tradition des Neoplatonismus verband und dieses bis ins 20. Jahrhundert verlängerte, zweimal irrte: sowohl in Hinsicht auf die Lichtmetaphysik der Gotik wie auf die Nuklearphysik der Gegenwart. Umso präziser traf er einen Punkt, auf den er gar nicht gezielt hatte – das Milieu, in dem er lebte und dachte. Von „Naturwissenschaften" konnte in den ersten zwei, drei Jahrzehnten des Instituts nur in einem sehr begrenzten Sinn die Rede sein. Dominiert wurde der Flügel der *sciences* von Mathematikern, zu denen einige theoretische Physiker wie Einstein gekommen waren. Labor- oder Experimentalwissenschaften: Fehlanzeige. Gewiss waren die Formeln, über die diese Theoretiker miteinander kommunizierten, für die Geisteswissenschaftler eine „Fremdsprache", wie der Vorgänger Oppenheimers, der Anglist Aydelotte, formulierte. Aber es gab Schlüsselworte, die eine Übersetzung möglich zu machen schienen. „Zahl" hieß eines von ihnen, „Idee" ein anderes. Platon hieß das Übersetzungsprogramm von Princeton. Die Welt, auf die es ankam, bestand aus Ideen. Als im November 1946 die Fakultät über die Frage stritt, ob der Agora-Ausgräber Homer Thompson eine volle Professur erhalten sollte, erklärte Hermann Weyl, er halte Thompson für einen tüchtigen Archäologen, vermisse aber seinen eigenständigen Beitrag zur Ideengeschichte.

Diesseits des Himmels der Ideen und jenseits der individuellen Gesprächsangebote boten sich zwei Vermittlungsagenturen an, die beide den Anspruch erhoben, den interkulturellen Dialog zwischen Geistes- und Naturwissenschaftlern zu fördern. Die erste von ihnen war die Wissenschaftsgeschichte. Bereits 1945/46 wurde auf Betreiben von Hermann Weyl der Mathematikhistoriker Otto Neugebauer zum ersten Mal als Fellow ans Institut eingeladen. Als er 1980, lange nach seiner Emeritierung von Brown University, zum Permanent Fellow ernannt wurde, konnte er auf dreieinhalb Jahrzehnte enger Verbindung zum Institut zurückblicken. Persönliche Freundschaften zu Cherniss und Oppenheimer hatten die Bindungen verstärkt. Neugebauer hatte Mathematik und Ägyptologie in München und Göttingen studiert, um sich dann der Altorientalistik zuzuwenden. Von Hilbert über die Grundlagen der ägyptischen Bruchrechnung promoviert, entwickelte er sich zu einem der führenden Historiker der antiken Mathematik und Astronomie. 1933 verließ er aus politischen Gründen Göttingen und ging nach Kopenhagen, sechs Jahre später in die USA.

1955 bemühte Oppenheimer sich um Neugebauer, gleichzeitig versuchte er, sekundiert von Cherniss, eine andere Koryphäe der Wissenschaftsgeschichte als Professor an das Institut zu holen: Alexandre Koyré, der an der École pratique in Paris lehrte. Beide Berufungen scheiterten aus privaten Gründen, zeigen aber die Bedeutung, die das Institut zu jener Zeit der Wissenschaftsgeschichte beimaß. Das Bild vertieft sich noch, wenn man die Geschichte der Anstrengungen ins Auge fasst, die Oppenheimer Ende der vierziger Jahre unternahm, um den bedeutenden Rechtshistoriker Max Radin, ebenfalls ein Bekannter aus Berkeley, und später, in den Fünfzigern, um Isaiah Berlin als Fellow an das Institut zu ziehen.

Die andere Vermittlungsagentur hieß Kunstgeschichte. Schon 1934 schrieb der Kunsthistoriker Charles Rufus Morey an Abraham Flexner und zitierte Panofsky mit den Worten, die Kunstgeschichte sei eine Art „clearing house“ für alle historischen Fächer geworden. Nach 1945, unter dem Eindruck der Bombe, bemühte Panofsky sich einige Jahre lang angestrengt, bisweilen mit überzogenen Deutungen, zu beweisen, dass die Kunstgeschichte diese „clearing house“-Funktion auch gegenüber den Naturwissenschaften wahrnehmen konnte. Den engagiertesten Versuch in dieser Richtung unternahm er Anfang der fünfziger Jahre in dem erwähnten Essay über den Typus des Künstler-Gelehrten und die neue Wissensordnung der Renaissance („Artist, Scientist, Genius“, als Vortrag zuerst 1952). Die Renaissance, so der Autor, sei die Epoche einer *decompartmentalization* gewesen, eines Zerbrechens der alten *compartments* des Wissens und des Einreißens der alten Trennwände. Gelehrte Künstler, um genauer zu sein: Mathematiker-Künstler wie Alberti, Leonardo und Dürer seien es gewesen, in deren Werkstätten sich erstmals eine neue synthetische Wissenschaft gezeigt habe.

An diesem Punkt streckte Panofsky, der immer zu den streitbaren Vertretern der reinen Wissenschaft gehört hatte, sogar die Hand zu den Anwendern und Technikern, den Männern im Keller, den „Klempnern“ aus: Die Renaissance, schrieb er, habe auch die Kluft geschlossen, die den Gelehrten und den Denker vom Praktiker getrennt habe, und stimmte denjenigen Wissenschaftshistorikern zu, die erklärt hatten, einige der größten Fortschritte in den Naturwissenschaften seien von Ingenieuren, Instrumentenbauern und Künstlern gemacht worden – und nicht von Professoren.

Soweit die Renaissance von Princeton nach dem Krieg. Die Frage, wer der eigentliche Prospero dieser Insel an der Ostküste gewesen sei, John von Neumann, der von der reinen Wissenschaft zu den Praktikern überging und nicht mehr zurück wollte, oder Robert Oppenheimer, der von den Praktikern kam und nicht mehr zu den Theoretikern zurückfand, sei dahingestellt. Wie der echte Prospero, der Shakespearesche, waren beide Vertriebene, Emigrant der eine, Sohn von Emigranten der andere, und beide praktizierten sie die Magie ihres Zeitalters, bauten Waffen, stahlen das Feuer. Aber anders als Shakespeares Inselkönig waren sie nicht in der Lage, den Sturm, den sie gesät hatten, wieder zu stillen.

Es ist Caliban, das Erdmonster, von dem die schönen Worte über die Insel voll zauberischer Klänge stammen, nicht Ariel, der Luftgeist und Meister dieser Klänge. Auch der Seesturm, der um ein Haar das Schiff der Neapolitaner verschlungen hätte, ist eine Art musikalisches Großereignis; Prosperos Zauberstab ist der Stab eines Dirigenten. „Die Atmosphäre“, sagte Jule Gregory Charney, einer der Meteorologen, die mit dem Elektronenrechner von Princeton die Entstehung von Stürmen berechnen wollten, im Februar 1947, „die Atmosphäre ist ein Musikinstrument, auf dem man viele Klänge erzeugen kann. Hohe Töne sind Klangwellen, tiefe Töne sind lange träge Wellen. Die Natur ist ein Musiker eher nach Art Beethovens als nach der Chopins. Sie zieht die tiefen Töne vor und spielt nur gelegentlich mit leichter Hand hohe Arpeggios."

Im Sommer 1952 hielt Erwin Panofsky im schwedischen Schloss Gripsholm eine Reihe von Vorlesungen über die Renaissancen und Protorenaissancen der europäischen Kunst. Es war das erste Mal, dass die Epoche, die lange Zeit als der singuläre Auftakt der Moderne gegolten hatte, derart konsequent in den Plural gesetzt wurde. Gleichzeitig war damit aber auch gesagt, dass Renaissancen wiederholbar waren und dass mit ähnlichen Phänomenen zu anderen Zeiten und Orten zu rechnen war. Die Renaissance von Princeton, die Panofskys unmittelbaren Erfahrungsraum darstellte, war nicht von langer Dauer: nach zehn, zwölf Jahren war alles vorbei; die Grenzen der *compartments* hatten sich wieder geschlossen. Die Zeit des Kalten Krieges und der McCarthy-Ära setzte ihre eigene, härtere Agenda; für Luftgeister blieb wenig Platz im Falkennest. Kurzlebig wie sie war, bleibt diese amerikanische Renaissance doch bedeutend: ein Versuch von unverminderter Gültigkeit – und zweifellos mehr als ein Sturm im Wasserglas.

Roland Reichenbach

Über Bildungsferne

Autobiografische Notizen

In der Wohnung, in der ich aufgewachsen bin, war kein Bücherregal nötig, meine Eltern waren „bildungsfern" – zumindest würde man sie in der empirischen Bildungsforschung heute so nennen. Freiwillig habe ich mein erstes Buch mit etwa zwölf Jahren gelesen. Es hieß *Mein Schicksal heißt Catrina*. Ich hatte es mir wohl erstanden, weil mich der Name *Catrina* an ein Mädchen erinnerte, in das ich verliebt war und das Käthi hieß. Doch die Lektüre war zäh. Die Geschichte erzählt von einer Alleinüberquerung des Atlantik. Erst nach etlichen Seiten dämmerte mir, dass „nur" das Boot *Catrina* hieß. Das war enttäuschend, denn ich hatte mir insgeheim eine Liebesgeschichte erhofft, und zwar mit einer Frau, nicht mit einem Boot. Ein weibliches Wesen namens Catrina ist in diesem einsamen Ozean bis zum Schluss nicht aufgetaucht. So versuchte ich mich für Fragen der Navigation zu interessieren, was in den Berner Alpen einer gewissen Vorstellungskraft bedarf. Bis vor wenigen Jahren habe ich Bücher wie schon *Mein Schicksal heißt Catrina* gegen fast jeden Widerstand bis zum Schluss gelesen, auch wenn sich die Öde schon auf den ersten Seiten angekündigt hat. Rar verstreute Sätze, die meiner Aufmerksamkeit wert waren, fungierten als intermittierende Verstärkung; so hat sich meine Lesebereitschaft – Bildungsferne hin oder her – erhalten. Noch heute befällt mich ein leicht protestantisches Gefühl, wenn ich ein Buch mitten in der Lektüre weglege.

Wer in „bildungsfernen Verhältnissen" aufwächst, wächst immer auch in „einfachen Verhältnissen" auf. Was an diesen Verhältnissen genau einfach sein soll, bleibt unklar. Mit meinen Brüdern, beide naturgemäß bildungsfern wie ich, schaute ich über viele Jahre sehr viel fern: die dümmsten damals angebotenen Sendungen, aber auch interessante Reportagen, zum Beispiel über die Transsibirische Eisenbahn. Sonntagsausflüge mit den Eltern mussten immer wieder frühzeitig abgebrochen werden, weil wir drei Brüder hartnäckig drauf bestanden, um 17 Uhr zu Hause zu sein, um keine Folge von *Daktari* zu verpassen. Die Solidarität unter bildungsfernen Geschwistern ist wohl von einfachem Wesen, aber sie kann wirksam sein. Lange vor 2.0 haben wir schon mit dem Fernsehen interagiert. Zum Beispiel haben wir Leon Huber – damals Nachrichtensprecher im Schweizer Fernsehen – wiederholt unsere drei kleinen Hinterteile gezeigt. Leon Huber war ganz irritiert. Jedenfalls meinten wir das. In einfachen Familien werden ja schon die einfachsten Zusammenhänge nicht verstanden.

Bildungsnähe?

Bildungsferne wird über den sogenannten sozioökonomischen und soziokulturellen Status der Eltern der befragten, vielmehr meist getesteten Kinder und Jugendlichen operationalisiert. Aber welches Bildungsverständnis muss im Bildungsforscherkopf vorherrschen, damit er davon ausgehen kann, ganze Bevölkerungsgruppen könnten der Bildung fernliegen? Und wie bildungsnah ist sich dieser Kopf eigentlich selber? Das sei nicht weiter vertieft, wiewohl es besonders interessant sein könnte.

Die Raummetaphorik des Adjektivs „bildungsfern" suggeriert, die Nähe oder Ferne, die Distanz zu Bildung sei graduell bestimmbar. Freilich sind Metaphern deviante Namensgebungen und der Gebrauch von Metaphern insgesamt unvermeidbar. Metaphern heben Aspekte hervor und verbergen andere (vgl. George Lakoff/Mark Johnson, 1980). Nur ist „Bildungsferne" kein wissenschaftlicher Begriff, sondern eine rhetorische Diskursvokabel, die als politisch korrekter Euphemismus sicher ihre legitime und legitimierende Funktion hat. Man sagt „bildungsfern" und denkt „ungebildet".

Doch „ungebildet" soll man Menschen nicht nennen. Bloß Säuglinge können als (noch) ungebildet erkannt und benannt werden, sollte man meinen. Ob Säuglinge bildungsfern sind, hängt offenbar vom Status ihrer Eltern ab. In jedem Fall ist ein Baby ein noch ganz vorsprachliches und vorreflexives Wesen, und es sieht, wie Whitehead meinte, „eindeutig nicht nach einem vielversprechenden Kandidaten für intellektuellen Fortschritt aus, wenn wir uns der Schwierigkeit der Aufgabe besinnen, die ihm bevorsteht". Das Baby hat Pech, wenn es in eine bildungsferne Familie hineingeboren wird (es ist dann ein bildungsfernes Baby) – es hat Glück, wenn es in einer bildungsnahen Familie aufwächst (obwohl es sich noch nicht wie ein gebildetes Baby verhält, denn das kommt erst später). Doch auch in bildungsnahen Milieus ist nicht alles einfach. Bertrand Russell berichtet zum Beispiel, dass sein erstes Kind als Neugeborenes zunächst wie Immanuel Kant ausgesehen habe. Das war ein Schock! Erst Tage danach habe das Kind die Form eines richtigen Babys angenommen. In einer bildungsfernen Familie ist diese Erfahrung unwahrscheinlich, es geht dort einfacher zu: Babys erinnern da nur an andere Babys, niemals an Aufklärer, auch wenn diese selbst – wie Kant oder Rousseau – aus bildungsfernen Milieus, vergleichsweise „einfachen Verhältnissen" stammen.

Der Bildungsforscher hat klare Kriterien für Bildungsnähe oder Bildungsferne: zum Beispiel die Anzahl der Bücher im Regal des elterlichen Haushalts oder die Anzahl der Jahre, die ein Mensch in Bildungsinstitutionen verbringt. Letzteres könnte auch als Variable diskutiert werden, die den Prozess des Erwachsenwerdens gerade verzögert. In diesem Sinne verbindet sich das

Recht auf formale Bildung auf eigentümliche Weise mit dem Bedürfnis nach Entwicklungsverzögerung. Mit der stetigen Ausweitung des psychosozialen Moratoriums erscheint die Postadoleszenz selbst gegen Ende des dritten Lebensjahrzehnts noch als Fernziel.

Hier haben wir vielleicht ein Kriterium für Bildungsnähe, das aus jenem der Bildungsferne in der empirischen Bildungsforschung folgt. Der Untertitel von Susan Neimans lesenswerter Abhandlung Warum erwachsen werden? lautet: „Eine philosophische Ermutigung". Es sind vor allem die „bildungsnahen" Menschen, die diese Ermutigung offenbar brauchen, vermutet man bei dieser Lektüre. Die Kindheit und vor allem die Jugendzeit der Bildungsfernen sind vergleichsweise kurz. Natürlich würde man Erwachsenwerden und Bildung nicht nur in der pädagogischen Theorie, sondern auch im Alltagsverständnis in einem engen und positiven Zusammenhang sehen wollen. Doch dazu müssten Allgemeinbildung, besondere Bildung (zum Beispiel Berufsbildung) und vor allem die allgemeine Menschenbildung unterschieden und je in ihrem Recht und ihrer Bedeutung anerkannt werden.

Für den empirischen Bildungsforscher, der lieber mit großen Datensätzen rechnen will oder muss, ist ein Konzept wie „allgemeine Menschenbildung" freilich unbrauchbar. Er wird dabei bleiben: Wer sich zu Hause vor allem um seine jüngeren Geschwister kümmern muss oder um den elterlichen Haushalt oder aber im Laden steht statt die Schulbank zu drücken oder, weil er keine Lehrstelle findet, sein Glück als Hilfsarbeiter im Ausland sucht, ist „bildungsfern". Wer also früh im Leben und ungefragt Verantwortung für sich und andere übernehmen muss, gilt in der Taxonomie der empirischen Bildungsforschung höchstwahrscheinlich als „bildungsfern". Wer hingegen mit 25 oder 30 Jahren noch nicht so recht weiß, was er mit seinem Leben anfangen will, ist wahrscheinlich „bildungsnah". Wohl sitzt er in Seminaren oder Hörsälen, vielleicht mit den Jahren zunehmend verunsichert, verdattert und etwas schlaff, aber er tut etwas für seine Bildung. Was dieses „Etwas" ist, weiß er selber möglicherweise umso weniger, je länger er da sitzt.

Mass higher education

Mit der Entwicklung zur mass higher education können sich nun immer mehr junge Menschen immer länger sitzend bilden. Die Optionen einer erfolgreichen Zukunft stehen ihnen offen, glauben sie. Bildungsökonomische Studien geben ihnen zumindest in finanzieller Hinsicht Recht. Nur das Gefühl, gebraucht zu werden, eine Funktion für andere zu haben, an einer großen oder auch kleinen Sache mitzuwirken, erfahren sie wenig – überhaupt das Gefühl, für andere und anderes als die eigene Bildung wichtig zu sein. Daher ist Bildungsnähe häufig mit so wenig Leidenschaft und Freude verbunden. Universitäten und Fachhochschulen sind heute für vergleichsweise sehr viele Menschen zugänglich geworden.

Die Alma mater behandelt als nährende Übermutter die ihr Zugeordneten und Zugelaufenen zunächst alle gleich. Immer mehr wollen genährt werden mit Bildung und Wissen, und die „Allgemeine Hochschulpflicht" (Reinhard Kreckel) ist dabei, verwirklicht zu werden. Das Phänomen der mass higher education ist global und findet weitgehend unabhängig vom wirtschaftlichen Entwicklungsniveau der Nationalstaaten statt. Die Hochschulexpansion folgt „prinzipiell einem globalen Muster, nicht unterschiedlichen nationalen Verlaufsmustern", nationale Bildungssysteme sind globalen Modellen unterworfen: „Nationalistische Grundsätze und die Verherrlichung nationaler Sonderwege verloren nach zwei weitgehend durch sie verursachten Weltkriegen und einer Weltwirtschaftskrise an Attraktivität" (John W. Meyer/Evan Schofer, 2005). Bekanntlich ist die Wahrscheinlichkeit, mit der sich Kinder aus bestimmten Milieus an einer Universität einschreiben, statusabhängig geblieben, so haben Beamtenkinder in Deutschland zwischen 1969 und 2000 den größten Chancenzuwachs verzeichnen können, dies vor den Söhnen und Töchtern von Selbständigen und Angestellten, während Arbeiterkinder nur einen sehr geringen Chancenzuwachs vorweisen können (vgl. Jens Wernicke, 2009). Die scheinbare Demokratisierung der Bildung – schlimmes Wort „Massenbildung" – verringert die sozioökonomischen Unterschiede keineswegs, sondern mag sogar noch dazu beitragen, sie zu vergrößern. Doch dass durch Schule, Bildung und Ausbildung ungleiche Chancen möglichst zu kompensieren sind, darüber herrscht unhinterfragt Konsens, wiewohl die paradoxale Struktur dieser Forderung schon vor vielen Jahren von Helmut Heid überzeugend analysiert worden ist. Die gesellschaftliche Anerkennung dieses wahren Sisyphosprojekts ist Ermöglichungsbedingung einer umfassenden Pädagogisierung der Gesellschaft. „Eine enorme Maschine", so Jacques Rancière, „setzte sich in Gang, um die Gleichheit durch Ausbildung zu fördern." Diese Maschine hat viele zusätzliche Funktionen, unter anderem schafft sie selber neue „pädagogische" Arbeitsstellen und sichert deren Dauer, und sie mindert das gesellschaftliche Unbehagen an der sozialen Ungleichheit: Es wird ja etwas getan.

Der erste Mensch

Wer aus einer „bildungsfernen" Schicht den Aufstieg in „bildungsnahe" Milieus schafft, hat vielleicht Glück gehabt, hat sich vielleicht sehr angestrengt, und dies ist belohnt worden. Er hat aber auch ein Milieu verlassen, das ihn nicht mehr verstehen wird, und er wird vielleicht, um es in Anlehnung an Pierre Bourdieu zu sagen, „oben" nie wirklich ankommen, da man ihm den Stallgeruch oder den Habitus noch lange Zeit, vielleicht zeitlebens anmerkt. Fast sicher ist aber, dass er eine wesentliche Unterstützung erhalten haben muss, durch eine Person, die ihn zum Lernen und zur Anstrengung ermutigt hat.

Eine rührende Beschreibung eines solchen pädagogischen Verhältnisses ist Albert Camus' Autobiografie zu entnehmen. Für Jacques, Alberts Alter Ego, ist Lehrer Bernard die Möglichkeit, als Erster in der Familie würdig „wie ein Mensch" zu leben (daher der Titel Der erste Mensch). Die Bindung des Knaben, der keinen Vater hat und mit seiner lernbehinderten Mutter und der etwas rabiaten Großmutter in ärmlichen Verhältnissen aufwächst, ist elementar und exklusiv. Bernard hilft Jacques und anderen Schülern mit großem Einsatz, die Prüfung ins Gymnasium zu bestehen. Der Preis für diesen Erfolg ist die Trennung von Bernard. Dieser versucht, Jacques zu trösten: „›Du brauchst mich nicht mehr‹, sagte er, ›du wirst gelehrtere Lehrer haben. Aber du weißt ja, wo ich bin, besuch mich, wenn du meine Hilfe brauchst.‹"

Camus beschreibt nun die Gefühle, die den Jungen mit dem Bewusstsein des Preises für seinen Bildungserfolg überwältigen: „Er ging, und Jaques blieb allein, verloren inmitten dieser Frauen, dann stürzte er zum Fenster und sah seinem Lehrer nach, der ihn ein letztes Mal grüßte und ihn von nun an allein ließ, und statt der Freude über den Erfolg zerriss ein grenzenloser Kinderkummer sein Herz, so als wüsste er im Voraus, dass er soeben durch diesen Erfolg aus der unschuldigen, warmherzigen Welt der Armen herausgerissen worden war, einer wie eine Insel innerhalb der Gesellschaft in sich abgeschlossenen Welt, in der das Elend als Familie und Solidarität dient, um in eine unbekannte Welt geworfen zu werden, die nicht mehr seine war, von der er nicht glauben konnte, dass die Lehrer gelehrter waren als dieser, dessen Herz alles wusste, und er würde in Zukunft ohne Hilfe lernen und verstehen müssen, ohne den Beistand des einzigen Menschen, der ihm geholfen hatte, schließlich ganz auf seine Kosten sich allein erziehen und erwachsen werden müssen."

Gleichheit als Praxis

Gleichheit ist ein Gerechtigkeitsideal. Moralische und politische Ideale haben einen regulativen Charakter: Wer sie anerkennt, handelt anders oder möchte anders handeln oder möchte, dass anders gehandelt wird. Aus diesem Grund ist Gleichheit (beziehungsweise Ungleichheit) weniger als Zustand zu diskutieren, sondern vornehmlich als soziale Praxis. Genauer betrachtet ist sie eine Unterstellungsleistung, sei dieselbe kontrafaktisch herausgefordert oder nicht. Gleichheit ist nur zwischen Menschen existent, „die sich als vernünftige Wesen ansehen" (Rancière).

Lehrer Bernard behandelt Jacques als ein vernünftiges Wesen. „Das Problem ist nicht, Gelehrte zu erzeugen", schreibt Rancière, es besteht darin, „diejenigen dazu zu ermutigen, sich zu erheben, die sich niedrig an Intelligenz glauben, sie aus dem Sumpf zu ziehen, in dem sie verkommen; nicht dem Sumpf der Unwissenheit, sondern der Selbstverachtung, der Verachtung des vernünftigen Geschöpfes in sich." Man kann Gleichheit politisch-moralisch fordern, man mag glauben, sie sei gegeben oder nicht gegeben, allein durch diese Praktiken wird Gleichheit nicht notwendigerweise wirklicher oder gar realisiert; vielmehr muss Gleichheit praktiziert werden, und das bedeutet in letzter Konsequenz, die Intelligenz – sagen wir kantisch: die Intelligibilität – des anderen als gleiche wie die eigene zu betrachten. Gleichheit ist aus diesem Grund – zumindest mit Jacques Rancière – mit Vernunft gleichzusetzen.

Was nun den Zustand der Gleichheit (respektive umgekehrt der Ungleichheit) in der Gesellschaft betrifft, so sei zu „wählen, ob man sie den wirklichen Individuen zuspricht oder ihrer fiktiven Vereinigung. Man muss wählen zwischen einer Gesellschaft der Ungleichheit mit gleichen Menschen oder einer Gesellschaft der Gleichheit mit ungleichen Menschen. Wer den Geschmack für die Gleichheit hat, dürfte nicht zögern: Die Individuen sind die realen Wesen und die Gesellschaft eine Fiktion. Für die realen Wesen hat die Gleichheit einen Wert, für eine Fiktion hingegen nicht." Man könnte mit Rancière formulieren, dass Gleichheit eine soziale Praxis und Ungleichheit ein gesellschaftliches Faktum darstellt. Gleichheit ist eine Anerkennungsleistung, die gegen die soziale und gesellschaftliche Ungleichheit, der wir überall begegnen, aufgebracht werden kann.

Die moderne Moral der symmetrischen Kommunikation gebietet freilich die Unterstellung von gleichen Rechten und Pflichten. Dies ist in unseren Breitengraden weithin anerkannt, daher unterliegt – in der Regel – nicht die Gleichbehandlung, sondern die Ungleichbehandlung einem Rechtfertigungsdruck. Dennoch ist die Lage meist komplizierter; in welchem Verhältnis tatsächliche Ungleichheiten und (normative) Gleichheitspostulate zu sehen sind, kann nur strittig bleiben und ist jedenfalls keine wissenschaftliche Frage, sondern Gegenstand des ethischen und politischen Diskurses: Welche Ungleichheiten sind erstens als ungerecht zu betrachten? Welche lassen sich zweitens ethisch nicht rechtfertigen, und welche sind drittens hinzunehmen, da sie wohl nicht zu verändern sind? Als einigermaßen fromm kann die Annahme bezeichnet werden, wonach in pluralistischen Gesellschaften immer oder auch nur meistens Konsens darüber hergestellt werden könnte, welcher Kategorie eine konkret festgestellte und empirisch belegbare Ungleichheit zugeordnet werden müsse, „moral disagreement is here to stay" (A. Gutmann/D. Thompson, 1997).

Da sich die Widersprüche der demokratischen – oder auch nichtdemokratischen – Gesellschaft (wahrscheinlich) zwangsläufig in all ihren Subsystemen – nicht nur dem Bildungssystem – auswirken, können die gesellschaftlichen Probleme letztlich weder der einzelnen Schule beziehungsweise dem Bildungssystem als Ganzem angelastet noch von dieser oder diesem wirklich gelöst werden. Und daher sind manche gesellschaftlich notwendigen Funktionen der Schule in pädagogischer und ethischer Sicht teilweise höchst problematisch. Dieser widersprüchlichen Struktur wird im erziehungswissenschaftlichen Diskurs der Ungleichheit und vor allem im bildungspolitischen Diskurs der Ungerechtigkeit wenig Aufmerksamkeit geschenkt, wohl weil mit diesem Augenmerk eine unangenehme Ratlosigkeit offensichtlich würde: Chancengleichheit wird es nie geben, und die Schule wird unfair bleiben, so viel ist klar – die Frage ist eher, wer und wie viele auf der (scheinbaren) „Verliererseite" oder aber „Gewinnerseite" steht beziehungsweise stehen und wie sich dieses Verhältnis verändern lässt.

Während es wissenschaftlich von Bedeutung ist, die vorhandenen Ungleichheiten möglichst angemessen zu erfassen oder wenigstens zu beschreiben, kommt es ethisch, politisch und pädagogisch darauf an, ob Gleichheit praktiziert wird und in welchen Bereichen menschlicher Handlungsmöglichkeiten mit dieser Praxis gerechnet werden kann. Die bescheidene – und dennoch vielleicht politische(re) – Sicht lautet, dass Gleichheitspraxis nur auf der Ebene der Individuen und nicht auf der Ebene der Institutionen, Organisationen oder gar der Gesellschaft wahrscheinlich ist. Das hat nicht primär damit zu tun, dass letztlich nur Individuen handeln können und nicht Strukturen, sondern damit, dass das gesellschaftliche Faktum von ungerechten oder nicht legitimierbaren Ungleichheiten sich in allen gesellschaftlichen Teilsystemen widerspiegelt, sei dies mehr oder weniger ausgeprägt und mehr oder weniger gut kaschiert.

Die zeitgenössische Empörung über die Ungerechtigkeit im Bildungsbereich wirkt nicht immer aufrichtig (denn alle „empören" sich ja auf ihre je kommode Weise, und gleichzeitig können Schuldige an der Misere nicht wirklich bezeichnet werden, was moralisch interessanter wäre) und scheint auch nicht unbedingt in tiefschürfendem Denken zu wurzeln, sondern sie gehört zum Arsenal der gefälligen und politisch korrekten Artikulationen. Ganz abgesehen davon, dass die Empörungskapazität der Menschen begrenzt ist, scheinen zwei mehr oder weniger stillschweigende Annahmen zur flotten Ausstattung der Ungleichheitsdiskurse zu gehören, nämlich erstens die Annahme, dass (formale) Bildung zu Emanzipation führe (zumindest führen solle und gegebenenfalls könne), und zweitens die Vermutung, dass (zunehmende) Gleichheit immer auch Fortschritt bedeute.

Pädagogische Panik

Je mehr sich die „Allgemeine Hochschulpflicht" durchsetzt, desto systematischer wird auch der Verblendungszusammenhang, der sich in der Überzeugung artikuliert, wonach sozialer Fortschritt ein primär pädagogisches Projekt darstelle. Das Vehikel zur Erreichung der zunehmenden Gerechtigkeit oder des Schwindens ungerechter Ungleichheit wird vorwiegend noch in der Bildung (und den damit verbundenen gesellschaftlichen Teilhabemöglichkeiten) gesehen, wobei es – genauer gesagt – letztlich ja immer der Bildungsabschluss leisten soll. Die gesellschaftlich akzeptierte – und dennoch nie wirklich überzeugende – Gleichsetzung von Bildungsabschluss und Bildung ist eine zentrale Bedingung für die umfassende Pädagogisierung der Gesellschaft, in der sich Personen mit Abschlüssen größeren Prestiges „emanzipiert(er)" und „gebildeter" wähnen können als die Personen, die sie in der Hierarchie des Bildungs- und Ausbildungssystems scheinbar hinter sich gelassen haben.

Damit aber Gutes getan werden kann beziehungsweise die guten Intentionen nicht an der Komplexität und Widersprüchlichkeit der Wirklichkeiten scheitern, braucht es frohe Botschaften in einem Vokabular mit eindeutiger Orientierungsfunktion: Das „Neue" oder „Innovative" muss als das Gute erscheinen, und schon die Erscheinung muss selbst performativ wirksam sein. Die Wirkungsleistung ist eine Funktion der symbolischen „Gewalt", das heißt einer Macht, „der es gelingt, Bedeutungen durchzusetzen und sie als legitim durchzusetzen, indem sie die Kräfteverhältnisse verschleiert, die ihrer Kraft zugrunde liegen" (Pierre Bourdieu/Jean-Claude Passeron, 1973).

Basil Bernstein war sicher einer der ersten Autoren, die in diesem (Überzeugungs- und Überredungs)Zusammenhang die Attraktivität des Kompetenzdiskurses profund analysiert haben. Zur Attraktivität dieses Diskurses gehört erstens die „universelle Demokratie" im Kompetenzdenken: „All are inherently competent and all possess common procedures." Weiter ist es zweitens immer günstig, das lernende Subjekt als aktiven und kreativen Konstrukteur einer bedeutungsvollen Welt vorzustellen. So wird der Verdacht einer behavioristischen Perspektive, die bekanntlich am Subjekt herzlich wenig interessiert ist, wirkungsvoll entkräftet (denn wie könnte man gegen Kreativität und Eigenaktivität sein?). Von Bedeutung ist freilich zusätzlich drittens das Konzept der selbstregulierten Entwicklung (heute: des selbstregulierten Lernens): „Official socializers are suspect, for acquisition of these procedures is a tacit, invisible act not subject to public regulation". Und schließlich mag es viertens schwer sein, sich gegen die begriffliche Engführung von Kompetenz und Emanzipation zu wehren.

Die hier virulent gewordene Transformation des Bildungsverständnisses kann als eine Verschiebung des Fokus oder Ideals der Bildung als Kulturgut und Fachwissen zum Leitbild der Bildung als Kompetenz und Humankapital verstanden werden (vgl. Richard Münch, 2009). Die tiefere Ursache dieser Bewegung sieht Richard Münch in der Verschiebung der symbolischen Macht weg von „nationalen Bildungseliten" hin zu „transnational organisierten Wissenseliten". Im Kontext der Weltkultur verlieren nationale Entwicklungspfade ihre Legitimität und Effektivität. Wenn wir letztlich alle darin gleich sind, dass wir unsere Potenziale haben und dieselben in unserer Entwicklung möglichst nutzbar machen sollen (wenn nötig, mit zusätzlichen Förderhilfen), dann kommt es eigentlich nur noch darauf an, die gesellschaftlich vielversprechendsten Bildungsprogramme zu etablieren, Bildungsleistungen auf allen Systemebenen zu kennen und zu erfassen, wenn möglich zu messen und evidenzbasiert allfällige Korrekturen anzubringen; dies entspricht offenbar einem eindeutig progressiven und widerspruchsfreien Vorhaben, dem eigentlich nur ignorante, nostalgische und / oder elitäre Haltungen entgegenstehen können.

Dass aber hinter dieser scheinbaren Eindeutigkeit und diesem offenkundig pädagogischen Optimismus eine tiefe gesellschaftliche Verunsicherung, vermeintliche oder nicht vermeintliche

Orientierungslosigkeit und Verschleierungstendenz stecken könnten, bleibt wohl eine Ansicht, die nicht von vielen Bildungs- und Erziehungswissenschaftlern geteilt wird. Bernstein sprach von pädagogischer Panik: „Ich denke, was wir gerade erleben, ist eine pädagogische Panik, die die moralische Panik maskiert, eine tiefe Panik in unserer Gesellschaft, die nicht weiß, was ist und wohin es geht. Und das ist eine Periode der pädagogischen Panik. Und es ist das erste Mal, dass pädagogische Panik die moralische Panik maskiert bzw. verschleiert."

Hauptsache Schulabschluss – und je größer der Anteil der Menschen mit höheren Abschlusszertifikaten, umso besser und gerechter erscheint das Bildungssystem. Die Schülerinnen und Schüler, die jetzt immer länger die Schulbank drücken müssen, mögen zwar nicht mehr wissen, warum sie dieses oder jenes lernen müssen, sie wissen auch schon während der Aneignung, dass sie die Lerninhalte sehr bald alle vergessen haben werden und es auf diese Inhalte auch nie mehr wirklich ankommen wird, sie wissen aber, dass sie es jetzt lernen müssen. „Jahr für Jahr entlässt ... [die Schule] mehr und mehr desorientierte Schülerkohorten, denen man ihre Anpassung an ein maladaptiv aus dem Ruder gelaufenes Schulsystem immer deutlicher anmerkt, ohne dass den einzelnen Lehrer oder Schüler auch nur die geringste Schuld daran träfe. Beide sind in einer Ökumene der Desorientierung vereint, zu der sich ein historisches Gegenstück kaum finden lässt" (Peter Sloterdijk, 2009).

Schluss

Es wird geschätzt, dass in Deutschland in den letzten fünfzehn Jahren rund 100 Millionen Euro für schulische Leistungsstanderhebungen ausgegeben worden sind (im Vergleich dazu, was das Bildungssystem jährlich kostet, ist dies natürlich eine kleine Summe). Dieser Teil der empirischen Bildungsforschung findet zur Hauptsache immer wieder heraus, was man schon zuvor gewusst hat, dass nämlich das Lernen der Kinder aus „bildungsfernen" Schichten vergleichsweise wenig erfolgreich ist. Jeder Pädagoge weiß, dass diese Forschung, so interessant und notwendig sie sein mag, die Praxis nicht verbessern und die Benachteiligung ganzer Bevölkerungsgruppen nicht aufheben wird. Praxis ist nur in der Praxis selbst zu verbessern. Das erfordert weniger neue didaktische Methoden und großartige Ressourcenerweiterungen als vielmehr und an erster Stelle Lehrerinnen und Lehrer des Typs Bernard. Auch die können die Ungerechtigkeit des Systems nicht aufheben, aber sie können – selbst als „unwissende Lehrmeister" – jene Gleichheit praktizieren, von der Rancière spricht. Das kann im Einzelfall den entscheidenden Unterschied machen.

Die bemerkenswerte Verarmung der Sprache der Bildung, die sich an der weitgehenden Gleichsetzung von Bildung mit Schul- beziehungsweise Bildungsabschluss feststellen lässt, ist ein Indiz dafür, wie wenig die erziehungswissenschaftliche und vor allem politisch geförderte empirische Bildungsforschung noch an den tatsächlichen Lern- und Bildungsprozessen der Menschen in ihrer Lebenswelt interessiert ist. In dieser begrifflichen und ideellen Verarmung liegt die Wurzel des verachtenden Ausdrucks „bildungsfern".

Josef H. Reichholf

Tierische Angst

Eine Analyse aus evolutionsbiologischer Sicht

Angst ist kein Empfinden, das nur dem Menschen zukommt. Dass sie uns als Gefühl (partiell) bewusst wird, qualifiziert sie nicht als etwas typisch Menschliches. Nicht einmal übertriebene Formen der Angst oder mit psychischen Erkrankungen verbundene sind auf Menschen beschränkt. Ähnliches gibt es bei Tieren; bei Hunden etwa, wenn sie dem Wahnsinn der Silvesterknallerei ausgesetzt sind. Wie andere Tiere darauf reagieren, bekommen wir meistens nicht mit. Tierische Angst sehen wir, wenn wir mit dem Hund oder der Katze zum Tierarzt müssen. Wir ahnen sie, wenn frei lebende Tiere vor den Menschen fliehen. Sie springt uns entgegen, wenn wir es mit einer in die Enge getriebenen Ratte zu tun bekommen sollten. Von der Enge hat sie ihren (deutschen) Namen. Angst lässt sich messen an der Steigerung der Herzschlagfrequenz und an der Ausschüttung von Cortisol und Adrenalin. Säugetiere reagieren in Situationen, die starke Angst auslösen, hormonell ganz ähnlich wie wir. Vieles, was wir über Stress und Angst im medizinisch-physiologischen Bereich wissen, verdanken wir den Ängsten von Labortieren, an denen die Werte gemessen wurden. Die hierzu weniger intensiv untersuchten Vögel reagieren grundsätzlich gleichartig, zumindest was die Steigerung der Herzschlagrate betrifft. Sie kann so sehr in die Höhe schnellen, dass der auch beim Menschen gefürchtete plötzliche Herztod eintritt. Vor Schreck tot umzufallen ist keineswegs nur eine menschliche Schwäche. Wer in der wissenschaftlichen Vogelberingung tätig ist, weiß, dass das ins Netz gegangene Vögelchen auch bei vorsichtigstem Erfassen schlagartig sterben kann. Finkenvögel sind erfahrungsgemäß dafür anfälliger als etwa Meisen, die sich heftig wehren und in die Finger zwicken.

Tödliche Angst

Doch wie kann es sein, dass Angst tödlich wird? Der plötzliche Herztod macht die letzte Hoffnung auf das Überleben zunichte. Adaptiv ist das gewiss nicht – möchte man meinen. Als adaptiv gilt alles, was das Überleben fördert. Diese Sicht gehört zu den theoretischen Grundfesten der Evolutionsbiologie. Waren die Grünfinken oder Gimpel zu voll gefressen und zu fett geworden, als sie beim Fang am Futterhaus der Schlag traf? Sind die vor Angst zitternden, das Wasser oder den Darminhalt laufen lassenden Hunde zu überzüchtet, dass ihnen solches widerfährt? Würden sie, wären sie noch Wolf, auch so von Angst überwältigt werden? Verweichlichen wir überängstlichen Menschen gar die Tiere, die wir in unser Leben einbezogen, hinein gezwungen haben?

Was schwerstverletzte Menschen bei Kriegsverwundungen oder als Unfallopfer im Straßenverkehr aushalten, ohne einem Angstherzschlag zu erliegen, nährt zumindest die Vermutung, die Menschen, die das gute Leben genießen, und die Haustiere könnten zu verweichlicht sein, dass sie den Ängsten nicht mehr gewachsen sind. Im normalen Leben als Wildtier müssten sie Angst aushalten. Denn Löwe & Co. sind ebenso wenig zimperlich wie unsere süßen Stubentiger, wenn sie nach Katzennatur mit der gefangenen Maus oder dem erbeuteten Vögelchen spielen. Der Schock der Todesangst mindert ihr Leiden. Viele Tiere verteidigen ihre Jungen mit höchstem Einsatz, nicht selten heftiger als sich selbst. Mit dem Nachwuchs geht mehr verloren als nur das eigene Leben, zumal wenn es sehr aufwändig war, Junge groß zu ziehen. Soziobiologische Modelle treffen Vorhersagen zum Verhältnis zwischen Verteidigung des Nachwuchses oder des eigenen Lebens. Die Befunde decken sich sehr gut damit. Doch was dies mit „der Angst“ zu tun haben soll, geht daraus noch nicht hervor. Die Verteidigung des Nachwuchses scheint in eine andere Kategorie zu gehören. Das ist zwar richtig, aber nur was den Angriff betrifft. Die Angst ist ein Zustand, die Verteidigung die Folgeaktion. Aber jeder Aktion geht ein Potenzial voraus, das aufgebaut werden muss. Auslöser sind die Angst machenden Situationen.

Angst machende Situationen

Der Feind, mit dem das Tier unversehens konfrontiert ist, verursacht nicht einfach eine Abwehr als Reaktion. Dass eine solche zustande kommt, setzt eine spontane Ausschüttung von Wirkstoffen voraus, die den Körper in höchste Alarm- und Angriffsbereitschaft versetzen. Es sind dies die üblichen Stresshormone, aber in stark erhöhter Konzentration. Wenn das Herz rast, pumpt es verstärkt Blut in die Muskulatur. Die damit transportierten Hormone katapultieren die Aktivität des Körpers auf das Höchstniveau. Harn und Exkrement werden ausgeschieden, da überflüssig und eine Belastung bei Kampf oder Flucht. Die Fokussierung auf das, was die (Todes)Angst auslöst, verhindert Ablenkungen aus anderen, gesperrten Informationskanälen. Wenn es ums Letzte geht, darf nichts mehr stören. Mit Zittern wird die Muskulatur aufgeheizt. Die sich kontrahierenden Hautmuskeln richten Haare oder Federn auf, wodurch der Körper größer wirkt. Oder es werden Muster sichtbar, die abschreckend wirken. Manche Tiere fallen in Schreckstarre. Sie wirken tot, weil sie die Flutung des Körpers mit den Stresshormonen völlig bewegungsunfähig macht. „Death feigning“, den Tod vortäuschen, ist eine häufige Strategie bei Schmetterlingen und anderen Insekten, aber auch bei manchen Wirbeltieren. Schlangen drehen sich dabei auf die Bauchseite, halb eingerollt, und sperren das Maul auf. Aus dem After tritt eine übel riechende Flüssigkeit aus. Auch beim Menschen kann es bekanntlich lebensrettend sein, für bereits tot gehalten zu werden. Dieser Zustand zwischen Leben und Tod ist jedoch kein einfaches Sichverstellen. Damit es wirkt, muss die Atmung sehr flach werden und der Herzschlag stark zurückgehen. Die Grenze zum Tod ist schmal; die Annäherung daran riskant. Aber wenn es keine Ausweichmöglichkeit mehr gibt, ist sie das letzte Mittel zu überleben. Die Angst bildet ein breites Vorfeld unterschiedlicher Intensitäten zu dieser Todesangst. Sie ist auch dann keine evolutionäre Fehlentwicklung, wenn sie tatsächlich zum Tod führt. Die natürliche Selektion hat der Angst den für die Extremleistungen des Körpers notwendigen Cocktail von Hormonen gemixt.

Nicht immer passt dieser ganz genau, aber häufig genug, um das Überleben zu fördern. Ein Leben ohne Angst wäre tödlich. Auch bei uns Menschen. Tollkühnheit lohnt nur, wenn es um mehr als das eigene Leben geht. Angst ist ein Überlebensprinzip. Ein uraltes. Ihre bewusste Benennung macht sie menschlich und überwindbar. Therapeuten wissen das. Gutes Zureden kann aber auch bei Tieren die Angst mildern. Reden beruhigt, auch wenn die Worte keinen Sinn ergeben. Ihr Ursprung reicht weit zurück in die Evolution der Organismen.

Roland Reuß

Eine Kriegserklärung an das Buch

Winfried Schulzes Lehrbuch „Einführung in die Neuere Geschichte" war bis März 2009 ein ganz normales, erfolgreiches Standardwerk, das beginnenden Historikern den allgemeinen Horizont ihres Studiengebiets näherbrachte. 1985 erstmals aufgelegt, erschienen bis in die jüngste Zeit immer wieder Auflagen, die auf den neuesten Stand der Forschung hin überarbeitet wurden. Bücher dieser Art, für die es in anderen Fachbereichen Parallelen zuhauf gibt, dienen zur Orientierung. Geschätzt werden sie von Studenten, die ins Studium einsteigen, aber auch zur Vorbereitung aufs Examen.

Universitätsbibliotheken schaffen von ihnen für den Lehrbuchbereich in der Regel mehrere Exemplare an. In der Universitätsbibliothek Heidelberg etwa finden sich zehn Bände der vierten Auflage, davon eines im Lesesaal, neun ausleihbar in der Lehrbuchsammlung, von denen, während ich das hier schreibe, fünf Exemplare ausgeliehen sind. Das Buch kostet im Buchhandel 19,90 Euro. Der Preis ist mit Blick auf die Auflage so kalkuliert, dass sich Interessierte ein Exemplar auch kaufen können. Bei den aktuellen Margen für ein Abendessen mit Pizza, Salat und Mineralwasser wird man nicht sagen können, dass das überzogen ist. Man schreibt solche Bücher nicht als Qualifikationsarbeit, sondern als zusammenfassende Dienstleistung für den wissenschaftlichen Nachwuchs. Und wenn es einem als Wissenschaftler einmal gelingt, ein Standardwerk zu etablieren, freut man sich vielleicht auch darüber, fünf- bis zehntausend Euro dazuzuverdienen.

Offenbar mit stillschweigendem Einverständnis des Deutschen Bibliotheksverbandes fasste die Leitung der Universitäts- und Landesbibliothek der TU Darmstadt 2009 den Entschluss, eine Reihe von Lehrbüchern auf den Scanner zu legen und die so hergestellten PDF-Dateien auf einem öffentlich zugänglichen Rechner jedem Interessierten zum Herunterladen über eine USB-Schnittstelle zur Verfügung zu stellen. Jeder Bibliotheksbesucher konnte die Dateien der digitalen Lehrbuchsammlung mit den vollständigen Publikationen ohne irgendeine Kontrolle der

Bibliothek auf seinen Stick kopieren. Die Dateien waren dann weiter vervielfältigbar, man konnte beliebige Textpassagen kopieren, und sie konnten vollständig ausgedruckt werden. Diese Dienstleistung erfolgte willkürlich nach Ukas der Geschäftsführung, ohne jede Benachrichtigung, geschweige denn Einverständnis der Rechteinhaber und betraf einschlägige Werke von ungefähr zwanzig Verlagen: Lehrbücher der technischen Mechanik, der Botanik, der chemischen Technologie, der Physik, eine Einführung in die Theorie der Bildung und eben das Geschichtslehrbuch von Schulze, verlegt im Eugen Ulmer Verlag, Stuttgart.

Dies – eine Kriegserklärung des Bibliotheksverbandes an die deutsche Verlagslandschaft und an die Autoren – veranlasste den Eugen Ulmer Verlag dazu, mit Unterstützung des Börsenvereins des Deutschen Buchhandels einen Musterprozess gegen die TU Darmstadt zu führen. Über mehrere Instanzen und differierende Urteile landete er schließlich beim Bundesgerichtshof. Am 16. April 2015 wurde in Karlsruhe das Urteil gesprochen. Es gab der Darmstädter Bibliothek zur Gänze recht. Jetzt liegt die Urteilsbegründung vor.

Man wünschte sich einen Karl Kraus, um die Ausformulierung der sophistischen Tendenz, die das Urteil grundiert, mit einer sprachlichen Razzia zu überziehen. In ihm werden die besonders wackligen Paragraphen 52a und 52b des Urheberrechts zur Behebung einer „planwidrigen Regelungslücke" (!) so zusammengeschmiedet, dass für die Rechte von Urhebern in der Praxis kein Platz mehr bleibt. Auf Druck des Bibliotheksverbands waren diese Paragraphen zunächst – schon das eine seltsame Konstruktion – auf Zeit ins Gesetz aufgenommen worden; angeblich, um zu testen. Von der großen Koalition sind sie dann erst vor kurzem mehr oder weniger stillschweigend, jedenfalls ohne große Rücksicht auf die Produzenten von Texten entfristet worden.

Nun unterzieht sie das Urteil des BGH zum Zwecke der „richtlinienkonformen Rechtsfortbildung" (!) einer äußerst phantasievollen urheberfeindlichen Hermeneutik. Gerichten angesichts eines so heillosen Gesetzesschlamassels dergleichen zu überlassen wird nötig, weil der Gesetzgeber neuerdings (Stichwort: Dublin-Abkommen) öfters keine Lust zu haben scheint, die Folgen seiner Gesetzgebung auch noch abschätzen zu müssen. Vielleicht ist er manchmal auch einfach zu feige.

Paragraph 52a diente ursprünglich dazu, Dozenten beim Vorlesungs- und Seminarbetrieb von der Einholung von Rechten zu entlasten. Das war nicht nur für Kunsthistoriker mit Diavorträgen sinnvoll, sondern verhinderte auch, dass die zunehmend häufiger auftauchenden Powerpoint-Karaoke-Künstler des Unibetriebs gleich mit einem Bein im Gefängnis standen. Paragraph 52b, eine besonders problematische Erfindung der Freibierphantasie bibliothekarischer Lobbyarbeit und populistischer Parteipolitiker, soll Bibliotheken erlauben, Bücher nach Gutdünken zwangszudigitalisieren. Eigens begründet werden muss der Eingriff in das Persönlichkeitsrecht von Autoren und das Verwertungsrecht von Verlagen nicht. Er muss nicht einmal mitgeteilt werden. Auch Bibliotheksdirektorinnen in Stadt- und Ortsteilbüchereien von Klein Flottbek und Königs Wusterhausen können – als läge hier ein extremer Notstand vor – sich je nach Laune über Artikel 27,2 der universalen Erklärung der Menschenrechte hinwegsetzen. Ich darf, vielleicht auch den BGH, an den Wortlaut dieses Artikels erinnern: „Everyone has the right to the protection of the moral and material interests resulting from any scientific, literary or artistic production of which he is the author." Den Chinesen kommt man bei politischen Verhandlungen gerne mit den Menschenrechten. Wenn es um die Rechte von Autoren und Verlagen geht, reicht dem Bundestag und dem BGH der weißrussische Ansatz.

Eskamotiert wird der Eingriff in das existierende Autorenpersönlichkeits- und Verwertungsrecht – er ist keineswegs auf wissenschaftliche Werke beschränkt – durch zwei denkschwache Konstruktionen im vom Bundestag so nebenbei abgenickten Paragraphen 52b, deren Aufruf im Urteil des BGH zudem zynische Untertöne hat. Sie sollen der Einschränkung des Autorenrechts die Schärfe nehmen, zeugen aber nur von mangelndem Weltwissen. Eine Bibliothek soll, zum einen, je zwangsdigitalisiertes Buch nur einen Leseplatz zur Verfügung stellen dürfen – als wäre eine Datei ein ganz normaler materieller Gegenstand. Ganz offensichtlich ist hier das gespenstische Unwesen des Digitalen nicht einmal im Ansatz begriffen. Es hängt – so viel sollte sich auch nach Berlin und Karlsruhe herumgesprochen haben – nicht an Orten und materiellen Geräten. Eine PDF-Datei kann beliebig oft kopiert werden. Wenn der Stick nicht schon im Hörsaal oder Seminarraum von Sitz zu Sitz weitergereicht wird, dürfte die Datei spätestens auf den üblichen Plattformen (scribd.com und die usual suspects) massenhaft Verbreitung finden.

Zum anderen soll (soll!) der Autor keinen finanziellen Schaden durch den Eingriff in seine Rechte haben. Die Rede ist – eine typisch juristische Kaugummisemantik, die nicht per se schon eine vernünftige Anwendungsregel mit sich führt – vom Anspruch auf eine „angemessene Vergütung“. Gemeint ist damit keineswegs eine detaillierte Abrechnung, sondern – hier sind für einmal Günter Grass, Botho Strauß, Cornelia Funke und der Berichterstatter des lokalen Pudelvereinsblattes eins – die Ausschüttung einer Pauschale über eine Verwertungsgesellschaft. Und zwar als Zwang: „Der Anspruch kann nur durch eine Verwertungsgesellschaft geltend gemacht werden.“

In concreto verweist – und hier wird es zynisch – der BGH auf die Geräteabgabe für USB-Sticks, die über die VG Wort dann wieder an die Urheber ausgeschüttet wird. Das sind genau zehn Cent pro Stick (!), eingeführt zu einer Zeit, in der auf einen solchen Datenträger, wenn man Glück hatte, 100 Megabyte passten. Heute sind 16 bis 32 Gigabyte Standard, Sticks mit 256 Gigabyte keine Seltenheit. Wäre ich BGH-Richter, würde ich hier auch von einer eklatant „planwidrigen Regelungslücke“ sprechen, und vielleicht wäre hier angesichts des haltlosen Zustands auch ein wenig „Rechtsfortbildung“ am Platze. Zur Behebung der offen zutage liegenden Unangemessenheit empfiehlt der BGH dagegen den Autoren und Verlagen Verhandlungen – mit der Geräteindustrie.

Es ist der helle Wahnsinn. Und es sagt einiges über die Antizipationsstärke juristischer Urteilskraft, dass das Standardlehrbuch zum Urheberrecht von Haimo Schack noch 2007 prognostizierte, „die praktische Bedeutung von § 52b UrhG“ werde „wohl eher gering bleiben“. Jetzt ist das genaue Gegenteil der Fall. Das vom Gesetzgeber willentlich oder unwillentlich geförderte Ausagieren der Bibliothekarsphantasien führt zu einem Punkt, von dem es für das Verlagswesen überhaupt, nicht nur das wissenschaftliche, keine Rückkehr mehr gibt.

Wer unter den Fachbuchverlagen wird unter solchen Rahmenbedingungen noch das Risiko einer Investition tätigen? Mindestens im Bereich des Lehrbuchs werden die deutschen Studenten nach dieser Rechtsprechung auf den Stand von 2015 eingefroren. Das zu befördern und „Rechtsfortbildung“ zu nennen ist, im Sinne des Gemeinwohls, töricht und verantwortungslos. Da nützt es auch nichts, wenn der sich jüngst mit steilen Thesen zum Urheberrecht (statt zu NSA und Datenschutz) zu profilieren suchende Bundesjustizminister eine neue Brille hat. Es ersetzt weder Weit- noch Umsicht.

Tritt man einen Schritt zurück und schaut aus einer etwas größeren Distanz auf das BGH-Urteil, fällt neben dem durchgängig Unabgewogenen der Begründung seine Unaufmerksamkeit auf den historischen Prozess ins Auge. Die durchaus freilassenden Hinweise des Europäischen

Gerichtshofs, dessen Meinung eingeholt wurde, werden auf die denkbar einseitigste Weise zur Geltung gebracht, und da, wo es dann intellektuell kritisch wird, agieren die Richter im geschichtlichen Vakuum. Dass die durch einen langen Prozess hindurch dem Staat und den Raubdruckern abgetrotzte Position der geistigen Produktivkräfte, genannt Urheber, durch die Digitalisierung seit mehr als einem Jahrzehnt immer weiter geschwächt worden ist und es tatsächlich notwendig wäre, die Rechte von Autoren und Verlagen zunächst einmal durchzusetzen und gegenüber der nunmehr auch staatlich lizensierten Piraterie zu stärken, ist für den BGH kein Gesichtspunkt, der einer Erwägung wert gewesen wäre.

Es ist, als könnte die von Google, Amazon, Facebook und den Bibliotheksvertretern von morgens bis abends eingehämmerte, allein relevante Konsumentenperspektive nunmehr unbefragt auch in der Jurisdiktion ein quasi natürliches Monopol für sich beanspruchen – und hier wird es auch in einer Demokratie gefährlich, denn es gibt auch einen Terror der Mehrheit, die Freibier für alle will. Montesquieu hat das im dreizehnten Kapitel des fünften Buches seiner Schrift „Vom Geist der Gesetze" auf den Punkt gebracht. Er brauchte dafür, unter der Überschrift „Begriff des Despotismus", nur zwei Sätze: „Wenn die Wilden Louisianas Früchte ernten wollen, fällen sie den Baum und pflücken dann die Früchte. So verfährt die despotische Regierung."

Für alle weiteren Probleme eines ungehemmt auftretenden populistischen Despotismus (der sich im Bibliotheksfeld zum Verbraucherschutz aufwirft) empfehle ich dem BGH die Lektüre von Tocquevilles Schrift über die Demokratie in Amerika. Das sensibilisiert für die Problematik.

Eine wahrhaft unabhängige Rechtsprechung muss den Freibieradvokaten keineswegs folgen, und es ist ein großer Fehler, wenn sie „Rechtsfortbildung", wie hier geschehen, als freudige Akkomodation an den Zeitgeist versteht. Zuallererst müsste sie vielmehr für ein Gleichgewicht der Kräfte im Publikations- und Rezeptionssektor sorgen und Autoren- wie Verlagsrechte so schützen, dass wieder ohne juristisch-populistischen Dauerstress und permanente Eingriffe in Persönlichkeitsrechte geschrieben und publiziert werden kann.

So richtig es nämlich ist, dass Produktion und Konsumption strukturell gleichrangige Bereiche des öffentlichen Interesses sind, so wahr ist auch, dass prozessual zunächst einmal produziert werden muss, ehe konsumiert werden kann. Gesetze und politische Gedankenspiele, die – wie derzeit mit Bezug auf Texte gängige Praxis der IT-Konzerne, der Parlamente, der Bibliotheken und nun bedauerlicherweise auch der Rechtsprechung – nur die Konsumentenperspektive im Blick haben, laufen direkt auf Kannibalismus hinaus. Und man kann sich fragen, seit wann das Abwürgen schöpferischer Produktion ein Ausweis politischer Intelligenz ist.

Der Anwalt von „Charlie Hebdo", der Franzose Richard Malka, hat allerdings jüngst in einem lesenswerten Artikel darauf hingewiesen, dass es mit dieser Intelligenz in Europa ohnedies nicht weit her sein kann, wenn ausgerechnet eine achtundzwanzigjährige Piratin die Verantwortung für die Urheberrechtsrichtlinie des EU-Parlaments übertragen bekommt, die Gesetzesvorlage sodann auf sogenannte Fair-use-Regeln trimmt und das Parlament schließlich – unter dem Vorsitz ausgerechnet eines ehemaligen, vielleicht allzu sehr von seiner Importanz überzeugten Buchhändlers – nach einigen Änderungen (ob stoisch, ob einfach nur uninteressiert, man weiß es nicht) den Unsinn annimmt. Die Geiß als Gärtnerin.

Das Schlimmste am BGH-Urteil ist, dass es die unverständige, aggressive und in letzter Instanz autodestruktive Absicht der deutschen Bibliotheken, die Verlage aus dem Publikationssystem herauszukicken, höchstrichterlich prämiert. In dieser Stoßrichtung scharen sich Bibliotheksverband, DFG, BMBF, Google und Konsorten um ihre gemeinsame Waffe, den Scanner, und befördern damit zugleich aktiv die Atomisierung nicht nur der wissenschaftlichen, sondern der Autoren insgesamt. Denn so klar es ist, dass einige international agierende Großverlage (Elsevier, Springer, de Gruyter) sich heute den Teufel um ihre Autoren kümmern und statt Büchern auch Autos, Monopolzahnbürsten oder Gewinnwarnungen verkaufen könnten – man fragt sich ohnedies, ob man diesen eigenartigen Konsortien angelsächsischer Heischewirtschaft noch den Namen eines Verlags zubilligen soll -, so gilt auch, dass die vernünftigen deutschen Verlage mittlerer und kleinerer Größe für die Autoren einen unerlässlichen Schutzraum darstellen, dessen Schleifung reaktionär und barbarisch genannt zu werden verdient. Die Intention, sie zu zerstören, arbeitet einzig der digitalen Unterdrückung zu.

Es wäre endlich an der Zeit, dass die verbliebenen klugen Köpfe im Straßburger und Berliner Parlament begriffen, dass Verlage der geschilderten Art den Status von NGOs haben, die Interessen bündeln und darum politisch auch ganz anders Druck machen können, als atomisierte Autoren das je vermöchten. Institutionen und Organisationen, die ihnen gegenüber Destruktionswillen manifestieren, schädigen absichtlich die von allen so wortreich beschworene Zivilgesellschaft. Sie sind Vorboten eines digitalen Totalismus, und man muss sehr aufpassen, dass hier nicht wieder etwas so beschädigt wird, dass es nicht mehr auf die Beine kommt.

In genau diesem Zusammenhang ist es skandalös, dass die öffentliche Hand in Totgeburten wie Open-Access-Server ohne jegliches „Geschäftsmodell" Millionen pumpt und damit den Wissenschaftsverlagen in ihrem Geschäftsbereich mit Steuergeldern einen ruinösen Wettbewerb aufzwingt – ohne zugleich nur den Hauch einer Idee zu haben, wie man die Wartung und Bestückung der Server auf Dauer finanzieren kann. Für das fehlinvestierte Geld, das in die Repositorien einer größeren Universitätsbibliothek in zwei Jahren gepumpt wird, könnten Verlage wie der Vittorio Klostermanns oder Matthes & Seitz wahrscheinlich zehn Jahre lang Programm machen. Und man muss keine große Phantasie haben, um zu prophezeien, was die nachhaltigere Investition wäre.

So aber macht die Subvention den Markt kaputt; und da auch hier die linke Hand nicht weiß, was die rechte tut, darf dann die Staatsministerin für Kultur und Medien Buchhandlungspreise auswerfen und sich für Ausnahmen im Hinblick auf die Buchpreisbindung bei TTIP starkmachen. Derweil gibt es in der Bundesrepublik, resultierend aus einer Zangenbewegung sinnlos auf den Kopf gehauener Fördergelder und erfolgreicher Gehirnwäsche von Bologna-Studenten, denen man den Kostenlosanspruch durch Dauerbeschallung „eingespielt" hat, keine einzige ökonomisch stabile Universitätsbuchhandlung mehr.

Es gibt in dem Karlsruher Urteil keinerlei Anhaltspunkt dafür, dass das Gericht sich über die mittel- und langfristigen Auswirkungen seines Urteils Gedanken gemacht hat. Bewusstlos partizipiert der BGH an einer „Bewegung", die zu analysieren er verschmäht hat.

Der Verlag Eugen Ulmer prüft aktuell die Verfassungsbeschwerde, die hier unbedingt notwendig ist.

Gerhard Roth

Wie das Gehirn die Seele formt

Mitte der 1890er Jahre beschäftigte sich in Wien ein begabter junger Neurobiologe und Neurologe namens Sigmund Freud intensiv mit Studien zur Natur des „Seelenlebens“ und seiner Erkrankungen, deren Ergebnisse er kurz darauf „Psychoanalyse“ nannte. Gleichzeitig arbeitete er im Labor des seinerzeit führenden Neuroanatomen Ernst von Brücke. Freud versuchte nun, die neurobiologischen Grundlagen des Seelischen zu ergründen.

Dieses Unterfangen Freuds war jedoch zu der damaligen Zeit zum Scheitern verurteilt. Man hatte soeben den Bau von Nervenzellen („Neuronen“) genauer beschrieben, aber man wusste nur wenig über die Funktionen der einzelnen Teile des Gehirns und fast nichts über die Prinzipien der neuronalen Informationsverarbeitung. Es blieb Freud deshalb trotz genialer Ideen nichts anderes übrig, als im Jahr 1895 seinen „Entwurf einer Psychologie“ abzubrechen. Das unfertige Manuskript wurde erst postum im Jahr 1950 veröffentlicht.

Dieses Scheitern Freuds hatte dramatische Folgen für die Zukunft der Psychoanalyse. Während Freud bis zu seinem Tode an der Notwendigkeit einer neurobiologischen Fundierung seiner Lehre festhielt, verstanden sich seine Nachfolger vornehmlich als Geisteswissenschaftler. Für sie waren neurobiologische Erklärungen der Entstehung des Psychischen entweder ein grotesker Irrweg oder zumindest nutzlos. Hingegen suchte die zweite große Richtung der Psychotherapie, die Verhaltenstherapie, im Rahmen der behavioristischen Lerntheorie stets einen engen Kontakt zur Psychologie und später zur Hirnforschung. Aber auch dieses Bemühen musste für lange Zeit Stückwerk bleiben.

Seit einigen Jahren gibt es bildgebende Methoden wie die funktionelle Magnetresonanztomographie (fMRT), die es erlauben, beim Menschen Korrelate des Entstehens psychischer Erkrankungen und der Wirkung psychotherapeutischer Methoden innerhalb bestimmter Nachweisgrenzen zu untersuchen. Hinzu kommt neuerdings eine große Zahl an neuropharmakologischen und neurogenetischen Untersuchungen, die sich als unerlässlich für die oft schwierige Deutung der Ergebnisse der bildgebenden Verfahren erwiesen haben. Ebenso hat sich die enge Zusammenarbeit zwischen Neurobiologen, Psychologen, Psychiatern und Psychotherapeuten als unverzichtbar bei der Planung, Durchführung und Auswertung psychoneurobiologischer Untersuchungen erwiesen. Insofern ist die meist geisteswissenschaftliche Kritik an einem platten Neuroreduktionismus, für den psychische Erkrankungen nichts anderes als „falsch feuernde Amygdala-Neuronen" seien, weitgehend gegenstandslos.

Wie lautet der gegenwärtige Erkenntnisstand der Psycho-Neurobiologie? Fest steht, dass alles normale und krankhafte seelische Geschehen untrennbar an Hirnprozesse gebunden ist und dass sich Psyche und Persönlichkeit des Menschen in strengem Zusammenhang mit der Entwicklung seines Gehirns entwickeln, genauer: des sogenannten limbischen Systems. Zugleich steht aber auch fest, dass das Gehirn zwar der unmittelbare „Produzent" des Psychischen ist, als solcher aber zugleich der Ort, an dem ganz unterschiedliche Faktoren aufeinandertreffen. Das Gehirn verarbeitet diese Einflüsse und setzt sie in Zustände psychischen Erlebens und in Verhalten um.

Zu diesen Grundfaktoren gehören erstens Gene im engeren Sinne, also DNA-Abschnitte, die für die Bildung von Proteinen notwendig sind und auf klassische Weise vererbt werden. Allerdings gibt es weder für einzelne Persönlichkeitsmerkmale noch für psychische Erkrankungen wie Angststörungen, Depression, Zwangserkrankungen oder Schizophrenie einzelne Gene, sondern stets eine Vielzahl von Genen.

Ein zweiter Faktor sind die Besonderheiten der Aktivierung dieser Gene, auch „Epigenetik" genannt, die ihrerseits teils vererbt, teils über Umwelteinflüsse modifiziert werden. So kann die Aktivierung von Genen, die etwa mit der Entwicklung des Stressverarbeitungssystems im Gehirn des Kindes zu tun haben, bereits vorgeburtlich durch bestimmte Prozesse im Gehirn der Mutter beeinflusst werden. Wurde die werdende Mutter während oder sogar schon vor der Schwangerschaft traumatisiert durch Misshandlung, Missbrauch, schwere Unfälle oder schmerzhafte Verluste von geliebten Personen, so finden sich in ihrem Gehirn in stark erhöhtem Maße Stresshormone (zum Beispiel Cortisol), die dann über die Blutbahn auf das Gehirn des ungeborenen Kindes einwirken und die dort stattfindende Entwicklung des Stressverarbeitungssystems negativ beeinflussen können. Für das Kind erhöhen derartige vorgeburtliche Einflüsse deutlich das Risiko späterer psychischer Erkrankungen, während eine Schwangerschaft unter gesunden Bedingungen eine starke Widerstandskraft („Resilienz") zur Folge hat.

Genetische und vorgeburtlich-epigenetische Prozesse bestimmen entsprechend auf der „unteren limbischen Ebene", die vornehmlich vom Hypothalamus, der Hypophyse und den vegetativen Zentren des Gehirns gebildet wird, die psychische Grundausstattung eines Neugeborenen und damit sein Temperament als Kern seiner späteren Persönlichkeit. Vor wenigen Jahren galt das Temperament eines Menschen noch als hochgradig genetisch determiniert, aber heute weiß man, dass dieses Temperament auch von vorgeburtlichen Einflüssen bestimmt sein kann. Unterschiede in solchen Einflüssen erklären übrigens auch, warum eineiige Zwillinge Unterschiede in Temperament und Persönlichkeit aufweisen können.

Der dritte und wohl wichtigste Faktor für die Entwicklung unserer Psyche und unserer Persönlichkeit sind die Erfahrungen in den ersten zwei bis drei Jahren nach der Geburt. Hier findet auf der „mittleren limbischen Ebene", auf der die Amygdala (emotionale Konditionierung), das mesolimbische System (Belohnungslernen) und die Basalganglien (Ausbildung von Gewohnheiten) angesiedelt sind, in der engen Interaktion mit der primären Bezugsperson – meist, aber nicht notwendig, der Mutter – die Ausgestaltung der noch undifferenzierten Gefühlswelt des Säuglings und Kleinkindes statt, ebenso die Entwicklung der vorerst nichtsprachlichen Kommunikation (Mimik, Blick, Lautäußerungen, Gesten) und die Bindungsfähigkeit. Hierbei prägt die primäre Bindungsperson über ihr Verhalten ihre Persönlichkeit dem Kleinkind in beträchtlichem Umfang auf. Dies erklärt, wie psychische Defizite der Bindungsperson, etwa Angststörungen oder Depressionen, an das Kleinkind je nach dessen Temperament und der Schwere der psychischen Belastung der Bindungsperson weitergegeben werden.

Ein vierter Faktor ist die sich anschließende psychische Erfahrung in der Familie, in Kindergarten, Schule usw., die allgemein als „Erziehung" und „Sozialisierung" angesehen wird. Dieser Prozess vollzieht sich auf der oberen limbischen Ebene, nämlich im orbitofrontalen, cingulären und insulären Cortex. Hier wird das egozentrierte Fühlen, Denken und Handeln des Kleinkindes nach dem Prinzip „ich will alles, und zwar sofort" den Erfordernissen des familiären und gesellschaftlichen Zusammenlebens angepasst, soweit das Temperament und die frühkindliche Prägung dies zulässt. Es entwickeln sich die Fähigkeiten zur Kooperation, zu Empathie, zum Einhalten gesellschaftlich-moralischer Regeln und zur Berücksichtigung der Konsequenzen eigenen Handelns für einen selbst und die Anderen. Diese Ebene entwickelt sich bis zum Erwachsenenalter und darüber hinaus.

Schließlich gibt es die kognitiv-sprachliche Ebene, die vornehmlich im oberen und mittleren Stirnhirn (präfrontaler Cortex) angesiedelt ist. Sie entwickelt sich parallel zur oberen limbischen Ebene ab dem dritten und vierten Jahr mit dem Ausreifen kognitiver und sprachlicher Fähigkeiten. Hier lernen wir auch, von uns selbst ein „praktikables" Bild zu entwickeln, und wie wir uns darstellen sollen, um akzeptiert zu werden. Es gehört zu den bemerkenswertesten Entdeckungen der neueren Hirnforschung, dass diese kognitiv-sprachliche Ebene zwar intensiv von den genannten limbischen Ebenen beeinflusst wird, ihrerseits aber nur geringen Einfluss auf diese limbischen Ebenen und damit auf unsere Emotionen und unser Verhalten hat. Rationales Erfassen führt deshalb nicht automatisch zu Einsicht und erst recht nicht automatisch zu vernünftigem Handeln.

Unser Seelenleben im engeren Sinne wird durch „psychoneurale" Systeme bestimmt, die in höchst individueller Weise auf den genannten Ebenen des Gehirns ablaufen. Das erste und wichtigste davon ist die Stressverarbeitung. Hier geht es um die Frage: Wie werde ich mit Problemen und Herausforderungen und mit den damit verbundenen Aufregungen fertig? Hierzu gehört die Fähigkeit, sich überhaupt aufregen und anschließend wieder abregen zu können, wenn die Belastung bewältigt oder vorbei ist. Dies ist im Gehirn mit der Regulation der „Stresshormone" Noradrenalin und Cortisol verbunden. Dieses System wird in seiner vorgeburtlichen Entwicklung stark beeinträchtigt durch negative Einflüsse über das traumatisierte Gehirn der werdenden Mutter oder durch frühe nachgeburtliche Störungen, hauptsächlich im Rahmen einer negativen Bindungserfahrung.

Das System der Stressverarbeitung steht in enger Wechselwirkung mit dem ebenfalls schon vorgeburtlich sich entwickelnden System der Selbstberuhigung, das mit dem Neurotransmitter Serotonin zu tun hat, sowie mit der Ausschüttung hirneigener Belohnungsstoffe, der sogenannten endogenen Opioide. Während Serotonin dem Stress durch Beruhigung entgegenwirkt („Es ist alles in Ordnung – keiner bedroht dich!"), erzeugen die endogenen Opioide Zustände der Lust und Freude und wirken ebenfalls schmerz- und stressmindernd. Beide Systeme zusammen bestimmen die Bedrohungsempfindlichkeit und Frustrationstoleranz eines Menschen: Wie ermutigend oder bedrohlich erlebe ich die Welt, wie sehr fürchte ich Misserfolge, wie sehr suche ich Sicherheit? Eine erhöhte Aktivität des Stresssystems und eine verminderte Aktivität des Selbstberuhigungssystems können zu Angststörungen und Depression führen.

Das dritte System ist das der Bindung und Sozialität und ist an die Ausschüttung des „Bindungshormons“ Oxytocin gebunden, das seinerseits eine erhöhte Ausschüttung von endogenen Opioiden und Serotonin bewirkt. Hier geht es um die Frage: „Wie wichtig ist mir das Zusammensein mit anderen, die Anerkennung durch sie? Wie sehr ziehe ich mich von den anderen zurück, empfinde sie als Bedrohung?“ Innerhalb einer fürsorglichen und liebevollen Bindungserfahrung werden Oxytocin, Serotonin und endogene Opioide in hohem Maße sowohl im Säugling beziehungsweise Kleinkind als auch in der Bezugsperson ausgeschüttet, und dies ist dazu geeignet, eventuelle Defizite in der Stressregulation und im Selbstberuhigungssystem zumindest teilweise auszugleichen. Frühe und starke Defizite in diesem Bindungssystem können zu Gefühlskälte, Borderline-Persönlichkeitsstörungen und Gewaltneigung führen.

Die normale oder gestörte Ausbildung dieser drei Systeme bedingt die Entwicklung dreier weiterer psychoneuraler Systeme. Zum ersten geht es um Impulskontrolle: „Wie sehr werde ich von unmittelbaren Motiven getrieben, wie sehr lerne ich, soziale Regeln zu beachten, soziale Fähigkeiten auszubilden?“ Hier spielt die Ausbildung von Hemmmechanismen im Gehirn eine wichtige Rolle. Zum zweiten geht es um Belohnungsempfänglichkeit und Belohnungserwartung: „Wie stark suche ich die Belohnung, den Erfolg, das Risiko, den Kick?“ Hier geht es um die Höhe der Ausschüttung des Transmitters Dopamin und von endogenen Opioiden in den limbischen Zentren und von Kontrollmechanismen der oberen limbischen Ebene. Drittens geht es um Realitätsbewusstsein und Risikowahrnehmung: Wie genau kann ich Situationen und Risiken einschätzen, wie sehr vermag ich aus (insbesondere negativen) Konsequenzen meiner Handlungen zu lernen? Eine normale Entwicklung ist an das Ausreifen der oberen limbischen Ebene und der kognitiven Ebene, insbesondere des Stirnhirns, gebunden, die mit Verstand und Vernunft zu tun haben. Die ganz individuelle Art und Weise, wie sich die genannten sechs „psychoneuralen“ Systeme bei einem Menschen ausbilden, bestimmen seine Persönlichkeit und damit sein Seelenleben.

Die geschilderten Zusammenhänge lassen erkennen, dass psychische Erkrankungen wie Phobien, Angststörungen und Depression, aber auch Persönlichkeitsstörungen auf Defiziten in Ausbildung und Interaktion der genannten psychoneuralen Systeme beruhen. Diese Defizite werden dann als unbewusste oder bewusste Konflikte wirksam und führen zu bestimmten Reaktionen wie Vermeidung, Umdeutung, Verleugnung, Verdrängung, Abspaltung usw. Sie können sich tief in die bewussten und unbewussten Anteile des limbischen Systems, vor allem Amygdala und Basalganglien, eingraben und sind dann wie alle Gewohnheiten nur schwer zu ändern – in aller Regel nicht aus eigener Kraft, sondern durch psychotherapeutische Maßnahmen.

Eine erfolgreiche Psychotherapie sollte einhergehen mit einer sichtbaren Veränderung der gestörten Aktivität der genannten limbischen Zentren. Allerdings zeigen Wirkungsstudien, dass die gängigen Psychotherapien in der Regel nur bei etwa einem Drittel der Patienten gut bis sehr gut, bei einem weiteren Drittel nur mäßig und beim dritten Drittel überhaupt nicht wirken – obwohl die verschiedenen Psychotherapierichtungen dies natürlich oft optimistischer darstellen. Diese nach dem „Drittel-Gesetz“ verlaufende Wirkung ist wesentlich dadurch begründet, dass keine der insgesamt bewährten Therapiemethoden bei allen Patienten gleichermaßen gut wirkt und dass der jeweilige Therapieerfolg vom individuellen Ausmaß der Vorbelastung und der verfügbaren psychischen Ressourcen abhängt.

Auf den ersten Blick ist es überraschend, dass die unterschiedlichen Psychotherapien in ihrer Wirkung zumindest anfangs einen ziemlich ähnlichen Verlauf aufweisen: Sobald sich zwischen Patient und Therapeut ein intensives Arbeits- und Vertrauensverhältnis – „therapeutische Allianz“ genannt – gebildet hat, kommt es oft zu einer schnellen und deutlichen Besserung der Befindlichkeit des Patienten. Die verschiedenen Psychotherapierichtungen schreiben dies dann der „Überlegenheit“ ihrer spezifischen Methode zu. Es wurde aber gezeigt, dass es sich hierbei um relativ unspezifische Effekte handelt, die inzwischen recht gut verstanden sind, denn innerhalb der therapeutischen Allianz und insbesondere aufgrund des gegenseitigen Vertrauens von Therapeut und Patient und des gemeinsamen Glaubens an die Wirkung der therapeutischen Maßnahmen kommt es zu einer verstärkten Ausschüttung des „Bindungshormons“ Oxytocin auf beiden Seiten. Dies bewirkt eine gesteigerte Ausschüttung von endogenen Opioiden und von Serotonin sowie eine verminderte Ausschüttung von Cortisol und anderen „Stresshormonen“. Insbesondere wird die Neubildung von Nervenzellen in Gehirnzentren wie dem Hippocampus und den Basalganglien angeregt, die für Lernen und Umlernen kritisch sind. Hierauf beruht augenscheinlich die erste und relativ schnelle Wirkung vieler Psychotherapiemaßnahmen.

Dies kann in minder schweren Fällen durchaus zu einem deutlichen Behandlungserfolg führen, der allerdings ziemlich unspezifisch ist („Bindung heilt!“, wie es populär heißt). In schwereren Fällen psychischer Erkrankung führt dies nur zu einer vorübergehenden Linderung, nicht aber zu einer langfristigen Verbesserung des Leidens. In dieser zweiten Therapiephase geht es darum, die diesem Leiden zugrundeliegenden verfestigten Gewohnheiten des Erlebens und Handelns mit positiven Erfahrungen zu überschreiben. Dies ist ein langwieriger Prozess des Überlernens. Weder eine rein kognitive Umstrukturierung, wie sie die kognitive Verhaltenstherapie ihrer Theorie nach propagiert, noch ein Bewusstmachen unbewusster Konflikte, wie es der Hauptansatz Sigmund Freuds war, spielen in dieser zweiten Phase eine maßgebliche Rolle. Was wirkt ist vielmehr eine vom Therapeuten unterstützte Suche des Patienten nach früheren positiven Erfahrungen („Ressourcen“) und das meist mühsame Einüben neuer Erlebens- und Handlungsweisen. Es deutet sich an, dass die durch Oxytocin und andere Stoffe ausgelöste Bildung neuer Nervenzellen unter anderem in den Basalganglien das Überlernen erleichtern. Heilung im Sinne der Löschung früherer Störungen gibt es hingegen nicht: „Die Amygdala vergisst nicht!“, heißt es in populärer Formulierung.

Ich habe zu zeigen versucht, dass es in den vergangenen Jahren in der Hirnforschung zu bahnbrechenden neuen Erkenntnissen und Modellvorstellungen darüber gekommen ist, wie im Gehirn im Wechselspiel zwischen Genetik-Epigenetik und Umwelt das „Seelische“ entsteht, wie es in der vorgeburtlichen und früh-nachgeburtlichen Entwicklungsphase zu teilweise tiefgreifenden Störungen kommen kann, die sich dann in psychischen Erkrankungen manifestieren, und wie schließlich Psychotherapie teils kurzfristig, teils langfristig wirkt – und warum sie ein schwieriger und stets gefährdeter Prozess ist. Es stellt sich heraus, dass dabei zum Teil andere Faktoren wirksam sind, als die „Väter“ der gegenwärtig vorherrschenden Psychotherapierichtungen (zum Beispiel Sigmund Freud und Aaron Beck) meinten. In der Psychotherapie-Wirkungsforschung liegt deshalb ein bedeutendes Feld zukünftiger Arbeit der Psychoneurowissenschaften. Die psychotherapeutische Praxis ist in ihrer zunehmenden „Bindungsorientierung“ der wissenschaftlichen Erkenntnis allerdings schon ein gutes Stück voraus.

Heike Schmoll

Chaos im Schreiben und Denken

Die Rechtschreibreform hat ruinöse Folgen für Sprache und Denken.

Zehn Jahre nach der offiziellen Einführung der Rechtschreibreform ist die Bilanz dieses obrigkeitlichen Gewaltaktes der Kultusbürokratie an der Sprache so ernüchternd wie eh und je. Die Rechtschreibreform hat nichts vereinfacht, die Fehler bei „dass" und dem Relativpronomen „das" haben sich vervielfacht, und niemand wird behaupten können, das liege nur an den Rechtschreibprogrammen der Computer. Ganz im Gegenteil: Ausgerechnet die Kultusminister haben Schülern gegenüber mit langfristigem Erfolg den Eindruck vermittelt, Orthographie sei weniger wichtig, Zeichensetzung weitgehend dem eigenen Stilempfinden überlassen. Inzwischen werden sie die Geister, die sie riefen, nicht mehr los und müssen feststellen, dass Kinder am Ende der Grundschulzeit nicht einmal die kulturellen Standardtechniken beherrschen.

Der Schaden an der Sprache wiegt weit schwerer. Wer nicht glauben wollte, was Sprachwissenschaftler, Rechtschreibkritiker und nicht zuletzt diese Zeitung von Anfang an befürchteten, ist eingetreten. Die Rechtschreibreform hat ausgerechnet in einer Zeit, in der Gleichmacherei ohnehin auf allen Ebenen eingesetzt hat, zu einer sinnentstellenden Entdifferenzierung der Sprache geführt. Das gilt in besonderem Maße für die Getrennt- und Zusammenschreibung. Viele der feinen Unterschiede sind geradezu sprachlich und gedanklich planiert worden.

Die Verantwortung dafür tragen die Kultusminister, die vor zwanzig Jahren die Rechtschreibreform beschlossen haben, ohne deren Tragweite zu erkennen, was der frühere bayerische Kultusminister Hans Zehetmair zugibt. Auch von der schweigenden Mehrheit seiner Kollegen, die allesamt nicht mehr im Amt sind, wird man annehmen können, dass ihnen die Rechtschreibreform bestenfalls gleichgültig war und sie abgenickt haben, was die Amtschefs längst beschlossen hatten. Kaum einer dürfte die neuen Regeln zur Kenntnis genommen haben. Bei keinem hatte der unmittelbare Zusammenhang von Sprache und Denken die Zweifel genährt.

Zehetmairs Eingeständnis, das ihn schon vor einigen Jahren zur tätigen Buße als Vorsitzender des Rechtschreibrats motiviert hatte, ändert leider nichts an der Gesamtbilanz einer überaus teuren und überflüssigen Reform. Zwar hat der Rechtschreibrat manchen sprachlichen Unsinn begradigt, aber zu einer Rücknahme der absurden Regeln zur Getrennt- und Zusammenschreibung ist es nicht gekommen, von einer Reform der Reform kann jedenfalls nicht die Rede sein. Dazu waren die Beharrungskräfte der Reformer viel zu stark. Vor allem aber hatte der einzig kritische Sprachwissenschaftler Peter Eisenberg im Rechtschreibrat sein Amt aus Protest niedergelegt.

Den heutigen Zustand wird man ohne Übertreibung als sichtbares Schreibchaos charakterisieren können. Das offenbart spätestens der Blick in Internetforen. Wer nicht zum Umlernen gezwungen war, hat zumindest in seinem privaten Schriftverkehr die bewährte Rechtschreibung beibehalten. In den Schulen werden die neuen Regeln gebimst, aber es dürfte kaum einen erfahrenen Lehrer geben, der behaupten würde, sie hätten das Schreibenlernen vereinfacht. Und seit wann ist es Aufgabe der Kultusbürokratie und der Schule, den Kindern vorzugaukeln, dass Lernen einfach und ohne Anstrengung zu bewältigen sei. Es handelt sich dabei wohl eher um einen pseudopädagogisch verbrämten Betrug und um Sprachideologie. Denn ursprünglich stand hinter der Reform eine kleine Gruppe von Linguisten aus Ost und West um den Siegener Germanisten Gerhard Augst, die selbst die damals geltende Rechtschreibung, die regelmäßig durch neue Dudenauflagen verwässert wurde, als „elaborierten Code" zur Unterdrückung breiter Volksschichten sahen und die Sprachgemeinschaft aus dem Joch der Regeln befreien wollten. Aber das Gegenteil ist eingetreten. Das sprachliche Unvermögen vieler Bildungsferner hat die Rechtschreibreform nicht etwa bemäntelt, sondern noch greller vor Augen geführt.

In den Schulen hat die mehrere Milliarden teure Rechtschreibreform die Fehlerquote nahezu verdoppelt. Darüber hinaus häufen sich die Klagen der Handwerksbetriebe, Unternehmen und des gesamten akademischen Betriebs über Auszubildende, die es trotz eines funktionierenden Rechtschreibprogramms ihres Computers (ganz gleich nach welcher Schreibung) schaffen, sich mit fehlergespickten Lebensläufen zu bewerben.

In den Verlagen, selbst in Deutschbüchern finden sich nach wie vor mehrere Schreibungen nebeneinander, weil sich immer mehr Autoren weigern, ihre Texte wegen des befürchteten Sinnverlustes in die reformierte Rechtschreibung transformieren zu lassen. Diese Zeitung hat eine eigene Hausorthographie entwickelt, doch auch hier muss die Rechtschreibkorrektur in den Computerprogrammen mitunter wieder korrigiert werden. Wer nun meint, das Land habe wahrlich wichtigere Probleme, sollte nicht übersehen, dass die Rechtschreibreform ein Indiz für eine allgemeine Nivellierung im Denken ist, deren Folgen nicht nur im Bildungssystem ruinös sind.

Rolf Schwartmann

Homunkulus am Steuerknüppel

Autonome Autos fahren bald sicherer als der Mensch. Rechtlich verantwortungsvoll handeln können sie jedoch nicht. Es fehlt ihnen die Freiheit zur Wahl zwischen Gut und Böse.

Vernetzte Autos sind die Vorhut der künstlichen Intelligenz und die Nachfahren des Homunkulus. Unter bestimmten Bedingungen können sie während der Fahrt manipuliert und ausgeschaltet werden. Sie geben ein Beispiel der Gefahren, die mit künstlicher Intelligenz verbunden sind. Der Astrophysiker Stephen Hawking warnt, frei nach Darwin, vor dem Ende der Menschheit. Menschliche Intelligenz, eingebettet in den langsamen Rhythmus der biologischen Evolution, entwickele sich erheblich langsamer als die maschinelle. Perspektivisch ist der Mensch ein Auslaufmodell.

Wäre die Herrschaft superintelligenter Maschinen ein schlechtes Szenario? Aus der Sicht der Autoindustrie nicht unbedingt. „Die Maschine fährt sicherer als der Mensch", ließ sich jüngst ein Daimler-Vorstand vernehmen (F.A.S. vom 26. Juli 2015). In der Tat fällt es schwer, das Sicherheitsargument vom Tisch zu wischen. Ist das Ideal nicht eine Welt, in der Maschinen eine vom Menschen vorgegebene Ordnung perfekt zu dessen Wohl ausfüllen? Nichts spricht gegen die Delegation von Entscheidungen an künstliche Intelligenz, solange der Mensch die letzte Entscheidungsgewalt behält. Ist die Maschine nachweislich besser als der Mensch, scheint es geradezu absurd, wenn der unvollkommene Mensch die perfekte Maschine kontrolliert.

Verstärkt wird dieser Eindruck, wenn man sich die Unzulänglichkeit rationaler Entscheidungsprozesse vor Augen führt, auf die der Entscheidungsforscher und Nobelpreisträger Daniel Kahnemann aufmerksam gemacht hat. Sollte man künstlicher Intelligenz also im Rahmen einer „Gesamtgüterabwägung", nach der sich das „Richtige" gegen das „Nichtrichtige" durchsetzen soll, die letzte Verantwortung übertragen? Sollte man dem Menschen nicht einmal die Rolle des Letztrichters maschineller Entscheidungen lassen, weil es vernünftiger ist, wenn er sich der intellektuell überlegenen Instanz freiwillig fügt?

Das wäre fatal. Nicht umsonst knüpft unser Recht Schuldfähigkeit an die Möglichkeit, Verantwortung für Entscheidungen zuzuweisen, die per Definition rein menschlich sind. Nur Menschen können Verantwortung übernehmen, und nur ihnen darf ein Schuldvorwurf gemacht werden. Hier liegt das juristische Defizit künstlicher Intelligenz. Unser Recht verlangt nach einem Verantwortlichen, der sein Verhalten reflektieren und sich im Zweifel auch gegen eine Regel entscheiden kann. Ausgangspunkt kann ein Satz sein, der kürzlich in dieser Zeitung zu lesen war: „Das autonome Fahrzeug lässt dem Fahrer nicht die Freiheit, das Richtige zu tun, auch wenn es der Regel nach das Falsche ist.“ (F.A.Z. vom 29. Juli 2015).

Entscheidung heißt Verantwortung

Nach unserem Verständnis hat der Mensch zwar kein Recht auf Fehlverhalten. Wohl aber dazu, seine Freiheit in der Verantwortung für andere und sich selbst frei auszugestalten. Der bewusste, frei entschiedene und verantwortete Verzicht auf einen verlockenden Grenzübertritt ist tugendhaft. Er ist zugleich nur die profane Alternative zum Übergriff. Ob im Grenzübertritt eine Fehlentscheidung liegt, ist oft eine sehr persönliche Frage; bisweilen auch eine des Rechts. Wie eine Entscheidung auch ausfallen mag: Sie löst immer persönliche Verantwortung aus. Die unveräußerliche Pflicht, sich für sein Verhalten verantworten zu müssen, befugt den Menschen auch dazu, sich zwischen Gut und Schlecht entscheiden zu dürfen. Das autonome Fahrzeug lässt dem Fahrer diese Freiheit nicht: das Falsche zu tun, auch wenn es der Regel nach das Richtige ist.

Freiheit lässt sich nur vor der Idee des Grenzübertritts ausloten. Das will gelernt sein. Es bedarf des Muts, der Umsicht und der Erfahrung. Der Weg zum Falschen darf in einer freiheitlichen Ordnung nicht versperrt sein. Anderenfalls lässt sich nicht frei entscheiden, ihn zu meiden oder ihn trotz negativer Konsequenzen zu gehen. Eine freie Gesellschaft trägt das Risiko der Freiheit und baut darauf, dass sich in der Summe der Entscheidungen das Richtige ergibt. Sie lebt zugleich mit dem Risiko, dass zu viele falsche Entscheidungen getroffen werden können, und in der Hoffnung, dass dies nicht geschieht.

Man kann es wenden, wie man will: Solange Recht in Bezug zu Verantwortung steht, kann sein Adressat und Subjekt nur der Mensch sein. Dies gilt nicht, weil der Mensch ein besseres oder liebenswerteres Geschöpf wäre als ein Schaf. Es gilt, weil er allein die Möglichkeit hat, sein Leben und Handeln unter dem Begriff der Würde zu reflektieren. Seine Würde ist sein einziger Teil, dem unser Recht mit dem Drachenblut der Verfassung Unantastbarkeit gewährt. Mit ihr verbindet sich die Pflicht, Verantwortung zu übernehmen. Die Verantwortung für Fehlentscheidungen kann weder der Einzelne noch die Gesellschaft auf Dritte übertragen, weil die Zuweisung von persönlichem Fehlverhalten als Voraussetzung für Sanktionen die Legitimität des Rechtsstaats verbürgt.

Opfer ohne Täter

Die Entscheidung, Verantwortung auf Maschinen zu übertragen, ist nicht nur im Prinzip unzulässig, sie träfe auch auf praktische Hindernisse. Ist die Zurechenbarkeit einer Drohne mit programmierten Entscheidungen an ihren menschlichen Absender noch möglich, so scheidet dies bei fortgeschrittener künstlicher Intelligenz aus. Die Einschaltung der Maschine ist hier die letzte zuschreibbare Entscheidung. Was die Maschine bewirkt, ist in der Vielfalt autonomer Entscheidungsmöglichkeiten weder dem Programmierer noch demjenigen zuzurechnen, der den Einsatz verantwortet. Wenn durch autonome Maschinen Menschen zu Schaden kommen, so sind sie Opfer, ohne dass es im Rechtssinn einen Täter gibt.

Intelligente Maschinen mögen eines fernen Tages die kompetentesten Autofahrer, Gesetzgeber, Richter oder Vollstrecker sein. Ihre Fehler mögen in vorgegebenem Rahmen bei null liegen. Trotzdem wird ihnen weiter die Fähigkeit zur Verantwortung fehlen. Die Anpassung unseres Rechts an autonomes Fahren läuft jedoch darauf hinaus, die menschliche Verantwortung zu relativieren. Man hat schon damit begonnen. Das Wiener Übereinkommen über den Straßenverkehr von 1968 schreibt vor, dass jedes Fahrzeug einen Führer haben muss, der es permanent steuert. Allerdings haben die Vereinten Nationen das Abkommen 2014 um die Zulässigkeit autonom fahrender Automobile ergänzt, sofern die Assistenzsysteme vom Fahrer ausgeschaltet oder übersteuert werden können. Die förmliche Umsetzung der Änderung steht derzeit an. In den Vereinigten Staaten ist die Zulassung selbstfahrender Fahrzeuge schon jetzt weniger problematisch. Sie haben das genannte Abkommen nicht unterzeichnet.

Weitgehend ungeklärt ist nach deutschem Recht die Haftung bei Unfällen, die durch ein autonomes Fahrzeug verursacht werden. Was passiert, wenn das Fahrzeug defekt ist oder gehackt wird und einen Unfall baut, weil es, wie testweise geschehen, bei laufendem Motor abgeschaltet wird? Die Haftung müsste künftig auch von einem möglichen technischen Versagen des Fahrzeugs oder anderer selbstfahrender Fahrzeuge abgegrenzt werden. Hier dürften noch Unmengen heißer Kartoffeln zwischen Herstellern, Zulieferern und Versicherern herumgereicht werden.

Sollen wir uns als Gesellschaft denn nun auf selbstfahrende Autos freuen? Natürlich. Wir sind ja auch dankbar für den Einsatz von Röntgengeräten und können deren Risiken einschätzen. Als das noch nicht der Fall war, wurden sie in Schuhgeschäften eingesetzt, um zu prüfen, ob der Schuh sitzt. In der Euphorie über neue technische Möglichkeiten sollten wir jedoch sicher sein, dass wir weiter die Verantwortung für unser Verhalten übernehmen können.

Sarah Spiekermann

Werte, die uns schützen

Smartphones, Drohnen, bald auch selbstfahrende Autos: Immer neue Technologien verändern grundlegend unseren Alltag, die Entwicklung beschleunigt sich rasant, wird schneller und schneller: Die kommenden 100 Jahre bringen uns einen Fortschritt, wie die letzten 21 000 Jahre Menschheitsgeschichte, sagt Digital-Guru Ray Kurzweil, Produktentwicklungsdirektor bei Google.

Ist das gut oder schlecht? Oft ist es beides. Einfachere Kommunikation durch das Internet auf der einen Seite, Verlust von Privatsphäre auf der anderen. Schneller und günstiger Zugang zu Informationen hier, Vertrauensverlust in die Medien da. Technologischer Fortschritt, das zeigt nicht zuletzt der NSA-Skandal, ist nicht gleichbedeutend mit gesellschaftlichem Fortschritt. Er sollte nicht einfach geschehen, sondern muss gesteuert werden.

Wollen wir nicht in ein Zeitalter der digitalen Dystopie aufbrechen, müssen unsere Werte auch für Technologien und Innovationen gelten: Die Würde des Menschen. Freiheit. Wahrheit. Denn schon jetzt sind digitale Technologien dabei, unsere Werte, über die wir uns in Demokratien definieren, auszuhöhlen – und uns in eine selbstverschuldete Unmündigkeit zurückzuführen: Überwachungssysteme, die voraussagen, was wir in den nächsten Tagen machen werden, Algorithmen, die uns nur noch zeigen, was wir eh schon mögen.

Dies muss uns stärker bewusst werden. Daran müssen wir denken, wenn wir jede noch so absurde technische Neuigkeit als Fortschritt feiern und wie selbstverständlich in unser Leben integrieren. Wir brauchen einen Wertekanon für Technologien. Für jene Unternehmen, die sie herstellen und einsetzen. Und für Softwareprogrammierer und IT-Innovatoren, als Richtschnur für die Entwicklung neuer Formen der Kommunikation und Technologie. Und für uns Bürger, die diesen Technologien ständig ausgesetzt sind. Dies ist der Beginn einer Charta.

1. Freiheit – der Mensch sollte das letzte Wort haben!

Brauchen wir selbstfahrende Autos, automatisierte Häuser und Roboterspielzeuge? Eigentlich sollte der Mensch das letzte Wort haben. Doch wir schenken Mitmenschen weniger Vertrauen als Maschinen. Egal, ob es darum geht, sich im Auto anzuschnallen oder Bankkredite zu vergeben.

Und was ist mit den unsichtbaren Schranken, die unsere Handlungsfreiheit einschränken, weil Systeme über Menschen urteilen, Algorithmen Entscheidungen treffen? Bewerber dürfen sich nicht mehr persönlich vorstellen, weil ein Computerprogramm ihre mangelnde Qualifikation errechnet hat. Kunden erreichen im Callcenter keinen Servicemitarbeiter mehr, weil ihr Wert für das Unternehmen zu gering ist. Hier kann von neutraler Technik keine Rede sein. Das Werturteil ist schon in der Entscheidung enthalten, welche Informationen herangezogen werden.

Doch es geht auch um unsere Gedankenfreiheit. Kommunikationstechnologien sollten so programmiert sein, dass sie Sucht und Abhängigkeiten vorbeugen, dass sie uns Entscheidungsspielräume geben. Unsere Aufmerksamkeit darf nicht einfach absorbiert werden.

Wir müssen uns darauf verständigen, dass Freiheit heißt, dass wir die Technik kontrollieren können, die uns umgibt. Dass diese nicht paternalistisch mit uns umgeht, uns nicht abhängig macht und unsere Aufmerksamkeit schont.

2. Wahrheit – wir haben ein Recht zu wissen, was wirklich passiert!

IT-Transparenz würde bedeuten, dass Unternehmen, aber auch Kunden, Zugang zu ehrlicher und verständlicher Information haben. Wie arbeiten die eingesetzten IT-Systeme? Wie richten sie? Die Schufa etwa sollte öffentlich bekanntgeben, wie der Kreditscore ermittelt wurde und welche Algorithmen hier was mit welchen Daten gerechnet haben. Wir gehen davon aus, dass Computer richtig rechnen. Aber derzeit haben 1000 Zeilen Computercode statistisch etwa zwei bis drei Fehler, die zu falschen Schlussfolgerungen des IT-Systems führen können und möglicherweise zu fatalen Konsequenzen für Betroffene. Schließlich gehört zur Wahrheit eine Art Objektivität. Überlassen wir das Finden von Wahrheit Algorithmen, so zeigt uns etwa Facebook nur solche News, von denen der Algorithmus glaubt, dass sie uns zusagen. Es entstehen „Filter Bubbles", Blasen ausschnitthafter Wirklichkeit. Die Folge ist ein narzisstisches Auseinanderdriften der Gesellschaft, die sich nicht mehr auf die Wahrheit einigen kann.

Wahrheit in Bezug auf Computersysteme heißt, dass diese richtig, transparent und objektiv operieren müssen und, wo sie dies nicht tun, die eigenen Grenzen klar kommunizieren.

3. Gesundheit – Computer dürfen uns nicht krank machen!

Ja, es gibt positive Auswirkungen von IT auf unsere Gesundheit: Neue Apps motivieren uns, mehr zu laufen, durch Neurofeedbacksysteme können wir sogar das Meditieren erlernen. Auch entstehen Computerprogramme wie der IBM Watson, die versprechen, ärztliche Diagnosen zu unterstützen oder gar zu ersetzen. Aber: Wir wissen, dass zu viel Computerarbeit und Onlinespiele sich negativ auf unsere körperliche Gesundheit auswirken, etwa zu Fettleibigkeit oder Rückenleiden führen. Auch der mentale Zustand wird durch IT gefährdet. Viele Menschen sind in Behandlung wegen Computersucht. Jugendliche, die nicht mehr aufhören können zu spielen. Berufstätige, die aggressiv reagieren, wenn man sie beim Abendessen davon abhalten will, Mails zu checken. Wir müssen uns darauf verständigen, dass IT-Systeme unsere physische und mentale Gesundheit weder direkt noch indirekt negativ beeinträchtigen dürfen, sondern diese stärken müssen.

4. Liebe – Technik kann Nähe nicht ersetzen!

Liebe hat aus philosophischer Sicht drei Formen. Erstens die Nächstenliebe: Die Arbeit von Krankenschwestern, Ärzten, Nannys gehört dazu. Zutiefst menschliche Aufgaben, die positive zwischenmenschliche Gefühle auf beiden Seiten erzeugen und so die Gesellschaft zusammenhalten. Der erwogene Einsatz von Robotern in diesen Bereichen erscheint daher höchst fragwürdig. Nicht wenige massiv geförderte Forschungsprojekte zielen darauf ab, Menschen von Robotern betreuen zu lassen, die sie „pflegen" sollen.

Zweitens die Freundschaft. IT-Systeme ermöglichen ein Kennenlernen und Austausch über Distanzen und Kulturen hinweg, sie sind in diesem Sinne ein Friedensprojekt. Zufriedenheit mit der Freundschaft entsteht jedoch nachweislich auch durch körperliche Nähe und ehrliches Feedback. Dies erfordert „echte" gemeinsame Erfahrungen. Wenn Freundschaften in virtuelle Welten verschoben werden, verhindert Technologie das vollständige Empfinden des anderen. Freundschaften werden kurzlebig und austauschbar, weil gemeinsame Zeit in der realen Welt nie stattgefunden hat. Onlinesysteme sollten daher ein reales Zusammentreffen von Menschen anregen.

Und drittens die erotische Liebe. Über Online-Plattformen können wir beliebig viele potenzielle Partner suchen und optisch konsumieren; wie Süßigkeiten im Bonbonladen. Eine sexuelle Revolution findet statt. Für viele, die Angst haben, keinen Partner zu finden, wirkt das befreiend. Aber ein Überangebot führt zu Übersättigung. Wenn wir unsere Menschlichkeit im Onlineregal zur Schau stellen, hat das Konsequenzen für Beziehungen. Leider wissen wir kaum etwas über die Folgen des neuen Paarungsverhaltens. Hier ist die Forschung gefordert. Der Erhalt von Liebe bedeutet, dass Technik Menschen nicht dort ersetzen darf, wo Menschlichkeit gefragt ist. Sie sollte uns davon abhalten, uns selbst und andere als Ware zu behandeln.

5. Privatsphäre – wir haben das Recht, unbeobachtet zu sein!

Wir müssen uns der Technologie entziehen können. Die Vision der Informatik ist jedoch eine andere: Seit Jahren wird an unsichtbaren, allgegenwärtigen Computern, Sensoren und Chips gearbeitet, die in unsere Häuser, Infrastrukturen und persönlichen Dinge eingebaut werden. Das ist der Verlust jeglicher Rückzugsmöglichkeit. Wenn es keinen Platz mehr gibt, an dem keine Daten über uns gesammelt werden, haben wir unsere Privatsphäre verloren und leben in einem selbst gebauten Panoptikum. Wir brauchen einen besseren Datenschutz, die direkte Kontrolle über das Sammeln, Analysieren und Nutzen von Daten. Eine informierte Zustimmung zur Datensammlung und Verarbeitung, regelmäßige Datenschutzaudits mit Veröffentlichung der Ergebnisse. Unternehmen, die ihre Datenverarbeitung nicht im Griff haben oder im ethischen Sinne gegen uns verwenden, müssen sanktioniert werden. Langfristig ist auch zu fragen, was überhaupt mit der Vision vom unsichtbaren und allgegenwärtigen Datensammeln bezweckt wird? Der Wert unserer Privatsphäre bedingt, dass wir ein Recht auf ein unüberwachtes Sein haben, ebenso wie auf informationelle Selbstbestimmung, die keinem ökonomischen Zwang unterliegen darf.

6. Würde – Maschinen müssen Respekt vor uns haben!

Respekt zwischen Menschen bedeutet, dass man dem Gegenüber eine Wahl lässt und es nicht als selbstverständlich sieht, dass dieser sich so verhält, wie man es selbst will. Das muss auch zwischen Mensch und Technik gelten. Wir können Würde im engeren Sinne so interpretieren, dass IT-Systeme und ihre Betreiber mehr Respekt vor ihren Nutzern und Kunden an den Tag legen sollten. Warum müssen wir von Autos und Zugangsschranken durch laute Signaltöne angemacht werden, statt dass man uns höflich informiert? Zugangsblockaden, Lichtsignale, akustische Warnungen vereinen sich zu einem ständig präsenten Zwang in ein normiertes Verhalten. Letztlich drückt sich in dieser Nutzung von Technik als Verhaltenskontrolle ein fundamentaler Disrespekt gegenüber uns Bürgern aus.

Im weiteren Sinne ist die Würde des Menschen fundamental betroffen, wenn uns durch Überwachung die Freiheit genommen wird, wenn wir in unseren Berufen entmündigt und wegrationalisiert werden, wenn wir von Algorithmen klassifiziert und aussortiert werden, wenn uns nicht mehr geglaubt wird, unsere Körper leiden und wir unsere Liebe in Online-Schaubuden-Format anbieten müssen, um nicht allein zu sein. Die Würde des Menschen wird durch IT-Systeme bedroht, wenn die bereits beschriebenen Werte nicht bewahrt werden.

Unsere Würde anzuerkennen heißt, dass langfristig unsere menschlichen und gesellschaftlichen Werte im Bau und Betrieb von IT systematisch bedacht und respektiert werden. Wenn Unternehmen heute den Begriff „Wert" verwenden, so ist damit fast immer der finanzielle Wert gemeint. Fragen nach den fundamentalen Werten unseres Menschseins werden kaum gestellt. Computerethik wird von der Informatik als Stiefkind behandelt, von einer Disziplin, die sich gerne als „neutral" beschreibt. Technik jedoch ist nicht neutral. Nur wenn Unternehmen und Entwickler ihre Haltung, Investitions- und Innovationprozesse ändern, kann eine Welt geschaffen werden, in der Maschinen Menschen dienen und nicht umgekehrt. Dafür brauchen wir eine gemeinsame Verständigung – mit dieser Charta ist ein Anfang gemacht.

Heinrich August Winkler

Rede zum 70. Jahrestag des 8. Mai 1945 im Deutschen Bundestag

In der deutschen Geschichte gibt es keine tiefere Zäsur als den Tag, dessen 70. Wiederkehr wir heute gedenken: den 8. Mai 1945. Er markiert das Ende des Zweiten Weltkriegs in Europa, den Zusammenbruch des nationalsozialistischen Regimes, das diesen Krieg entfesselt hatte, und den Untergang des ein Dreivierteljahrhundert zuvor von Bismarck gegründeten Deutschen Reiches. Zwölf Jahre lang hatten die Nationalsozialisten frenetisch die nationale Einheit der Deutschen beschworen. Als ihre Herrschaft in einem Inferno ohnegleichen unterging, war ungewiss, ob die Deutschen jemals wieder in einem einheitlichen Staat zusammenleben würden.

In seiner historischen Rede zum 40. Jahrestag der bedingungslosen Kapitulation des Deutschen Reiches hat der damalige Bundespräsident Richard von Weizsäcker die Deutschen gemahnt, den 8. Mai 1945 nicht vom 30. Januar 1933 zu trennen – dem Tag, an dem Reichspräsident von Hindenburg Hitler zum Reichskanzler ernannte. Den 8. Mai 1945 aber gelte es, als das Ende eines Irrweges deutscher Geschichte zu erkennen, das den Keim der Hoffnung auf eine bessere Zukunft barg.

Der Irrweg, von dem Weizsäcker sprach, hatte nicht erst 1933 begonnen. Großen Teilen der deutschen Eliten, ja der Gesellschaft insgesamt galt die erste deutsche Demokratie, die Republik von Weimar, als ein Produkt der deutschen Niederlage im Ersten Weltkrieg, als die Staatsform der westlichen Siegermächte, als ein undeutsches System.

Im Ersten Weltkrieg hatten bekannte Professoren und Publizisten den Ideen der Französischen Revolution von 1789, also Freiheit, Gleichheit, Brüderlichkeit, die deutschen „Ideen von 1914“ gegenübergestellt: die Verherrlichung eines starken, auf das Militär gestützten Staates, der „Volksgemeinschaft“ und eines angeblich „deutschen Sozialismus“.

Als die parlamentarische Demokratie von Weimar im Frühjahr 1930 gescheitert war und Deutschland wenig später zu einem halbautoritären Präsidialregime überging, konnte Hitler einerseits erfolgreich an die verbreiteten Ressentiments gegenüber der westlichen Demokratie appellieren und andererseits eine demokratische Errungenschaft des Bismarckreiches nutzen, die jetzt weithin ihrer politischen Wirkung beraubt war: das allgemeine gleiche Reichstagswahlrecht, das seit der Revolution von 1918/19 nicht mehr nur den Männern, sondern auch den Frauen zustand.

Die Wahlerfolge der Nationalsozialisten in der Endphase der Weimarer Republik sind ohne die lange Vorgeschichte der deutschen Vorbehalte gegenüber der westlichen Demokratie nicht zu erklären. Dasselbe gilt für die rasch wachsende Popularität, derer Hitler sich nach seiner sogenannten „Machtergreifung" erfreute. Diese Popularität ging so weit, dass Hitler nach den Worten des britischen Historikers Ian Kershaw spätestens 1936 selbst „Gläubiger seines Mythos" wurde. Im Zweiten Weltkrieg wurde der Führermythos zwar durch die Rückschläge im Krieg gegen die Sowjetunion seit dem Winter 1941/42 und dann vor allem infolge der Niederlage von Stalingrad Ende Januar 1943 nachhaltig erschüttert, aber er erlosch nicht. Nach dem gescheiterten Attentat vom 20. Juli 1944 erlebte dieser Mythos sogar vorübergehend eine gewisse Renaissance. Vielleicht, so glaubten nun viele, war Hitler wirklich mit der Vorsehung im Bunde und Deutschland nur durch ihn zu retten.

Der deutsche Philosoph Ernst Cassirer, der im April 1945, wenige Wochen vor dem Kriegsende in Europa, im amerikanischen Exil starb, deutete in seiner letzten Schrift *Der Mythus des Staates* Hitlers politische Karriere als Triumph des Mythos über die Vernunft und diesen Triumph als Folge einer tiefen Krise:

„In der Politik leben wir immer auf vulkanischem Boden. Wir müssen auf abrupte Konvulsionen und Ausbrüche vorbereitet sein. In allen kritischen Augenblicken des sozialen Lebens … sind die rationalen Kräfte, die dem Wiedererwachen der alten mythischen Vorstellungen Widerstand leisten, ihrer selbst nicht mehr sicher. In diesen Momenten ist die Zeit für den Mythus wieder gekommen. Denn der Mythus ist nicht wirklich besiegt und unterdrückt worden. Er ist immer da, versteckt im Dunkel … auf seine Stunde und Gelegenheit wartend. Diese Stunde kommt, sobald die … bindenden Kräfte im sozialen Leben des Menschen aus dem einen oder anderen Grunde ihre Kraft verlieren und nicht länger imstande sind, die dämonischen Kräfte zu bekämpfen."

Angesichts von Ausbrüchen der Fremdenfeindschaft, wie wir sie in Deutschland in den letzten Monaten erlebt haben, und von antisemitischer Hetze und Gewalt hier und in anderen europäischen Ländern sind die Worte Cassirers von geradezu beklemmender Aktualität. Sie mahnen uns, zu jeder Zeit die eigentliche Lehre der deutschen Geschichte der Jahre 1933 bis 1945 zu beherzigen: die Verpflichtung, unter allen Umständen die Unantastbarkeit der Würde jedes einzelnen Menschen zu achten.

Die zweite, diesmal totale Niederlage Deutschlands im 20. Jahrhundert erschütterte das Selbstbewusstsein der Deutschen ungleich stärker als die Niederlage von 1918. Es war nicht so, dass die überwältigende Mehrheit der Deutschen den Sieg der Alliierten im Mai 1945 als Befreiung erlebt hätte. Anders als die Völker, denen dieser Sieg die Befreiung von deutscher Fremd- und Gewaltherrschaft brachte, bedeutete der „Zusammenbruch" des nationalsozialistischen Regimes für viele Deutsche zugleich den Zusammenbruch ihres Glaubens an den „Führer" und ihrer Hoffnungen auf einen deutschen „Endsieg". Als Befreiung erlebten die bedingungslose

Kapitulation zunächst nur die Deutschen, denen der verbrecherische Charakter von Hitlers Herrschaft schon vorher bewusst geworden oder von jeher bewusst gewesen war.

Als der vorläufige Rat der Evangelischen Kirche in Deutschland im Oktober 1945 im „Stuttgarter Schuldbekenntnis" von einer „Solidarität der Schuld" zwischen Kirche und Volk sprach, stieß das auch innerhalb der Kirche auf verbreiteten Widerspruch. Als unangebrachte Bestätigung der alliierten These von einer deutschen „Kollektivschuld" galt vor allem der Satz: „Durch uns ist unendliches Leid über viele Völker und Länder gebracht worden."

Vom schrecklichsten aller Menschheitsverbrechen des Nationalsozialismus, der Ermordung von etwa 6 Millionen europäischen Juden, war im „Stuttgarter Schuldbekenntnis" nicht ausdrücklich die Rede. Es sollten Jahrzehnte vergehen, bis sich in Deutschland, nicht zuletzt dank der bahnbrechenden Forschungen von jüdischen Gelehrten wie Joseph Wulf, Gerald Reitlinger, Raul Hilberg und Saul Friedländer, die Einsicht durchsetzte, dass der Holocaust die Zentraltatsache der deutschen Geschichte des 20. Jahrhunderts ist. Gleichzeitig wuchs eine andere Erkenntnis: Der von den alliierten Soldaten, nicht zuletzt denen der Roten Armee, unter schwersten Opfern erkämpfte Sieg über Deutschland hatte die Deutschen in gewisser Weise von sich selbst befreit – befreit im Sinne der Chance, sich von politischen Verblendungen und von Traditionen zu lösen, die Deutschland von den westlichen Demokratien trennten.

Kulturell war Deutschland immer ein Land des alten Okzidents, des lateinischen oder westkirchlichen Europa, gewesen. Deutschland hatte an den mittelalterlichen Gewaltenteilungen, der ansatzweisen Trennung erst von geistlicher und weltlicher Gewalt, dann von fürstlicher und ständischer Gewalt, sowie an den Emanzipationsprozessen der frühen Neuzeit vom Humanismus über die Reformation bis zur Aufklärung teilgenommen und sie entscheidend mitgeprägt. Einigen wesentlichen politischen Konsequenzen der Aufklärung aber, den Ideen der Amerikanischen Revolution von 1776 und der Französischen Revolution von 1789, den Ideen der unveräußerlichen Menschenrechte, der Volkssouveränität und der repräsentativen Demokratie, hatten sich maßgebliche deutsche Eliten bis weit ins 20. Jahrhundert hinein verweigert. Erst die Erfahrung der deutschen Katastrophe der Jahre 1933 bis 1945, des Höhepunkts der deutschen Auflehnung gegen die politischen Ideen des Westens, entzog diesem Ressentiment allmählich den Boden. Die Chance, eine zweite, diesmal funktionstüchtige und zur Selbstverteidigung fähige parlamentarische Demokratie aufzubauen, erhielt nach 1945 freilich nur ein Teil Deutschlands: die drei westlichen Besatzungszonen, die spätere Bundesrepublik Deutschland, und der Westen des geteilten Berlin. Den Deutschen, die im anderen Teil des Landes lebten, blieb die politische Freiheit viereinhalb Jahrzehnte lang vorenthalten.

Die fortschreitende Öffnung der Bundesrepublik gegenüber der politischen Kultur des Westens und die Herausbildung einer selbstkritischen Geschichtskultur gehörten unauflöslich zusammen. Es bedurfte teilweise heftiger wissenschaftlicher, publizistischer und politischer Kontroversen, um diese Prozesse voranzutreiben. Von großer Bedeutung war in diesem Zusammenhang die Debatte über den maßgeblichen Anteil des deutschen Kaiserreiches an der Entstehung des Ersten Weltkriegs. Erst allmählich gelang es, die immer noch einflussreichen nationalapologetischen Deutungen der deutschen Geschichte zu überwinden und der verbreiteten Neigung entgegenzuwirken, im deutschen Volk das erste Opfer Hitlers zu sehen und sich selbst von jeder Mitverantwortung für damals geschehenes Unrecht freizusprechen. Inzwischen erinnern „Stolpersteine", Gedenktafeln und Gedenkstätten in vielen deutschen Städten an jüdische und andere Opfer des Nationalsozialismus – und das nicht aufgrund irgendwelcher staatlicher Erlasse, sondern aufgrund von bürgerschaftlichen Initiativen. Oft sind es Schulklassen, die sich der Erforschung der Geschichte ihres Ortes in der Zeit des sogenannten „Dritten Reiches“ widmen.

Sehr zögernd nur kam die strafrechtliche Aufarbeitung nationalsozialistischer Kriegsverbrechen und namentlich der Schoah durch deutsche Gerichte, beginnend mit dem Ulmer Einsatzgruppen-Prozess von 1958, in Gang. Noch 1986 musste jene öffentliche Auseinandersetzung geführt werden, die als „Historikerstreit“ in die Annalen der bundesrepublikanischen Geschichte eingegangen ist: eine Debatte über den historischen Ort des nationalsozialistischen Judenmordes – eines Genozids, der den britischen Kriegspremier Winston Churchill in einem Brief an seinen Außenminister Anthony Eden vom 11. Juli 1944 zu der Feststellung veranlasste:

„Es besteht kein Zweifel, dass es sich hier um das wahrscheinlich größte und schrecklichste Verbrechen der ganzen Weltgeschichte handelt, das von angeblich zivilisierten Menschen im Namen eines großen Staates und eines führenden Volkes Europas mit wissenschaftlichen Mitteln verübt wird.“

Viele Deutsche hatten einen langen und schmerzhaften Weg zurücklegen müssen, bevor sie diesem Urteil eines ehemaligen Kriegsgegners rückblickend zustimmen konnten. Aber wären sie nicht bereit gewesen, sich der einzigartigen Monstrosität des Holocaust, der Ermordung der Sinti und Roma, von Zehntausenden geistig behinderter Menschen sowie zahllosen Homosexuellen und der Verantwortung für schrecklichste Kriegsverbrechen in den von Deutschland besetzten und ausgebeuteten Ländern Europas zu stellen, wie hätte die Bundesrepublik Deutschland je wieder zu einem geachteten Mitglied der Völkergemeinschaft werden können?

Besonders schwer war es für die Millionen von Flüchtlingen und Heimatvertriebenen, das ihnen widerfahrene Leid als Folge der deutschen Gewaltpolitik zu begreifen und sich mit dem Verlust ihrer Heimat abzufinden. Aber als nach dem Fall der Berliner Mauer am 9. November 1989, dem Symbolereignis der friedlichen Revolutionen in Ostmitteleuropa, deren Vorgeschichte bis zur Gründung der unabhängigen Gewerkschaft Solidarność im August 1980 in Polen zurückreicht, die deutsche Frage unverhofft wieder auf die Tagesordnung der internationalen Politik zurückkehrte, da war der überwältigenden Mehrheit der Deutschen, auch der Heimatvertriebenen, klar, dass es ein wiedervereinigtes Deutschland nur in den Grenzen von 1945 geben konnte. Mit anderen Worten: Die deutsche Frage ließ sich nur lösen, wenn zugleich ein anderes Jahrhundertproblem, die polnische Frage, gelöst wurde. Das eben geschah durch den Zwei-plus-Vier-Vertrag und den deutsch-polnischen Grenzvertrag vom 14. November 1990: zwei Verträge, durch die die bestehende deutsch-polnische Grenze an Oder und Görlitzer Neiße für alle Zukunft in völkerrechtlich verbindlicher Form anerkannt wurde.

Die historische Bedeutung des 3. Oktober 1990, des Tages, an dem die Deutsche Demokratische Republik gemäß Artikel 23 des Grundgesetzes der Bundesrepublik Deutschland beitrat, hat Richard von Weizsäcker beim Festakt in der Berliner Philharmonie in dem Satz zusammengefasst:

„Der Tag ist gekommen, an dem zum ersten Mal in der Geschichte das ganze Deutschland seinen dauerhaften Platz im Kreis der westlichen Demokratien findet.“

Anders als das am 8. Mai 1945 untergegangene Deutsche Reich war das wiedervereinigte Deutschland von Anfang an in übernationale Zusammenschlüsse wie die Europäische Union und das Atlantische Bündnis eingebunden. Es ist ein postklassischer Nationalstaat, der einige seiner Hoheitsrechte im Staatenverbund der Europäischen Union gemeinsam mit anderen Mitgliedstaaten ausübt oder auf supranationale Einrichtungen übertragen hat. Seine Einheit erlangte

Deutschland 1990 nur wieder, weil es glaubwürdig mit jenen Teilen seiner politischen Tradition gebrochen hatte, die der Entwicklung einer freiheitlichen Demokratie westlicher Prägung entgegenstanden. Eben darauf beruhte Deutschlands „zweite Chance“, von der der aus Breslau stammende, von Hitler zur Emigration gezwungene deutsch-amerikanische Historiker Fritz Stern im Juli 1990 gesprochen hat.

Abgeschlossen ist die deutsche Auseinandersetzung mit der eigenen Vergangenheit nicht, und sie wird es auch niemals sein. Jede Generation wird ihren Zugang zum Verständnis einer so widerspruchsvollen Geschichte wie der deutschen suchen. Es gibt vieles Gelungene in dieser Geschichte, nicht zuletzt in der Zeit nach 1945, über das sich die Bürgerinnen und Bürger der Bundesrepublik Deutschland freuen und worauf sie stolz sein können. Aber die Aneignung dieser Geschichte muss auch die Bereitschaft einschließen, sich den dunklen Seiten der Vergangenheit zu stellen. Niemand erwartet von den Nachgeborenen, dass sie sich schuldig fühlen angesichts von Taten, die lange vor ihrer Geburt von Deutschen im Namen Deutschlands begangen wurden. Zur Verantwortung für das eigene Land gehört aber immer auch der Wille, sich der Geschichte dieses Landes im Ganzen bewusst zu werden.

Das gilt für alle Deutschen, ob ihre Vorfahren vor 1945 in Deutschland lebten oder erst später hier eingewandert sind, und es gilt für die, die sich entschlossen haben oder noch entschließen werden, Deutsche zu werden.

Würden die Deutschen der bequemen Versuchung nachgeben, sich nicht mehr an das erinnern zu wollen, was Deutsche nach 1933 und vor allem im Zweiten Weltkrieg an Schuld auf sich geladen haben, sie würden doch immer wieder damit konfrontiert werden, dass die Nachfahren der Opfer diese Geschichte so leicht nicht vergessen können. SS und Wehrmacht haben vielerorts Verbrechen begangen, die aus der kollektiven Erinnerung der betroffenen Völker nicht zu löschen sind. Dazu gehören die fast 900 Tage währende Belagerung und Aushungerung von Leningrad, die mindestens 800 000 Menschen das Leben kostete, der billigend in Kauf genommene Tod von über der Hälfte der insgesamt 5,7 Millionen sowjetischen Kriegsgefangenen, die Vernichtung des jüdischen Ghettos in Warschau nach dem Aufstand vom Frühjahr 1943 und die systematische Zerstörung der polnischen Hauptstadt nach dem zweiten Warschauer Aufstand im Oktober 1944.

Ortsnamen wie Oradour und Lidice sind in Deutschland bekannter als Kragujevac in Serbien, Distomo in Griechenland und Marzabotto in Italien. Aber auch diese Namen, und es sind nur einige von vielen, stehen für Massaker, die bis heute nachwirken. Es gibt keine moralische Rechtfertigung dafür, die Erinnerung an solche Untaten in Deutschland nicht wachzuhalten und die moralischen Verpflichtungen zu vergessen, die sich daraus ergeben. Dasselbe gilt für die unmenschliche Behandlung von Millionen von Zwangsarbeitern, vor allem der sogenannten „Ostarbeiter“ und besonders wiederum der Juden, für die Zwangsarbeit fast immer die Vorstufe der Vernichtung war. Unter eine solche Geschichte lässt sich kein Schlussstrich ziehen.

Neben dem Vergessen gibt es freilich auch noch eine andere Gefahr im Umgang mit dem dunkelsten Kapitel der deutschen Geschichte: eine forcierte Aktualisierung zu politischen Zwecken. Wenn Deutschland sich an Versuchen der Völkergemeinschaft beteiligt, einen drohenden Völkermord oder andere Verbrechen gegen die Menschlichkeit zu verhindern, bedarf es nicht der Berufung auf Auschwitz. Auf der anderen Seite lässt sich weder aus dem Holocaust noch aus anderen nationalsozialistischen Verbrechen noch aus dem Zweiten Weltkrieg insgesamt ein deutsches Recht auf Wegsehen ableiten. Die Menschheitsverbrechen der Nationalsozialisten sind kein Argument, um ein Beiseitestehen Deutschlands in Fällen zu begründen, wo es zwingende Gründe gibt, zusammen mit anderen Staaten im Sinne der „responsibility to protect“, einer Schutzverantwortung der Völkergemeinschaft, tätig zu werden.

Jede tagespolitisch motivierte Instrumentalisierung der Ermordung der europäischen Juden läuft auf die Banalisierung dieses Verbrechens hinaus. Ein verantwortlicher Umgang mit der Geschichte zielt darauf ab, verantwortliches Handeln in der Gegenwart möglich zu machen. Daraus folgt zum einen, dass sich die Deutschen durch die Betrachtung ihrer Geschichte nicht lähmen lassen dürfen. Zum anderen gilt es, politische Entscheidungen nicht dadurch zu überhöhen, dass man sie als die jeweils einzig richtige Lehre aus der deutschen Vergangenheit ausgibt. Jeder Versuch, mit dem Hinweis auf den Nationalsozialismus eine deutsche Sondermoral zu begründen, führt in die Irre.

Gleichwohl gibt es nach wie vor deutsche Verpflichtungen, die unmittelbar oder mittelbar aus der deutschen Politik der Jahre 1933 bis 1945 erwachsen. Mit an erster Stelle zu nennen sind in diesem Zusammenhang die besonderen Beziehungen zu Israel, wie sie sich in den letzten fünf Jahrzehnten entwickelt haben. Doch auch innerhalb Europas wirkt die Zeit des Nationalsozialismus nach als Vergangenheit, die nicht vergehen will. Das Deutsche Reich hat unter der Führung Hitlers nicht nur die nationale Souveränität und territoriale Integrität vieler europäischer Staaten mit Füßen getreten. Es hat durch den Hitler-Stalin-Pakt, den Angriff auf Polen und den Überfall auf die Sowjetunion auch die Voraussetzungen für die viereinhalb Jahrzehnte währende Spaltung Europas in einen freien und einen unfreien Teil geschaffen. Daraus ergibt sich eine besondere Pflicht zur Solidarität mit Ländern, die erst im Zuge der friedlichen Revolutionen von 1989/90 ihr Recht auf innere und äußere Selbstbestimmung wiedergewonnen haben.

Am 21. November 1990, sieben Wochen nach der Wiedervereinigung Deutschlands, wurde in der französischen Hauptstadt die Charta von Paris unterzeichnet. Darin verpflichteten sich alle 34 Mitgliedstaaten der Konferenz über Sicherheit und Zusammenarbeit in Europa, „die Demokratie als einzige Regierungsform unserer Nationen aufzubauen, zu festigen und zu stärken“. In einem Augenblick, da Europa am Beginn eines neuen Zeitalters stehe, bekannten sich die Unterzeichnerstaaten, unter ihnen die Sowjetunion, zur friedlichen Beilegung von Streitfällen. Sie bekräftigten die Prinzipien der 15 Jahre zuvor unterzeichneten Schlussakte von Helsinki, darunter die Achtung der territorialen Integrität und der politischen Unabhängigkeit sowie den Verzicht auf die Androhung und Anwendung von Gewalt. Wenn es irgendein Datum gibt, das für das definitive Ende der zweiten Nachweltkriegszeit des 20. Jahrhunderts steht, dann ist es der Tag der Unterzeichnung der Charta von Paris, der 21. November 1990.

Von den Hoffnungen der Epochenwende der Jahre 1989 bis 1991 sind einige in Erfüllung gegangen, andere nicht. Der durch die Vereinbarungen der „Großen Drei“ von Jalta, der USA, Großbritanniens und der Sowjetunion, im Februar 1945 geteilte alte europäische Okzident ist wieder zusammengewachsen. In Ostmittel- und Südosteuropa entstand, anders als nach 1918, kein neues „Zwischeneuropa“, keine Zone der wirtschaftlichen, politischen und militärischen Instabilität. Vielmehr gehören die meisten Demokratien dieser Region inzwischen der Europäischen Union und dem Atlantischen Bündnis an. Die Vision vom trikontinentalen Friedensraum von Vancouver bis Wladiwostok, einem großen Bund freiheitlicher Demokratien, aber wurde nicht verwirklicht. Das Jahr 2014 markiert eine tiefe Zäsur: Durch die völkerrechtswidrige Annexion der Krim ist die Gültigkeit der Prinzipien der Charta von Paris radikal infrage gestellt – und mit ihr die europäische Friedensordnung, auf die sich die einstigen Kontrahenten des Kalten Krieges damals verständigt hatten.

Deutschland hat während des immer noch andauernden Konflikts um die Ukraine alles getan, was in seinen Kräften steht, um den Zusammenhalt der Europäischen Union und des Atlantischen Bündnisses zu sichern. Es hat sich zugleich in enger Abstimmung mit seinen Verbündeten und mit der Ukraine darum bemüht, im Dialog mit Russland so viel wie möglich von jener Politik der konstruktiven Zusammenarbeit zu retten oder wiederherzustellen, auf die sich Ost und West nach dem Ende des Kalten Krieges geeinigt hatten. Eines galt und gilt es dabei immer zu beachten, und auch das ist eine Lehre aus der deutschen Geschichte: Nie wieder dürfen unsere ostmitteleuropäischen Nachbarn, die 1939/40 Opfer der deutsch-sowjetischen Doppelaggression im Zuge des Hitler-Stalin-Paktes wurden und die heute unsere Partner in der Europäischen Union und im Atlantischen Bündnis sind – nie wieder dürfen Polen und die baltischen Republiken den Eindruck gewinnen, als werde zwischen Berlin und Moskau irgendetwas über ihre Köpfe hinweg und auf ihre Kosten entschieden.

Ende Mai 1945, wenige Wochen nach dem Ende des Zweiten Weltkrieges in Europa, trug Thomas Mann, im Ersten Weltkrieg noch ein beredter Fürsprecher der deutschen „Ideen von 1914", in der Library of Congress in Washington auf Englisch Gedanken über „Deutschland und die Deutschen" vor. In dieser Rede, die nach seinem eigenem Zeugnis ein „Stück deutscher Selbstkritik" sein sollte, steht ein Satz, der das Ergebnis seines Nachdenkens prägnant bündelt:

„Die Deutschen ließen sich verführen, auf ihren eingeborenen Kosmopolitismus den Anspruch auf europäische Hegemonie, ja auf Weltherrschaft zu gründen, wodurch er zu seinem strikten Gegenteil, zum anmaßlichsten und bedrohlichsten Nationalismus und Imperialismus wurde."

Mit dem Selbstverständnis eines Staatenverbundes wie der Europäischen Union ist die Hegemonie eines Landes unvereinbar. Dem wiedervereinigten Deutschland fällt innerhalb der EU schon aufgrund seiner Bevölkerungszahl und seiner Wirtschaftskraft eine besondere Verantwortung für den Zusammenhalt und die Weiterentwicklung dieser supranationalen Gemeinschaft zu. Dazu kommt die Verantwortung, die sich aus der deutschen Geschichte ergibt. Es ist eine an Höhen und Tiefen reiche Geschichte, die nicht aufgeht in den Jahren 1933 bis 1945 und die auch nicht zwangsläufig auf die Machtübertragung an Hitler hingeführt, wohl aber dieses Ereignis und seine Folgen ermöglicht hat. Sich dieser Geschichte zu stellen, ist beides: ein europäischer Imperativ und das Gebot eines aufgeklärten Patriotismus. Um es in den Worten des dritten Bundespräsidenten Gustav Heinemann aus seiner Rede zum Amtsantritt am 1. Juli 1969 zu sagen:

„Es gibt schwierige Vaterländer. Eines davon ist Deutschland. Aber es ist unser Vaterland."

Barbara Zehnpfennig

Freiheit mit Maß

Die Freiheit in der modernen liberalen Demokratie hatte schon immer starke und ernstzunehmende Gegner. Von kommunistischer Seite wurde ihr vorgeworfen, sie sei ein Vorrecht, das allein den Besitzenden zugutekomme. Von nationalsozialistischer Seite lautete der Vorwurf, sie erlaube das Ausleben des individuellen Egoismus auf Kosten der Volksgemeinschaft. Und nun, nachdem die beiden genannten Ideologien abgewirtschaftet haben, ist die Freiheit ins Visier eines neuen Gegners mit weltumspannendem Anspruch geraten: in das des Islamismus. Dieser drängt sich überall auf der Welt mit Terrorakten in das öffentliche Bewusstsein und zwingt vor allem den als Kollektivsingular behandelten „Westen", sich ihm gegenüber zu positionieren.

Eine solche Positionierung findet sich beispielsweise in „Unterwerfung", dem jüngsten Roman des französischen Schriftstellers Michel Houellebecq. Das Buch, das just zur Zeit des Terroranschlags auf die Redaktion der Satirezeitschrift „Charlie Hebdo" in Paris erschien, wurde umgehend von vielen als islamfeindlich charakterisiert. Houellebecq bestreitet das. In der Tat ist sein Buch sehr viel mehr eine Kritik der französischen Gesellschaft als eine Kritik des Islams. Dass in seinem Roman der charismatische islamische Führer politisch reüssieren kann, dass Frankreich sich, ohne Widerstand zu leisten, zum Gottesstaat machen lässt, ist Ausdruck der Wehrlosigkeit einer Gesellschaft, die nicht mehr an ihre eigenen Werte glaubt: Die Eliten sind politisch desinteressiert, die Parteien zerstritten und nur auf ihr eigenes Wohl bedacht, die Bevölkerung ist mehrheitlich apathisch und sehr schnell darum bemüht, sich mit den neuen, nunmehr islamischen Verhältnissen zu arrangieren. Es ist das Bild einer müde gewordenen, einer dekadenten Gesellschaft, das Houellebecq hier zeichnet. Im Grunde gibt er damit denen recht, die den Westen auf dem absteigenden Ast sehen – und im Islam eine Gegenbewegung von jugendlicher Kraft und guter Aussicht auf den Sieg über die westliche Dekadenz.

Sicherlich will sich Houellebecq mit seinem Buch nicht auf die Seite der Verächter der westlichen Demokratien stellen. Er will „dem Westen“, für den Frankreich stellvertretend steht, wohl sehr viel eher den Spiegel vorhalten, ihm zeigen, wo seine Schwächen liegen – freilich ohne einen Ausweg weisen zu können. Letztlich ist Houellebecq Teil der Misere, die er beschreibt. Die trostlose Existenz seines Protagonisten, eines Literaturprofessors, der seine innere Leere durch das Ausleben sexueller Obsessionen zu übertönen versucht, scheint zu intensiv nachempfunden, um dem Autor existentiell gänzlich fremd sein zu können. Houellebecqs Zynismus schärft den Blick für die Krise, ist aber selbst ihr Symptom oder gar eine ihrer Ursachen.

Nun scheint die Mobilisierung nach der Ermordung der Karikaturisten von „Charlie Hebdo“ ein gutes Gegenargument gegen die vermeintliche Wehrlosigkeit „des Westens“ zu sein. Haben nicht Millionen Menschen in vielen Ländern Europas gezeigt, dass sie bereit sind, für die demokratischen Werte zu kämpfen? Sind sie nicht für die Freiheit auf die Straße gegangen, die zu nehmen eines der Hauptanliegen des islamistischen Terrors ist?

Zweifellos waren die Demonstrationszüge gegen den Terror eine beeindruckende Manifestation zugunsten der Meinungsfreiheit. Zweifellos ist die Freiheit – neben der Gleichheit – auch der zentrale demokratische Wert, der verteidigt werden muss, wenn man die Demokratie verteidigen will. Die Frage ist allerdings, ob die Berufung auf die Freiheit genügt, um sich des Herrschaftsanspruchs einer Bewegung erwehren zu können, die gerade die „religio“, also die Bindung, auf ihre Fahnen geschrieben hat. Dabei geht es hier nicht darum, ob der Islamismus, also der religiöse Fundamentalismus, sich zu Recht als islamkonform begreift. Zu untersuchen ist vielmehr, welche Konsequenzen die Ent-Bindung der westlich säkularen Staaten, also ihre bewusste Trennung von Politik und Religion, für ihre innere Widerstandskraft haben könnte.

Vieles spricht dafür, dass die Säkularisierung im Christentum selbst angelegt war. Das Wort Jesu, dass sein Reich nicht von dieser Welt sei, ist eine klare Distanzierung von einem politischen Herrschaftsanspruch, wie er mit dem Messianismus zuvor meist verbunden gewesen war. Das Weltliche wird so zu einem Bereich der „vorletzten“ Dinge, die ihren Wert haben, aber nicht den höchsten Wert repräsentieren. Der ist den „letzten“ Dingen vorbehalten, dem Seelenheil, das dem Menschen zuteilwerden kann, wenn er sich an etwas Höherem ausrichtet, als er selbst ist. Dazu bedarf es also keiner bestimmten politischen Konstellation, und es bedarf dazu nicht notwendig der Zugehörigkeit zu einer Gemeinschaft. Das Christentum ist im Kern individualistisch. Insofern konnte es auch zu einem Wegbereiter der modernen liberalen Gesellschaft werden.

Dass sich Thron und Altar in der Geschichte zeitweilig dennoch näherten oder sogar verbanden, hat viele Gründe und muss nicht unbedingt als Widerspruch zu dem zitierten Jesus-Wort gewertet werden. Unter einer christlich ausgerichteten Herrschaft lässt sich das Christentum sicher leichter leben als in einer christentumsfeindlichen Umgebung. Zwingend war diese Verbindung aber nicht. Mitunter war sie sogar abträglich, etwa wenn Machtinteressen religiös verbrämt oder im Namen des Christentums sehr unchristliche Kriege geführt wurden. Insofern war es nicht verwunderlich, dass sich schon im Mittelalter die Bereiche des Politischen und des Religiösen wieder zu sondern begannen, bis die Säkularisierung im 19. und 20. Jahrhundert endgültig den Trennungsstrich zog.

Nicht jeder Staat verfuhr dabei so radikal wie etwa Frankreich, das laizistisch wurde und jede Religion aus Staat und Öffentlichkeit verbannte. Doch es gehört zum Selbstverständnis der modernen liberalen Demokratien, die Politik von der Religion „befreit“ und Erstere als autonomen Bereich etabliert zu haben.

So erklärt sich das Pathos der französischen Revolution auch nicht bloß aus der Abrechnung mit dem Adel, sondern auch aus dem Aufstand gegen den Klerus. Das Bürgertum forderte Freiheit in jeder Hinsicht. Die im Verlauf der Revolution verabschiedeten Menschen- und Bürgerrechte, jene quasi zivilreligiöse Grundlage der modernen Demokratie, waren sichtbares Zeichen dieses bürgerlichen Freiheitsstrebens. Nicht zufällig ist die Religionsfreiheit ein wesentlicher Bestandteil des Katalogs der Rechte. Religionsfreiheit kann Freiheit zur Religion, aber auch Freiheit von der Religion bedeuten; das ist in die Entscheidung des Einzelnen gestellt.

Obwohl die Menschen- und Bürgerrechte, in denen sich das demokratische Freiheitsstreben manifestiert, auch die Abkehr von der Religion ermöglichen, ist es fraglich, ob es sie ohne den geschichtlichen Hintergrund des Christentums hätte geben können. Die Menschenrechte sind Individualrechte, die in der Menschenwürde begründet sind. Dass der Mensch als Mensch, jeder einzelne für sich, eine unaufhebbare Würde hat, ist aber der Grundgedanke des Christentums, der auf der Annahme der Gottesebenbildlichkeit des Menschen beruht. Die antike Philosophie, welche als weitere Quelle des Menschenwürdegedankens genannt werden kann und das Menschsein an seiner Vernunftnatur festmachte, harmoniert damit, sofern Gott Geist beziehungsweise Vernunft ist. Nicht umsonst bediente sich die christliche Theologie der antiken Philosophie, um das christliche Erbe zu erschließen.

Dass sich die Kirchen, speziell die katholische, mit den Menschenrechten dennoch lange Zeit schwertat, ist nicht erstaunlich. Mögen die Menschenrechte auch auf einem Boden gewachsen sein, der erst vom Christentum bereitet wurde, können sie sich doch antichristlich auswirken. Hinzu kommt, dass in diesen Rechten zwar die Freiheiten des Menschen gesichert werden, seine Pflichten aber nicht zur Sprache kommen. So kann Individualität mit Sozialität in Konflikt geraten. Das war auch die Kritik, die Marx an den Menschenrechten übte: Sie seien nichts weiter als Schutzrechte der bürgerlichen Selbstsucht. Seine Lösung, mit der Aufhebung der individuellen Freiheitsrechte letztlich sowohl Freiheit als auch Individualität zu negieren, bot allerdings keine überzeugende Alternative.

Der liberale Weg sah anders aus: Beschränkung der Freiheit, welche auf Kosten der anderen gehen könnte, durch die Freiheit selbst oder anders ausgedrückt: Reziprozität. Die Freiheit des einen endet dort, wo die des anderen beginnt. Dieser Umgang mit der Freiheit ist Ausdruck des anderen großen Werts der Demokratie, der Gleichheit. Nur unter Gleichen ist Reziprozität, die Verpflichtung auf Gegenseitigkeit, möglich. Auch für den Gleichheitsgedanken könnte man einen christlichen Ursprung vermuten. Im Christentum sind vor Gott alle Menschen gleich, was jedoch nicht bedeutet, dass sie untereinander gleich sind. Auf diese Idee konnte man wohl erst kommen, als das tertium comparationis, eben Gott, geschichtlich an Bedeutung verlor. Der Vergleichsgesichtspunkt verlagerte sich nach „unten".

Für diese Deutung spricht, dass diese durchgreifende Demokratisierung, wie sie unser Zeitalter prägt, tatsächlich etwas geschichtlich Spätes ist. Die antike Demokratie hatte kein Problem mit der Sklaverei, und sie schloss einen großen Teil der Bevölkerung – neben den Sklaven auch Frauen und ortsansässige Fremde – von der Herrschaft aus.

Was besagt diese Vorgeschichte nun im Hinblick auf die demokratische Freiheit, die der islamistischen Herausforderung als entscheidender Wert entgegengehalten wird? Es ist eine säkulare Freiheit, welche aber, wie es scheint, ebenfalls einen religiösen Hintergrund hat. Allerdings handelt es sich um eine Religion – das Christentum -, die in sich freiheitlich ist. Denn sie gewährt

Gewissensfreiheit, und sie ist keine Gesetzesreligion, die die Lebensführung im Einzelnen vorschreibt. Vielmehr erwartet sie vom Individuum, sich durch Auseinandersetzung mit den Glaubensinhalten und mit sich selbst seinen eigenen Weg des richtigen Lebens zu suchen.

Diese Freiheit ist höchst anspruchsvoll. Die säkulare Variante, die in der religiösen schon angelegt ist, erscheint im Vergleich dazu einfacher: Der Freiheitsraum ist durch Reziprozität gesichert, kann also kalkulatorisch festgestellt und ausgemessen werden. Die inhaltliche Ausfüllung dieses Raumes ist privatisiert. Es ist ein Spezifikum des liberalen Denkens, hier nicht werten und gewichten zu wollen. Solange die Gesetze und die gesellschaftlichen Spielregeln eingehalten werden, haben alle Lebensentwürfe und -formen als gleichwertig zu gelten. Anders als bei der religiösen Freiheit ist der Blick also nicht nach oben, sondern zur Seite gerichtet. Lässt mir das Nachbarindividuum genug Platz zur Selbstentfaltung und vice versa? Auf welche Weise wir uns entfalten, dafür gibt es keine übergeordneten Maßstäbe. Oder wenn es sie gibt, dann sind sie nur verbindlich, sofern ich sie für verbindlich erkläre.

Das säkulare Freiheitsverständnis hat weitreichende strukturelle Folgen. Eine von ihnen ist der Pluralismus. Ist die Gesellschaft in der beschriebenen Weise individualisiert, so vervielfältigen sich auch die Vorstellungen darüber, wie man leben soll. Dass ein völlig eigenständiger Entwurf für das zu lebende Leben viele Menschen überfordert, kann zu einer paradoxen Reaktion führen: Dann schlägt der Individualismus in die Massengesellschaft um. Diese ist aber nicht Ausdruck von Gemeinsamkeit, sondern vielleicht eher von Kapitulation vor den Anforderungen der Individualität. Pluralität und Vermassung, diese beiden Seiten der liberalen Gesellschaft, treffen nun auf einen entschiedenen Monismus: den des Islams.

In diesem steht die Gemeinschaft, die umma, im Mittelpunkt, nicht das Individuum. Das Gemeinschaftsstiftende ist der Glaube an den einen Gott, der sich ziemlich unmissverständlich im Koran offenbart hat – jedenfalls muss man von Unmissverständlichkeit ausgehen, solange eine historisch-kritische Auslegung des Korans als unislamisch abgelehnt wird. Aus solchem Monismus kann man eine große Kraft ziehen: Die Einigung der Menschen untereinander ist durch das gemeinsame Dritte schon vollzogen. Sicher gibt es auch innerhalb des Islams gewaltige Spaltungen, etwa die zwischen Sunniten und Schiiten. Doch einigend wirkt immer noch die Frontstellung gegen den Westen, welche die innerislamischen Gegensätze als Unterschiede zweiten Ranges erscheinen lässt.

Ein weiteres Strukturmerkmal der liberalen Freiheit ist das Leben in einer Konkurrenzgesellschaft. Da der Blick primär auf den Nebenmann gerichtet ist, spielt der soziale Vergleich eine herausgehobene Rolle. Was der andere hat, möchte man auch haben, am besten aber noch mehr als er. Denn in einer säkularen Gesellschaft liegt es nahe, eventuell auftretende Sinndefizite durch ökonomische Ziele zu kompensieren. Das Erwerbsstreben gibt dem Leben (scheinbar) wieder einen Sinn. Da es sich beim Mehr-haben-Wollen aber um ein endloses Streben handelt – wie sollte man jemals zur Erfüllung gelangen? -, dient als Orientierung des zu erreichenden Maßes eben das, was der Konkurrent schon erreicht hat. Die Konkurrenzsituation ergibt sich ebenfalls aus der Ausrichtung auf materielle Güter. Denn hier besteht, anders als bei geistigen Gütern, grundsätzlich Knappheit.

Dieses Konkurrenzdenken, dem sich die Dynamik der kapitalistischen Wirtschaft verdankt, ist dem Islam fremd. Die Brüderlichkeit, die eigentlich auch eine der Losungen in der französischen Revolution war, wird im Islam großgeschrieben, und sie ist einfacher zu verwirklichen, wenn sich weder Individualismus noch Fixierung auf den Besitz trennend zwischen die Menschen stellt.

Das macht den Islam für viele attraktiv. Nicht zuletzt zieht es Modernisierungsverlierer an, die in der Konkurrenzgesellschaft nicht bestehen können, aber gerade in den extremistischen Gruppierungen, die sich auf den Islam berufen, auf einmal eine Wertschätzung erfahren, die ihnen die harte Leistungsgesellschaft verwehrt.

Als drittes Strukturmerkmal der Freiheit in der liberalen Demokratie erscheint eine Neigung zum Relativismus. Aus der Pluralität der Meinungen und Lebensentwürfe muss man nicht zwangsläufig den Schluss ziehen, alles sei relativ. Aber diese Konsequenz wird faktisch oft gezogen. Eine interessante Erfahrung im akademischen Bereich ist, dass die heutigen Studenten gegenüber allen möglichen Theorien, Meinungen und Verhaltensweisen eine unendliche Geduld zeigen. Nur an einem Punkt reagieren sie verlässlich abwehrend: Wenn die Wahrheitsfrage gestellt wird. Mit ihr scheint eines der letzten Tabus in unserer Gesellschaft berührt zu sein. Wer will entscheiden, was richtig und was falsch ist? Wer maßt sich an, zu werten und zu gewichten? Das verstößt eklatant gegen das demokratische Gleichheitsgebot, und wenn auch alles andere erlaubt ist – die Existenz der Wahrheit zu behaupten, ist es nicht.

Dass der Verzicht auf die Wahrheitsfrage nicht nur alles als gleichwertig, sondern in der Folge auch als gleichgültig erscheinen lässt, ist die Kehrseite des Relativismus. Die Müdigkeit und Tristesse, die Houellebecq der westlichen Zivilisation in seinem Roman bescheinigt, hat sicher eine ihrer Ursachen im Fehlen eines begeisternden Inhalts – der fehlen muss, wenn alles relativistisch entwertet wird.

Auch auf diesem Feld kann der Islam mühelos gegenhalten: Er ist die Wahrheit, und zwar eine, die unumstößlich ist und die zu erreichen keine besonders große Anstrengung erfordert. Man muss sie nur glauben. Dann regelt sich alles Weitere fast von selbst, denn die Verhaltensregeln des Islams sind so konkret, dass sie den Gläubigen nicht vor große Entscheidungsprobleme stellen. Wenn man das Wort „Islam“, wie Houellebecq es tut, mit „Unterwerfung“ übersetzt und den Islam auch so deutet, dann entlastet er von all den Entscheidungen und Zweifeln, die den modernen, demokratisch sozialisierten Menschen so quälen. Sayyid Qutb, der Chefideologe der Muslimbrüder, sieht gerade darin eine der großen Stärken des Islams und die Überlegenheit gegenüber westlicher Dekadenz begründet, die dem Islam auf lange Sicht den Sieg sichern wird.

Ob man von einer grundsätzlichen Frontstellung zwischen westlicher Lebensweise und Islam ausgehen muss, ist damit nicht gesagt. Die Kampfansage gegen den Westen geht jedenfalls nicht vom Islam aus, sondern vom Islamismus, dem radikalen Islam. Dass die Wertesysteme einer säkularen und einer religiösen Gesellschaft äußerst unterschiedlich sind, lässt sich aber nicht leugnen. Politisch virulent wird das nicht zuletzt bei einer Religion, die von Anfang an auch einen politischen Herrschaftsanspruch hatte. Schließlich hat der Religionsgründer Mohammed mit Feuer und Schwert missioniert.

Wie immer das Verhältnis von Islam und Islamismus zu interpretieren ist – in einer Zeit, in der das säkulare Modell eine starke Konkurrenz bekommen hat, muss sich die liberale Demokratie positionieren. Darauf zu setzen, dass sich die religiöse Aufgeregtheit in vielen Ländern der Erde legen wird, sobald auch dort der Wohlstand eingekehrt ist, heißt, zu verkennen, dass man es dabei nicht zuletzt mit einem Aufstand gegen einen als geistlos empfundenen Materialismus zu tun hat. Dass der Mensch nicht vom Brot allein lebt, kann man verdrängen, wenn man im Broterwerb so überaus erfolgreich ist. Das bedeutet aber nicht, dass alle es vergessen oder verdrängt haben.

Warum ist es nun zweifelhaft, dass es genügt, der Kampfansage an die liberale Gesellschaft mit der Berufung auf die Freiheit zu begegnen? Die zuvor angeführten strukturellen Folgen der säkularen Freiheit, nämlich Pluralismus, Konkurrenzdenken und die Neigung zum Relativismus, sind Prinzipien, die vom Islam mit den Gegenprinzipien Monismus, Gemeinschaftsdenken und Glaube an die eine Wahrheit konterkariert werden. Viele Anhänger des Islams sehen genau darin den Grund für die Überlegenheit ihrer Religion. Es überzeugt sie also nicht, wenn sich der Gegner auf das zurückzieht, was sie ihrerseits als mangelhaft betrachten.

Doch das ist nicht der einzige Grund, weshalb die Freiheit als Gegenkraft nicht genügt. Viel entscheidender ist, dass die Freiheit nicht als oberster Wert gelten kann, wenn sie nur eingeschränkt gilt. Das aber ist der Fall, wenn die Freiheit, wie in der westlichen Demokratie Konsens ist, beschnitten werden muss, um erhalten werden zu können. Den radikalen Gegnern der Freiheit zum Beispiel wird keine Freiheit gewährt, sich in dem von ihnen gewünschten Sinn zu entfalten. Das bezeugt, dass die Freiheit an einem Maßstab gemessen wird, der mehr ist als sie, ist er es doch, der darüber entscheidet, wann sie zum Tragen kommt und wann nicht.

Welches ist nun der Maßstab der Freiheit? Man könnte meinen, der Maßstab sei die Erhaltung des Systems. Doch den Systemerhalt als Selbstzweck zu behandeln, wäre die totale Kapitulation vor jedem höheren Anspruch. Der Erhalt der westlichen Demokratie muss schon einen darüber hinausweisenden Sinn haben. Auch die Freiheit muss einen über sich selbst hinausweisenden Sinn haben. Die Antwort: individuelle Selbstverwirklichung bleibt zirkulär, sofern Letztere wieder in der Freiheit gesehen wird.

Anders sieht die Sache aus, denkt man an ein menschliches Selbst, wie es in Antike und Christentum vorgedacht worden war, nämlich als individuelle Verwirklichung des Allgemeinen, nenne man dies Allgemeine nun Gott, Wahrheit oder Vernunft. Ein Pluralismus, der der Wahrheitssuche dient, ein Individualismus, der Individualität nicht in der Summe der eigenen Bedürfnisse, sondern in der Anstrengung zugunsten einer vernünftige Begründung der eigenen Wertentscheidungen sieht – das wären gute Argumente, weshalb die Freiheit so wichtig ist. Ob sie die Gegner der Freiheit überzeugen, ist nicht entscheidend. Entscheidender wäre, wenn die Argumente die Bürger in der Demokratie überzeugten, denn dann wüssten sie, was es eigentlich zu verteidigen gilt.

Die Autoren

Stephan Berg, Professor Dr., ist Intendant des Kunstmuseums Bonn.

Bude, Heinz, ist Inhaber des Lehrstuhls für Makrosoziologie an der Universität Kassel.

Di Fabio, Udo, Richter des Bundesverfassungsgerichts a.D., ist Professor für Öffentliches Recht an der Universität Bonn.

Ette, Ottmar, ist Professor für französisch- und spanischsprachige Literaturen an der Universität Potsdam.

Fischer, Julia, ist Professorin für Kognitive Ethologie an der Universität Göttingen und Leiterin der Abteilung Kognitive Ethologie am Deutschen Primatenzentrum, Göttingen.

Geis, Max-Emanuel, ist Inhaber des Lehrstuhls für Öffentliches Recht und Direktor der Forschungsstelle für Wissenschafts- und Hochschulrecht an der Friedrich-Alexander-Universität Erlangen-Nürnberg.

Gumbrecht, Hans Ulrich, ist der Albert Guérard Professor in Literature an der Stanford University und ständiger Gastprofessor an der Université de Montréal, am Collège de France, an der Universität Lissabon und an der Zeppelin Universität.

Kermani, Navid, ist Schriftsteller, Orientalist und Essayist. Für sein Engagement in der Diskussion um eine offene europäische Gesellschaft und für sein literarisches Gesamtwerk, das Romane, Essays, Reportagen, aber auch akademische Veröffentlichungen umfasst, wurde er 2015 mit dem Friedenspreis des Deutschen Buchhandels ausgezeichnet.

Konersmann, Ralf, ist Direktor des Philosophischen Seminars der Christian-Albrechts-Universität zu Kiel. Sein Buch „Die Unruhe der Welt" erschien im Mai 2015 (S. Fischer Verlag) und liegt inzwischen in zweiter Auflage vor.

Leibfried, Stephan, ist Forschungsprofessor der Universität Bremen und der Jacobs University Bremen.

MacGregor, Neil, ist noch Direktor des Britischen Museums und kommender Gründungsintendant des Humboldtforums.

Mittelstraß, Jürgen, ist Direktor des Konstanzer Wissenschaftsforums an der Universität Konstanz und Vorsitzender des Österreichischen Wissenschaftsrats.

Nave-Herz, Rosemarie, ist emeritierte Professorin am Institut für Sziologie der Universität Oldenburg.

Nida-Rümelin, Julian, Staatsminister a.D., ist Inhaber des Lehrstuhls für Philosophie IV an der Ludwig-Maximilians-Universität München.

Raulff, Ulrich, Professor, Dr. Dr. h.c., ist Direktor des Deutschen Literaturarchivs Marbach.

Reichenbach, Roland, ist Professor für Allgemeine Erziehungswissenschaft an der Universität Zürich und Präsident der Schweizerischen Gesellschaft für Bildungsforschung (SGBF).

Reichholf, Josef H., ist Zoologe und Evolutionsbiologe. Er war Leiter der Wirbeltierabteilung der Zoologischen Sammlung und Honorarprofessor an der TU München und ist seit Mai 2010 pensioniert und emeritiert.

Reuß, Roland, ist Professor für neuere deutsche Literaturwissenschaft an der Universität Heidelberg.

Roth, Gerhard, ist Professor für Verhaltensphysiologie und Entwicklungsneurobiologie am Institut für Hirnforschung der Universität Bremen.

Schmoll, Heike, Dr. h.c., ist Redakteurin der Frankfurter Allgemeinen Zeitung für Schul- und Hochschulpolitik sowie Fragen der wissenschaftlichen Theologie und Trägerin des von der Henning-Kaufmann-Stiftung im Stifterverband für die Deutsche Wissenschaft vergebenen Deutschen Sprachpreises.

Schwartmann, Rolf, ist Professor an der Technischen Hochschule Köln und leitet dort die Kölner Forschungsstelle für Medienrecht. Er ist zugleich Privatdozent an der Johannes Gutenberg-

Universität Mainz und im Ehrenamt Vorsitzender der Gesellschaft für Datenschutz und Datensicherheit (GDD) e.V.

Spiekermann, Sarah, leitet das Institut für BWL und Wirtschaftsinformatik an der Wirtschaftsuniversität Wien.

Winkler, Heinrich August, ist Professor für Neueste Geschichte an der Humboldt-Universität zu Berlin, seit April 2007 im Ruhestand. Von ihm erschien die vierbändige Geschichte des Westens im C.H.Beck Verlag.

Zehnpfennig, Barbara, ist Professorin für Politische Theorie und Ideengeschichte an der Universität Passau.

Quellennachweis

Stephan Berg: *Zwischen Boom und Krise. Ein Lagebericht über die Museen*
Aus: Forschung & Lehre 9/15, S. 726ff.

Udo Di Fabio: *Welt aus den Fugen*
Aus: Frankfurter Allgemeine Zeitung vom 14. September 2015. „© Alle Rechte vorbehalten. Frankfurter Allgemeine Zeitung GmbH, Frankfurt. Zur Verfügung gestellt vom Frankfurter Allgemeine Archiv".

Heinz Bude: *„Ich will nicht nur Zaungast sein"*
Aus: Süddeutsche Zeitung vom 28. Februar/1. März 2015.

Ottmar Ette: *Unterwegs in allen Kulturen. Altamerikanistik bis Zoologie: Was der „Nomade" Alexander von Humboldt mit seinen Reisen bewegt hat*
Aus: Tagesspiegel vom 25. September 2015.

Julia Fischer: *Männerbünde und weibliche Freiheit in der Affengesellschaft*
„Göttinger Universitätsrede", gehalten am 14. Mai 2015 im Kloster Bursfelde. Der Abdruck erfolgt mit freundlicher Genehmigung.

Max-Emanuel Geis: *Eigengesetzlichkeit als Strukturprinzip der Wissenschaft – Einige kritische Begriffsreflexionen –*
Leicht veränderte Fassung des Beitrags für die Festschrift für Friedhelm Hufen: Von der Kultur der Verfassung, 2015.

Hans Ulrich Gumbrecht: *Die ewige Krise der Geisteswissenschaften – und wo ist ein Ende in Sicht?*
Festvortrag im Rahmen der HRK-Jahresversammlung am 11. Mai 2015 in Kaiserslautern, frei gehalten und transkribiert (leicht gekürzt).

Navid Kermani: *„Über die Grenzen – Jacques Mourad und die Liebe in Syrien“*
Dankesrede anlässlich der Verleihung des Friedenspreises des Deutschen Buchhandels 2015 am 18. Oktober 2015 in der Frankfurter Paulskirche.

Ralf Konersmann: *Lektionen der Unruhe. Über das Bekannte, das unbekannt geblieben ist*
Aus: Forschung & Lehre 7/15, S. 524ff.

Stephan Leibfried: *TTIP: Von Gewinnern und Verlierern*
Aus: Frankfurter Allgemeine Zeitung vom 13. Juli 2015. „© Alle Rechte vorbehalten. Frankfurter Allgemeine Zeitung GmbH, Frankfurt. Zur Verfügung gestellt vom Frankfurter Allgemeine Archiv“. Zu einer ausführlicheren Auseinandersetzung mit dem Thema vgl. „Gerechte Regeln für den freien Handel. Sozialethische Orientierungen für eine Transatlantische Handels- und Investitionspartnerschaft (TTIP)“, Stellungnahme eines von der Kommission für gesellschaftliche und soziale Fragen der Deutschen Bischofskonferenz berufenen Expertenkreises, Bonn: Deutsche Bischofskonferenz November 2015 (Die deutschen Bischöfe. Kommission für gesellschaftliche und soziale Fragen, Nr. 23).

Neil MacGregor: *Idyll mit deutschen Hunden*
Aus: Frankfurter Allgemeine Zeitung vom 25. Juni 2015. „© Alle Rechte vorbehalten. Frankfurter Allgemeine Zeitung GmbH, Frankfurt. Zur Verfügung gestellt vom Frankfurter Allgemeine Archiv“. Leicht gekürzte Rede anlässlich der 50. Queen's Lectures, die in Berlin 1965 als Geschenk der Krone an die Stadt etabliert wurden, am 24. Juni 2015 in der TU Berlin.

Jürgen Mittelstraß: *Leibniz oder: die Handschrift der Zukunft*
Festvortrag anlässlich der Festsitzung zum Einsteintag am 28. November 2014 an der Berlin-Brandenburgischen Akademie der Wissenschaften. Zuerst erschienen im Jahrbuch 2014 der Berlin-Brandenburgischen Akademie der Wissenschaften 2015, S. 243ff.

Rosemarie Nave-Herz: *Familie im Spiegel der Wissenschaft: Die Sicht einer Soziologin*
Vortrag auf dem Symposium des Deutschen Hochschulverbandes zum Thema „Vater, Mutter, Kind? – Familie im Spiegel der Wissenschaft“ vom 28. Oktober 2015 in Bonn.

Julian Nida-Rümelin: *Respect. Ein Plädoyer für die gleiche Anerkennung unterschiedlicher Wissenschaftskulturen*
Aus: Forschung & Lehre 5/2015, S. 372ff.

Ulrich Raulff: *Eine amerikanische Renaissance: Princeton nach dem Krieg*
Aus: Berlin-Brandenburgische Akademie der Wissenschaften (Hg.): Jahrbuch 2014, Berlin 2015, Seite 217-226. Eine erweiterte und mit Anmerkungen versehene Fassung ist erschienen in der Zeitschrift für Ideengeschichte X, 1/2015.

Roland Reichenbach: *Über Bildungsferne. Autobiografische Notizen*
Aus: Merkur, Deutsche Zeitschrift für europäisches Denken, Nr. 795, August 2015, S. 5ff.

Josef H. Reichholf: *Tierische Angst. Eine Analyse aus evolutionsbiologischer Sicht*
Aus: Forschung & Lehre 9/2015, S. 712f.

Roland Reuß: *Eine Kriegserklärung an das Buch*
Aus: Frankfurter Allgemeine Zeitung vom 13. Oktober 2015. „© Alle Rechte vorbehalten. Frankfurter Allgemeine Zeitung GmbH, Frankfurt. Zur Verfügung gestellt vom Frankfurter Allgemeine Archiv".

Gerhard Roth: *Wie das Gehirn die Seele formt*
Aus: Frankfurter Allgemeine Zeitung vom 5. August 2015. „© Alle Rechte vorbehalten. Frankfurter Allgemeine Zeitung GmbH, Frankfurt. Zur Verfügung gestellt vom Frankfurter Allgemeine Archiv". Eine ausführliche Darstellung findet sich im Buch von G. Roth und N. Strüber „Wie das Gehirn die Seele macht", das 2014 bei Klett-Cotta, Stuttgart, erschienen ist.

Heike Schmoll: *Chaos im Schreiben und Denken. Die Rechtschreibreform hat ruinöse Folgen für Sprache und Denken.*
Aus: Frankfurter Allgemeine Zeitung vom 1. August 2015. „© Alle Rechte vorbehalten. Frankfurter Allgemeine Zeitung GmbH, Frankfurt. Zur Verfügung gestellt vom Frankfurter Allgemeine Archiv".

Rolf Schwartmann: *Homunkulus am Steuerknüppel. Autonome Autos fahren bald sicherer als der Mensch. Rechtlich verantwortungsvoll handeln können sie jedoch nicht. Es fehlt ihnen die Freiheit zur Wahl zwischen Gut und Böse.*
Aus: Frankfurter Allgemeine Zeitung vom 5. August 2015. „© Alle Rechte vorbehalten. Frankfurter Allgemeine Zeitung GmbH, Frankfurt. Zur Verfügung gestellt vom Frankfurter Allgemeine Archiv".

Sarah Spiekermann: *Werte, die uns schützen*
Aus: DIE ZEIT vom 29. Oktober 2015.

Heinrich August Winkler: *Rede zum 70. Jahrestag des 8. Mai 1945 im Deutschen Bundestag*
www.bundestag.de/dokumente/textarchiv/2015/kw19_gedenkstunde_wkii_rede_winkler/373858. Zuerst erschienen im Aufsatzband „Zerreißproben. Deutschland, Europa und der Westen. Interventionen 1990-2015" (C.H. Beck, München 2015, S. 198ff.).

Barbara Zehnpfennig: *Freiheit mit Maß*
Aus: Frankfurter Allgemeine Zeitung vom 8. Juni 2015. „© Alle Rechte vorbehalten. Frankfurter Allgemeine Zeitung GmbH, Frankfurt. Zur Verfügung gestellt vom Frankfurter Allgemeine Archiv".